本书为2021年度浙江省哲学社会科学规划课题
（编号：21NDJC110YB）的最终成果

现代汉语反诘语气副词研究

楚艳芳 著

中国社会科学出版社

图书在版编目(CIP)数据

现代汉语反诘语气副词研究/楚艳芳著. —北京：中国社会科学出版社，
2023.6

ISBN 978-7-5227-1708-1

Ⅰ.①现… Ⅱ.①楚… Ⅲ.①现代汉语—副词—研究 Ⅳ.①H146.2

中国国家版本馆 CIP 数据核字(2023)第 052856 号

出 版 人	赵剑英
责任编辑	张 湉
责任校对	姜玉菊
责任印制	李寡寡

出 版	中国社会科学出版社
社 址	北京鼓楼西大街甲 158 号
邮 编	100720
网 址	http://www.csspw.cn
发 行 部	010 - 84083685
门 市 部	010 - 84029450
经 销	新华书店及其他书店

印刷装订	三河市华骏印务包装有限公司
版 次	2023 年 6 月第 1 版
印 次	2023 年 6 月第 1 次印刷

开 本	710×1000 1/16
印 张	17.25
插 页	2
字 数	241 千字
定 价	89.00 元

序言 关于汉语虚词研究的一点看法

　　楚艳芳博士的新书《现代汉语反诘语气副词研究》即将付梓，叮嘱我写一篇文字性的东西。她的硕士是在河北师范大学文学院和我读的，后来又考取了浙江大学王云路教授的博士。云路教授是我景仰的学者，著作等身，名气高大，按说为书作序应该由云路老师费心，但最终楚艳芳还是把这件事儿托付给了我。

　　从《马氏文通》开始，汉语语法研究开始创建体系并且发展迅速，学者们在借鉴西方语法理论的同时，也在不断寻找适合汉语语法研究的途径和方法，其中很重要的一点是在语法研究中把语义因素考虑进来。朱德熙先生提倡："语法研究应当把形式和意义结合起来。"陆俭明先生指出："语法问题说到底主要是语义问题。"马庆株先生指出："语义是形成语法聚合的基础，语义成类地制约词语和词语之间的搭配，制约语法单位的组合行为和表达功能。"就古汉语而言，王宁先生则旗帜鲜明地说："语义首先决定语音、语法。"这里所说的语义并不仅仅是词的表层意义，更多的指的是深层意义。训诂学的语义研究是综合工程，不仅就语义研究语义，而且要借助于字音和字形。苏宝荣、宋永培教授指出："词形和词音的不同特征决定了它们表达词义的不同途径：词的表层'所指义'是具体的，用以表现人们认识对象的实体，因而往往托于'形'，而词的深层'隐含义'是抽象的，体现了人们关于认识对象的主观感受，因而往往寓于'音'"。就形的角度而言，宋永培教授说："由形象特征综合、凝聚而成的意义，构成了词的核心部分，成为核心词义。"从音的角度而言，王宁先生提出了"核义素"的概念，"含着被人们共同观察到的词义特点，也就是造字所取的理据，我们称作'核义素'或'源义素'"。王云路教授认为"同源词具有共同的核心义""核心义是本义中蕴含的特征义"。这是我们希望看到的语义。

　　汉语虚词研究历史悠久，从《尔雅》《毛传》的零星释义到卢以纬《语助》以来的虚词专著，历代多有虚词成果问世。传统的虚词研究不论是"训诂派"还是"修辞派"（何九盈先生语）都侧重于语义研究。马建忠将"虚词"定义为"无解而惟以助实字之情态者"，而且很多虚词很早就已经完成了虚化的过程，使得人们对它们的认知也仅剩下了语法功能，致使虚词的意义越发"虚灵"而被忽视。但是从形义统一规律的角度看，"古代训诂学甚至利用汉字的表意性，采用本字与本义的概念来处理虚词。""《说文解字》甚至利用汉字形义统一的特点来为没有实际意义的虚词创建本字。"所以探求虚词的本字本义在《说文》体系架构之下又成为可能。一般认为传统语言学术语中的"词"表示的是虚词，但训诂学的"词"比"虚词"涵盖的领域更加宽广，段玉裁认为"词"是"文字形声之合"，同时兼包"摹绘物状及发声助语之文字"。"摹绘物状"的是实词，"发声助语"的是虚词，对二者的探究都应该抓住"文字形声之合"的本质。虚词研究也应该通过字形、语音的考证揭示虚词本字本义及核心语义特征，进而梳理虚词词义引申的脉络及语法功能。我们需要将语法功能纳入虚词的词义引申脉络，确定语义和语法的内在逻辑关系，构建合理的虚词语义语法体系。

　　对虚词语义的探求、揭示以及语义语法体系的构建，还可以验证虚词语法功能归纳的合理性。传统训诂学的虚词往往随文释义，受语境影响严重。这种现象也直接影响了辞书的虚词释义。例如语气词"哉"通常被认为表示感叹语气，但是《说文·口部》："哉，言之间也。从口𢦏声。"从"𢦏"得声的字多有"分"的特征，所以"哉"的功能是"言之间歇"。"疑词""问词""叹词""深然之辞"

都语境造成的。像《汉语大词典》中"而"的连词用法就多达 8 种：

　　6. 表示并列。犹如，又。7. 表示承接。犹就；然后。8. 表示递进。犹并且。9. 表转折。犹然而，却。10. 表假设。犹如果。11. 表因果。犹因而，所以。12. 连接状语于动词。现常用于把表示目的、原因、依据、对象的状语连接到动词上，与前面"为""为了""因为""由于""就"等用语相呼应。13. 用在主语、谓语之间以强调主语，含有"竟然""却"之意。

　　这种研究结果，无论是从语法学的角度，还是词汇学角度、辞书学角度看，都是不科学的，所以汉语虚词可供研究的空间还是不小的，而这种研究的深入也是构建中国特色汉语研究话语体系的重要进步。

武建宇

2022 年 12 月

目　录

绪　　论

　　反诘语气副词是汉语当中非常独特的一个副词小类，它不仅在句法上具有充当状语的基本功能，还在语义及语用上呈现出鲜明而复杂的特性。根据《现代汉语词典》（第7版），现代汉语共有十九个反诘语气副词，数量不多且封闭可数。本书即以这十九个反诘语气副词为研究对象，主要从汉语史的角度，共时研究与历时研究相结合，对其做出了较为全面、深入地研究。

一　研究对象

　　本书以《现代汉语词典》（第7版）收录的十九个反诘语气副词为研究对象。依据使用频率以及构词形态等标准，本书将这十九个反诘语气副词分为如下五组：

表 0 - 1　　　　　　　　　现代汉语反诘语气副词分组表

分组＼词语	现代汉语反诘语气副词
第一组	难道、难道说
第二组	莫非、莫不是
第三组	何 X（何必、何不、何曾、何尝、何啻、何妨、何苦、何苦来、何须）
第四组	岂（X）（岂、岂非、岂止）
第五组	讵、可、其

第一组有"难道"和"难道说"两个词语,"难道"是现代汉语最常见的用来加强反诘语气的副词,"难道说"是在"难道"的基础之上逐渐衍生而来。第二组有"莫非"和"莫不是"两个词语,这两个词语与"难道"和"难道说"的用法具有一定的相似性,可以说它们是同义词,在某些场合可以互相替换,但这四者又同中有异,它们在构造、语义及语用等方面都存在着一定的差别。第三组为"何 X"类的词语,包括"何必"、"何不"、"何曾"、"何尝"、"何啻"、"何妨"、"何苦"、"何苦来"和"何须"九个词语,这些词语以表示反诘疑问的代词"何"为依托,构成了"何 X"类表示反诘语气的副词。第四组为"岂(X)"类的词语,包括"岂"、"岂非"和"岂止"三个词语,"岂"本身也是一个反诘语气副词,以它为依托,构成了"岂 X"类表示反诘语气的副词。第五组为"讵"、"可"和"其"三个词语,它们在现代汉语普通话当中都并不常用,"可"隐含了某些方言特征,"讵"和"其"为书面语词。

这些反诘语气副词有些活跃在现代汉语当中,是这类词语的典型成员;有些则蕴含着方言、书语等特色,是这类词语的非典型成员,并呈现出逐渐淡出人们视线的趋势。《现代汉语词典》(第7版)对这十九个反诘语气副词的收录及释义情况如下:

表 0-2　　　　现代汉语反诘语气副词收录及释义表

词目\释义	释义语言	例句	附注
难道	加强反问的语气	河水 ~ 会倒流吗? 他们做得到,~ 我们就做不到吗?	也说难道说。句末可以用"不成"呼应。如:难道就罢了不成!
难道说	难道	无	无
莫非	表示揣测或反问,常跟"不成"呼应	他将信将疑地说,~ 我听错了? 今天她没来,~ 又生病了不成?	无
莫不是	莫非	~ 他又责怪你了?	无
何必	用反问的语气表示不必	既然不会下雨,~ 带伞!	无

释义 词目	释义语言	例句	附注
何不	用反问的语气表示应该或可以，意思跟"为什么不"相同	既然有事，~早说？ 他也进城，你~搭他的车一同去呢？	无
何曾	用反问的语气表示未曾	这些年来，他~忘记过家乡的一草一木？	无
何尝	用反问的语气表示未曾或并非	我~说过这样的话？ 我~不想去，只是没有工夫罢了。	无
何啻	用反问的语气表示不止	今昔生活对比，~天壤之别！	书语词
何妨	用反问的语气表示不妨	~试试 东西不贵，~买点带回去？ 拿出来叫人们见识一下，又~呢？	无
何苦	何必自寻烦恼，用反问的语气表示不值得	你~在这些小事上伤脑筋呢？ 冒着这么大的雨赶去看电影，~呢？	也说何苦来
何苦来	何苦	无	无
何须	用反问的语气表示不须要	详情我都知道了，~再说！ 从这里走到车站，~半个钟头？	无
岂	表示反问，相当于"哪、难道、怎么"	~料 ~有此理 如此而已，~有他哉？	书语词
岂非	用反问的语气表示"难道不是"	~怪事？ 这样解释~自相矛盾？	无
岂止	用反问的语气表示"不止"	为难的事还多着呢，~这一件？	无
讵	岂，表示反问	~料突然生变 ~知天气骤寒。	书语词
可	用在反问句里加强反问的语气	这件事我~怎么知道呢？ 北京这么大，~上哪儿找他去呢？	无
其	表示揣测、反诘	齐师~遁？ 欲加之罪，~无辞乎？	书语词

由上表可以清晰地看到，现代汉语反诘语气副词的数量明确可数，这无疑为研究的深入开展奠定了良好的基础。

二　研究现状

目前学界对副词的关注不少，但对反诘语气副词这个副词次类的关注以及深入研究却并不多，尤其是从历时的角度探求其来源以及发展演变的过程和规律等的研究则更是相对少见。

（一）国内研究现状

汉语词类划分主要依据语法功能，这已成为目前学界的共识。由于绝大多数副词的基本功能都是充当状语，① 故而副词内部的次类划分更多的是依据意义。然而语气副词这一次类在副词系统中较为复杂，其划分依据主要是靠它所传达的语气，这既不同于词类的语法功能分类，也不同于典型的依据词汇意义分类。杨荣祥（2005：67－68）指出："语气副词是副词中最大的一个次类，在四种文献②中，均约占副词总数的 25%。在组合功能上，我们很难笼统地说它与其他次类有什么明显不同。在语义上，它主要表示某种语气。"③反诘语气副词的独特个性使得其功能分布及信息传递等都存在着一定的复杂性，从而也使得对其研究的视角也更加开阔。就现有的研究成果来看，现代汉语反诘语气副词还存在着较大的研究空间，尤其是从历时的角度对其进行系统、全面地研究仍然是一项需要填补的空白。

目前，涉及现代汉语反诘语气副词的研究可以在一些汉语史（包括通史及断代史）以及各种涉及词类的专著、教材中找到相关的研究或介绍，例如王力（1943/2011）在讲到"语气"时介绍了"难道"、"岂"、"何尝"、"何不"、"何必"、"何妨"、"何况"以及"可"等反诘语气副词的用法④，史存直（2008）在讲到"语中

---

① 也有极少数副词可以充当补语，如"多得很"、"好极了"中的副词"很"、"极"充当补语。
② "四种文献"指《敦煌变文》《朱子语类》《新编五代史平话》和《金瓶梅词话》。
③ 杨荣祥：《近代汉语副词研究》，商务印书馆 2005 年版，第 67—68 页。
④ 王力：《中国现代语法》，商务印书馆 2011 年版，第 169—171、174—177、180 页。

助词"① 时介绍了"岂"、"其"、"宁"、"可"以及"难道"等词语的用法②。较为集中一些的研究成果可以在许多副词研究的论著当中看到：专著如张谊生（2000③/2014④、2004⑤）、齐春红（2008）⑥、史金生（2011）⑦、潘海峰（2017）⑧ 等，论文如张静（1961）⑨、张谊生（2000）⑩、史金生（2003）⑪ 等。

值得注意的是，现有成果中直接以现代汉语反诘语气副词为研究对象的专著尚未出现，论文也相对较少，且成果主要集中在一些硕士学位论文当中。这些论文大部分主要从共时层面考察了现代汉语反诘语气副词的一些功能，如曲红艳（2004）对反诘语气副词的功能做了总体论述⑫，丁婵婵（2005）对现代汉语反诘语气副词的功能做了整体描绘⑬，齐沪扬、丁婵婵（2006）分析了反诘语气副词的否定功能⑭，姚津津（2012）探讨了现代汉语反诘语气副词的句法功能及语用功能⑮，王倩熠（2013）对"何"类反诘语气副词做了对比分析⑯，朱晓军、郭静婷（2014）以"何必"与"何苦"、"何尝"与"何曾"为例分析了"何"类反诘语气副词⑰。

---

① 史存直先生将本书认为的反诘语气副词归入助词中的语中助词小类。
② 史存直：《汉语史纲要》，中华书局 2008 年版，第 321—331 页。
③ 张谊生：《现代汉语副词研究》，学林出版社 2000 年版。
④ 张谊生：《现代汉语副词研究》，商务印书馆 2014 年版。
⑤ 张谊生：《现代汉语副词探索》，学林出版社 2004 年版。
⑥ 齐春红：《现代汉语语气副词研究》，云南人民出版社 2008 年版。
⑦ 史金生：《现代汉语副词连用顺序和同现研究》，商务印书馆 2011 年版。
⑧ 潘海峰：《汉语副词的主观性与主观化研究》，同济大学出版社 2017 年版。
⑨ 张静：《论汉语副词的范围》，《中国语文》1961 年 8 月号。
⑩ 张谊生：《论与汉语副词相关的虚化机制——兼论现代汉语副词的性质、分类与范围》，《中国语文》2000 年第 1 期。
⑪ 史金生：《语气副词的范围、类别和共现顺序》，《中国语文》2003 年第 1 期。
⑫ 曲红艳：《反诘语气副词的功能考察》，硕士学位论文，延边大学，2004 年。
⑬ 丁婵婵：《反诘类语气副词研究》，硕士学位论文，上海师范大学，2005 年。
⑭ 齐沪扬、丁婵婵：《反诘类语气副词的否定功能分析》，《汉语学习》2006 年第 5 期。
⑮ 姚津津：《现代汉语反诘类语气副词研究》，硕士学位论文，汕头大学，2012 年。
⑯ 王倩熠：《"何"类反诘语气副词的对比分析》，硕士学位论文，上海师范大学，2013 年。
⑰ 朱晓军、郭静婷：《"何"类反诘语气副词对比浅析——以"何必"与"何苦"、"何尝"与"何曾"的对比为例》，《河南师范大学学报》2014 年第 6 期。

    又有从历时的角度探讨个别汉语反诘语气副词者，如杨永龙（2000）考察了近代汉语反诘副词"不成"的来源及虚化过程①，叶建军（2007）探讨了"莫非"的来源及演化等问题②，孙菊芬（2007）分析了反诘语气副词"难道"的形成过程③，杨万兵（2008）探讨了"莫非"的功能差异及其历时演变④，刘志欣（2008）探讨了"何X"类反诘语气副词的演化过程及机制⑤，刘敏（2009⑥、2010⑦）讨论了"难不成"的衍生过程，许歆媛（2010）讨论了"难不成"的用法与来源⑧，王兴才（2011）讨论了"难道"的成词及语法化⑨，夏丽、王倩（2013）讨论了副词"可"的反诘语气来源⑩，李思旭、韩笑（2016）探讨了"难道说"的词汇化及语法化等相关问题⑪。

    还有从对外汉语教学以及中外差异的角度考察汉语反诘语气副词者，如林雪梅（2012）考察了反诘语气副词与对外汉语教学⑫，巩丽丽（2013）⑬和袁洁（2019）⑭分别讨论了"难道"一词的用法及其在对外汉语教学中的运用，吴善子（2010）对汉韩反诘语气副词

① 杨永龙：《近代汉语反诘副词"不成"的来源及虚化过程》，《语言研究》2000 年第 1 期。

② 叶建军：《疑问副词"莫非"的来源及其演化——兼论"莫"等疑问副词的来源》，《语言科学》2007 年第 3 期。

③ 孙菊芬：《副词"难道"的形成》，《语言教学与研究》2007 年第 4 期。

④ 杨万兵：《"莫非"的功能差异及其历时演变》，《汉语学习》2008 年第 6 期。

⑤ 刘志欣：《"何X"类反诘语气副词研究》，硕士学位论文，延边大学，2008 年。

⑥ 刘敏：《"难不成"的词汇化过程》，《黑龙江教育学院学报》2009 年第 3 期。

⑦ 刘敏：《"难不成"的衍生过程》，硕士学位论文，哈尔滨师范大学，2010 年。

⑧ 许歆媛：《小议"难不成"的用法与来源》，《中国语文》2010 年第 6 期。

⑨ 王兴才：《"难道"的成词及其语法化》，《长江师范学院学报》2011 年第 2 期。

⑩ 夏丽、王倩：《试谈副词"可"的反诘语气来源》，《现代语文》（学术综合）2019 年第 9 期。

⑪ 李思旭、韩笑：《"难道说"的词汇化和语法化》，载齐沪扬主编《现代汉语虚词研究与对外汉语教学》（第六辑），上海译文出版社 2016 年版。

⑫ 林雪梅：《"反诘"类语气副词与对外汉语教学》，硕士学位论文，辽宁师范大学，2012 年。

⑬ 巩丽丽：《"难道"一词的用法及其在对外汉语教学中的研究》，硕士学位论文，陕西师范大学，2013 年。

⑭ 袁洁：《语气副词"难道"的功能及其对外汉语教学研究》，硕士学位论文，陕西师范大学，2019 年。

做了对比研究①。

总之，目前专门以反诘语气副词为研究对象进行系统研究的论文和专著数量还较为有限，现有研究成果多数是在讨论反诘疑问句或语气副词时有所涉及，研究深度和广度都有待进一步拓展。

（二）国外研究现状

毫无疑问，关于现代汉语反诘语气副词的研究成果必然主要集中在国内。国外虽有一些零散的汉语反诘语气副词的研究成果，但更多的是为此类词语的研究提供了一些理论方面的借鉴。

国外关于汉语反诘语气副词的研究主要体现在词语发展演变方面的研究，其中日本汉学家们的成果最为显著。例如太田辰夫在《中国语历史文法》② 一书中，从历时的角度对"难道"、"不成"等反诘语气副词提出了一些自己的看法；再如志村良治在《中国中世语法史研究》③ 一书中，涉及了"若于"、"若为"等表示反诘语气的副词。从以上两位学者的研究成果来看，他们对汉语反诘语气副词的研究较为零散，仅仅是对个别词语的描写和分析，这类词语的整体状况并不明朗。

近年来，在汉语词语发展演变，尤其是实词虚化或词语溯源等研究领域，很多学者借鉴国外的"语法化"④ 等理论对汉语的一些语言现象（包括一些现代汉语反诘语气副词的来源等）进行解释，

---

① 吴善子：《汉韩反诘语气副词对比研究》，博士学位论文，上海外国语大学，2010 年。

② ［日］太田辰夫：《中国语历史文法》，蒋绍愚、徐昌华译，北京大学出版社 2003 年版。

③ ［日］志村良治：《中国中世语法史研究》，江蓝生、白维国译，中华书局 1995 年版。

④ 关于"语法化"，中国传统语言学亦有"实词虚化"与之类似。早在元朝的周伯琦就在《六书证讹》中说："大抵古人制字，皆从事物上起。今之虚字，皆古之实字。"现代语言学中所讲的"语法化"的范围比"实词虚化"广，它不仅指实词虚化，还可以指语法结构和语法范畴的形成。我国现代意义上的语法化研究是从二十世纪九十年代中期开始的，它是以沈家煊的《语法化研究综观》（1994）和孙朝奋的《〈虚化论〉评介》（1994）为标志。这两篇都是语法化研究的综述型文章，但它们引起了汉语语法学界对语法化研究的广泛关注。汉语语法化研究，前期主要是译介国外语法化的相关理论并稍作评论，之后主要是自觉运用这些理论对汉语的一些相关问题进行研究，并出现了理论探索类的文章及专著，使我国的语法化研究进入新阶段。实际上，一些从事近代汉语研究的学者，如江蓝生、刘坚、曹广顺、蒋绍愚等学者，在他们的研究过程中，经常历时与共时相结合、描写与解释相结合，分析了一些词语发展演变的相关问题，只是没有用到"语法化"这一术语，他们可以说是我国语法化研究的先导。

而这些理论方面的研究成果主要集中在欧美。

语法化思想大约萌芽于十九世纪前后，代表人物是德国学者威廉·冯·洪堡。到了十九世纪末期，语法化研究的基本范式就已经产生，只是在当时尚缺乏对这一研究范式本身的命名。"语法化"（Grammaticalization）这一术语则是在二十世纪初（1912 年）年由法国语言学家安东尼·梅耶提出，当时所谓的"语法化"自然与现在看起来似乎无所不包的"语法化"存在着一定的差别。语法化理论提出之后并未立刻引起学界的广泛关注，它仅仅是一些研究印欧语系的语言学家们关注的对象。语法化研究在当时受到冷落恐怕与二十世纪以共时研究为主的结构主义盛行有关，重在关注历时研究（或者说共时研究与历时研究相结合）的语法化研究自然显得比较冷清。经过近一个世纪的沉寂，到了二十世纪末期，语法化研究开始浮出水面，逐渐成为学界探讨的热门话题。

语法化理论是在印欧语的基础上发展而来的一种相对年轻的理论，它大概在二十世纪九十年代初期传入我国，二十一世纪初就成为学者们讨论的热门话题之一。然而语法化理论本身，以及在其"中国化"的过程中都出现了一些问题①。因此，国外的语法化研究为我国实词虚化等研究提供了若干值得借鉴之处，但也必须和汉语的实际情况相结合，方能使其更好地为汉语研究服务。

（三）取得的进展和可拓展的空间

以上前贤时彦的研究成果为现代汉语反诘语气副词的深入研究奠定了基础。关于现代汉语反诘语气副词的研究，现有的研究成果主要取得了如下进展：第一，从微观方面来讲，在语法化研究以及副词研究的过程中，一些学者对个别反诘语气副词有了较为细致的研究。这些研究一般是以现代汉语当中个别特殊的反诘语气副词为研究对象，追溯其来源及形成过程，为深入理解此类词语提供了借鉴。第二，从宏观方面来讲，由于现代汉语反诘语气副词的内涵及

---

① 关于语法化理论的贡献和弊端可参《中古汉语助词研究》（楚艳芳，中华书局 2017年版）第十章"理论探索"中的第二节"语法化理论述评"的相关论述。

外延相对容易界定，目前学界对现代汉语反诘语气副词体系有了初步的认识。比如对现代汉语反诘语气副词的大致成员、基本功能等有了一定的了解，为全面探索此类词语提供了参考。

关于现代汉语反诘语气副词的研究，尚存在着一些可以拓展的空间，比如：第一，现代汉语反诘语气副词的个案分析仍不够完备。现有的研究成果大多是对几个相对特殊且现代汉语常用的词语做了较为详细的个案分析，故而今后对现代汉语反诘语气副词的个案分析仍需加强。第二，现代汉语反诘类语气副词的历时演变过程尚不明了。以往对反诘语气副词的研究或者是聚合类的共时描写，或者是特殊词语的个案分析，就这一类词语的历时演变做出专门研究的论著至今未见，今后的研究需要在这方面有所突破。第三，正是由于对现代汉语反诘语气副词缺乏全面的个案分析以及深入的历时演变研究，加之对这类词语复杂性的认识还有待进一步提升，从而导致目前学界对现代汉语反诘语气副词系统及其特点的认识均有待深化。

综上所述，现代汉语反诘语气副词研究虽取得了一些成果，但仍存在着较大的拓展空间。现代汉语反诘语气副词研究不仅仅限于共时描写和分析，还可以将历时研究与共时研究结合起来，从多个角度运用多种理论和方法对其进行深入探索。

第一章　现代汉语反诘语气副词的界定

　　本书首先从词类划分以及副词界定等问题入手，澄清一些与现代汉语反诘语气副词相关的背景问题，以便对研究对象有更好的理解和把握。

第一节　关于词类划分

　　汉语词类划分历来是个棘手的问题，争论时时有，异声共呈现。究其缘由，似乎汉语悠久的历史成为导致这一问题产生的重要因素之一。汉语词汇系统经过几千年的发展演变，词语结构复音化、词义变迁、词性改变、词语兴替，如此等等，都给词类划分增加了难度。古今①汉语一脉相承，古汉语中的因素沉淀在后代的汉语当中，而这些因素则又不可避免地对词性判断产生干扰。与此同时，古汉语中的用法也会在后世文献中存在少量用例，这些临时用法也增加了词性辨别的难度。

　　例如"敢"作为词语在《现代汉语词典》（第7版）中有两种词性：一种是动词（助动词②），表示有胆量做某事或有把握做某种

---

　　① "古今"是个相对的概念，正如清朝段玉裁在《广雅疏证·序》中所言："古今者，不定之名也。三代为古，则汉为今；汉魏晋为古，则唐宋以下为今。"
　　② 也称"能愿动词"。

判断；一种是副词，义为"莫非、怕是、敢是"，且标注为方言。①可见，在现代汉语普通话当中，"敢"是一个助动词，如：

（1）我们中国人即使对于"百行之先"，我<u>敢</u>说，也未必就不想到男女上去的。（鲁迅《朝花夕拾》）

（2）我说实话，现在我心里真敞亮了，见了人也<u>敢</u>抬头啦。（老舍《春华秋实》）

（3）他们在未来的真命天子，现在的五省联军总司令的治下倒<u>敢</u>愤愤不平起来了。（巴金《灭亡》）

（4）哪个强盗<u>敢</u>偷焦阎王的家？（曹禺《原野》）

（5）我<u>敢</u>说，在不久的将来，男女两性的分别要成为历史上的名词。（钱锺书《围城》）

（6）这是什么年头，一个毛孩子就<u>敢</u>惹这么大的祸，老龙王怎么会不报应呢？（萧红《呼兰河传》）

例（2）—（4）和（6）表示有胆量做某事。例（1）和（5）表示有把握做某种判断，这种用法主要集中在"我敢说"这种较为固定的话语模式当中。相比较而言，"我敢说"这种固定话语模式当中的"敢"的动词性比有胆量做某事的"敢"更弱。

在古汉语当中，"敢"的词性有形容词、动词、副词等，涉及的义位也比较多，其中《现代汉语词典》（第7版）涉及的"莫非、怕是、敢是"义的副词用法在古代汉语也较为常见，如：

（1）<u>敢</u>因逃酒去，端为和诗留。（宋苏轼《虔守霍大夫见和复次前韵》）

（2）时值严冬天道，雪花初霁，风力犹严，先生你身上<u>敢</u>单寒么？（元无名氏《冻苏秦》第一折）

---

① 中国社会科学院语言研究所词典编辑室编：《现代汉语词典》，商务印书馆2016年版，第424页。

（3）平安儿道："爹敢进后边去了。"（明兰陵笑笑生《金瓶梅词话》第七十七回）

这种用法的"敢"又有"敢是"、"敢则是"、"敢只是"、"敢子是"、"敢不是"等变式，如：

（1）都不是，敢是我下的毒药来？（元关汉卿《窦娥冤》第二折）

（2）大哥，敢不是三兄弟么？（元关汉卿《状元堂陈母救子》第二折）

（3）走了数日，来到这里，远远的望见人马浩大，敢是穹庐也。（元马致远《汉宫秋》第二折）

（4）这老子怎么瞅我那一眼，敢是见那个告状的人来。（元无名氏《陈州粜米》第二折）

（5）你可也敢则是饱谙世事慵开口。（元王晔《桃花女》第一折）

（6）动问小娘子，敢不是卖酒的人？（元无名氏《玉清庵错送鸳鸯被》第三折）

（7）怎的只见杀声在弦中见？敢只是螳螂来捕蝉。（元高明《琵琶记》第二十二出）

（8）这敢不是你亲娘？（明凌濛初《初刻拍案惊奇》卷十七）

（9）为甚么懒参禅慵学道？敢子是老先生顿悟高。（明冯惟敏《醉花阴·仰高亭自寿》）

其中"敢是"最为常见，在现当代文献当中，此种用法仍有留存，如：

（1）敢是谁欺负了你？（杨振声《抛锚》）

（2）外国人敢是也怕武力。（洪深《走私》）

（3）待会儿出乖露丑的，说起来是你姐姐，你丢人也是活该，谁叫你把这些是是非非，揽上身来，<u>敢是</u>闲疯了？（张爱玲《金锁记》）

（4）你走得这么急，<u>敢是</u>世道有点不平妥吧？（魏巍《东方》）

（5）这两捆柴，<u>敢是</u>给亮亮妈砍的吧？（史铁生《我的遥远的清平湾》）

"敢不是"也还有一些用例，但比较少，如：

（1）你怎么这样看我？<u>敢不是</u>发了神经？（欧阳山《三家巷》）

（2）瞅你这黑，<u>敢不是</u>送煤的？（王朔《刘慧芳》）

《现代汉语词典》（第7版）也收录了"敢是"、"敢不是"，"敢是"释义为"莫非、大概是"，"敢不是"同"敢是"，二者均标注为方言用法。[①]

根据上述描写，就现代汉语来看，在词类划分方面，"敢"有助动词的用法毫无疑问，然而是否存在副词的用法却值得商榷。在上文古汉语的例证当中，"敢"确实有独用作副词的用例。而在现代汉语例证当中，都是"敢"作为语素，构成"敢是"或"敢不是"表达"莫非、大概是"之义。因此，"敢"的"莫非、大概是"义归为语素义可能会更加妥当。

归根结底，造成"敢"词性的模糊、难以确定，主要是由于古汉语曾经有过"莫非、大概是"义的副词"敢"，而这种意义的"敢"作为构词语素渗透到了"敢是"、"敢不是"等词语当中，从而使人们觉得"莫非、大概是"义的副词"敢"在现代汉语中仍有遗存。此外，"敢"以及"敢是"、"敢不是"虽然在《现代汉语词典中》（第7版）标注为方言用法，但实际上它们可能更像

---

① 中国社会科学院语言研究所词典编辑室编：《现代汉语词典》，商务印书馆2016年版，第424页。

是口语词①。我们可以看"敢是"、"敢不是"例证中作者的大致地域范围：

表1-1　　"敢是"、"敢不是"例证中作者的大致地域范围

作者	杨振声	洪深	张爱玲	魏巍	史铁生	欧阳山	王朔
地域②	山东蓬莱	江苏常州	上海	河南郑州	北京	湖北荆州	北京

从上面的用例我们可以看出，不同地域的作家都会在自己的文学作品当中使用"敢是"、"敢不是"。从这一点来看，它们似乎不应该归入方言用法，可能当作口语词更为恰当。

总体来看，现代汉语由古代汉语发展而来，二者一脉相承。词语的意义、语法功能等都是历时积淀的共时呈现。就汉语史研究而言，语言的新旧形式在大部分情况下可以长期共存，旧形式对新形式具有制约作用，即使是旧形式已经消失，也会把自身的某些特征继续保留在新形式当中，对新形式的某些功能起制约作用。在研究的过程中，首先要在共时平面把语言中存在的现象描写清楚，然后再从历时平面寻求语言发展演变的轨迹，进而再对语言发展演变中存在的现象做出解释。

要之，词类划分的标准主要有三个，分别是功能、形态和意义。汉语形态不发达，故而词类划分主要依据功能，辅以意义。这对于汉语词类的大类划分具有较强的指导性，然而对各类词语的次类划分却并没有显示出足够的客观性。

第二节　关于副词

大家对副词虽并不陌生，但正如杨荣祥（2005：10）所说："汉

---

① 关于方言词和口语词的异同，以及《现代汉语词典》方言词和口语词的标注等，可参苏新春、顾江萍《确定"口语词"的难点与对策——对〈现汉〉取消"口"标注的思考》（《辞书研究》2004年第2期）。

② 这里列出的是他们青少年时期生活的大致地域，也就是最容易受到方言影响的地域。

语里的副词可以说是一个至今研究得还很不充分的词类。"①　作为一个大的词类，副词大类本身并不是太复杂，但是它内部的成员却极为复杂。邵敬敏等（2016：13）指出："副词是个大杂烩，内部虚化程度不等。一些常用副词的语义相当复杂，可能分别属于几个小类。因此需要一个一个地掌握。副词可作状语，应该为实词，但它的词汇意义往往也就是语法意义，并且具有封闭性、黏着、定位等特点，所以兼具实词和虚词的某些特点。"②

"副词"之"副"义为"辅助的、居次要位置的"，从命名上就可以看出副词在整个词类系统中的所处地位和大致功能。王力（1943/2011：13）指出："另有些词，它们能表示程度、范围、时间、可能性、否定作用等，然而它们并不能单独地指称一种实物，一种实情，或一件实事。它们必须附加于形容词或动词，方能表示一种理解。这样，可说是比形容词或动词更次一等，所以我们把它们叫做副词。"③

可见，从副词的命名上看，主要是着眼于它的功能。副词的语法功能相对单纯，因此依据副词主要充当状语的语法功能将它们同其他词语划分开来。朱德熙（1982：192）指出："我们把副词定义为只能充任状语的虚词。"④　史存直（2005：137－138）指出："副词的语法功能确实是并不单纯的。不过，总的说来，这些语法功能并没有侵犯到他类实词的语法功能里去。从这一点来说，副词在各类实词中要算是比较特殊的。因为实词的其他各类在语法功能上常有一些互相侵犯的情况。副词的语法功能虽不侵犯到其他实词的语法功能里去，却有时侵犯到虚词的语法功能里去。那就是所谓副词的连接作用。副词起连接作用有两种情况：一种是两个副词配合着在句子里起连接作用；一种是一个副词和一个连词配合着在句子里

① 杨荣祥：《近代汉语副词研究》，商务印书馆 2005 年版，第 10 页。
② 邵敬敏：《现代汉语通论》（下），上海教育出版社 2016 年版，第 13 页。
③ 王力：《中国现代语法》，商务印书馆 2011 年版，第 13 页。
④ 朱德熙：《语法讲义》，商务印书馆 1982 年版，第 192 页。

起连接作用。"①

由于副词的语法功能相对单一，内部的次类在语法功能上很难有明显的不同。正因为如此，虽词类划分主要依据功能，但在副词的次类划分上，依据意义似乎更容易操作一些。然而依据意义划分副词的次类，就会出现因人而异的情况，这种做法的主观性相对较强。加之副词内部成员具有复杂性，它的次类划分也就显得相对困难。吕叔湘（1979：36）已经指出："副词内部需要分类，可是不容易分得干净利索，因为副词本来就是个大杂烩。"② 李佐丰（2004：184）指出："从句法结构看，副词是最简单的一类虚词：它们中的绝大多数只能用做状语；但是从副词的数量和在句子中所起的作用看，或许这又是最复杂的一类虚词。"③ 既然词类划分的依据主要是功能，那为什么在副词的词类划分上却更依赖意义呢？朱德熙（1982：38）指出："词类是反映词的语法功能的类。但是根据语法功能分出的类，在意义上也有一定的共同点。可见词的语法功能和意义之间有密切的联系。不过我们划分词类的时候，却只能根据功能，不能根据意义。"④ 由此也可以看出，同一语法功能的词语其意义有可能有一定的共同点，所以在副词整体语法功能相近的情况下，更加凸显了它们之间意义的联系。

第三节　关于语气副词

"语气副词"顾名思义就是能够帮助传达或加深某种语气且具有副词的语法功能的一类词语。为了更好地把握这一类词语，我们从"语气"与"口气"的关系、语气与语气副词、语气副词与语气助

---

① 史存直：《文言语法》，中华书局 2005 年版，第 137—138 页。
② 吕叔湘：《汉语语法分析问题》，商务印书馆 1979 年版，第 36 页。
③ 李佐丰：《古代汉语语法学》，商务印书馆 2004 年版，第 184 页。
④ 朱德熙：《语法讲义》，商务印书馆 1982 年版，第 38 页。

词的关系等方面来对其进行剖析。

一　"语气"与"口气"

要想了解语气副词，必须要知道"语气"的所指。"语"从"口"出，故而"口"有时也可以指代"语"，也使得"语气"与"口气"这两个词语有一定的相关性。通常情况下，"语气"与"口气"容易混淆，二者存在相似之处，但它们也有各自的个性。我们先以《现代汉语词典》（第7版）中对"语气"和"口气"两个词条的收录情况作为参考，扼要分析二者的异同 。

表1—2　　《现代汉语词典》"语气"、"口气"的收录情况

词目	释义及例句	备注
语气①	①说话的口气：听他的～，这事大概有点儿不妙。 ②表示陈述、疑问、祈使、感叹等分别的语法范畴。	词性标注为名词
口气②	①说话的气势：他的～真不小。 ②言外之意；口风：探探他的～｜听他的～，好像对这件事感到为难。 ③说话时流露出来的感情色彩：严肃的～｜诙谐的～｜埋怨的～。	词性标注为名词

从上表可知，"语气"的第一个义项和"口气"的第二个义项有一定的相似性，但也略有差别，"口气"的语义范围更加广泛。"语气"的第一个义项的释义语言用了"口气"，但这里所谓的"口气"与"口气"条的释义并不具有严格意义上的对等关系。二者最明显的差异在于："语气"较为客观，它可以从语法的角度，表示陈述、疑问、祈使、感叹等分别的语法范畴；"口气"较为主观，它一般是从语用的角度，表示话语的气势、言外之意以及说话时流露出

---

① 中国社会科学院语言研究所词典编辑室编：《现代汉语词典》，商务印书馆2016年版，第1601页。

② 中国社会科学院语言研究所词典编辑室编：《现代汉语词典》，商务印书馆2016年版，第750页。

来的感情色彩等。

二 语气与语气副词

通过对"语气"与"口气"两个词语的简单对比，可以明确"语气副词"当中的"语气"是指陈述、疑问、祈使、感叹等分别的语法范畴。

在现代汉语当中，与语气相关的除了语气副词之外，还有语气助词。语气助词常常与助词分立，称为语气词。在此，我们还是倾向于将其称作语气助词，原因在于：汉语不仅仅是助词可以传达语气，语气副词（如"莫非"、"难道"等）也可以传达语气。因此，如果笼统地说语气词，那么语气助词和语气副词就难以区分了。邢福义（2002：132 – 133）在谈到"语气助词是否就是语气"时提到："语气助词和语气有瓜葛，但它们不是一回事。语气是跟语调相联系的语法实体，不能切分为块状语法单位；语气助词是由于语气表达的需要而使用的语法单位，是一种块状语法单位。语气的表达是因，语气助词的使用是果。一个句子，如果没有语气助词，照样有语气；之所以使用语气助词，是为了在配合语气表明特定意旨的同时使语气表达的信息量得以加强。"① 同理，语气副词与语气也是这样的关系。现代汉语根据语气分为陈述句、疑问句、祈使句和感叹句四种句类，即每一个句子都会具有陈述、疑问、祈使或感叹四种语气中的一种。这就表明，一个句子如果没有语气副词照样有语气。如果使用语气副词，可以强化某种语气，使句子表意更加鲜明。当然，语气副词与语气助词的不同之处还在于：其一，语气副词在句中充当状语，一般作为辅助成分修饰谓语核心词；语气助词不充当句法成分，只起一定的语法作用。其二，大多数语气副词既可以位于主语之后，也可以位于主主语之前；语气助词一般位于句子的末尾，有

---

① 邢福义：《汉语语法三百问》，商务印书馆2002年版，第132—133页。

时也可以位于句中需要停顿之处。

第四节 关于反诘语气副词

反诘语气副词是帮助表达反诘语气的副词，是语气副词当中的一个小类，主要出现在反诘疑问句当中，它是构成反诘疑问句的重要成分，也是话语交际的常用手段，由它们构成的句子在语气及语义表达上都有其特殊之处。

在更多的情况下，称其为反诘语气副词主要是这类副词可以用在反诘疑问句当中，而不是因为加上了反诘语气副词句子就变成了反诘疑问句。比如："难道打扫干净了也犯错误？"（周而复《上海的早晨》）这句话当中的"难道"是语气副词。如果没有上下文，单凭这个句子是无法判断它到底是揣测类语气副词还是反诘类语气副词。当然，一般来说这类句子当中的"难道"主要用来增强反诘语气，因为是非问变换为反诘问在正常情况下不会发生误解，除非有特定的情境。也就是说，是非问加了既可以表揣测又可以表反诘的语气副词，整个句子表反诘语气是无标记的，表揣测语气是有标记的。此外，如果没有语气副词"难道"，这句话照样可以表达揣测或者反诘语气。反诘语气副词在句中究竟承担什么样的语义及语用功能，在很大程度上依赖于当时的语境以及说话人的语气、语调等因素。因此，反诘语气副词在副词当中具有较强的特殊性，而它的特殊性也是促使我们需要不断对其进行深入研究的一个契机。

反诘疑问句是疑问句中特殊的一种类型，反诘语气副词总是出现在反诘疑问句当中。虽然反诘疑问句的答案就在疑问句当中，不需要针对疑问信息做出回答，然而既然属于疑问句，那么语境对其制约性就会比其他类型的句子要高一些。汉语的语境非常重要，邵敬敏等（2016：86）指出："语言是人类最重要的交际和思维工具，语言实现其功能，语境起着非常重要的作用。任何话语，其中每个词、每个句和整个交际行为只有在特定语境中才能传达真正的含义。对于汉语来说，语境尤为重要，因为有了语境的帮助，汉语可以不依赖于严格意义上的形态变化来表达丰富的语义，凸显出语言系统的鲜明特点。"① 实际上，反诘疑问句传递的信息以及其中语气副词的具体功能等对语境的依赖更加明显。

---

① 邵敬敏：《现代汉语通论》（下），上海教育出版社 2016 年版，第 86 页。

第二章　难道、难道说

　　"难道"是现代汉语当中最常见的反诘语气的副词，在它的基础上还衍生出了反诘语气副词"难道说"。本章重点从历时的角度出发，阐述了现代汉语反诘语气副词"难道"和"难道说"的形成过程、形成机制及其具体用法等问题。

第一节　反诘语气副词"难道"的来源及发展

　　在现代汉语，"难道"可以用在反诘疑问句当中加强反诘语气，且用作反诘语气副词在句中充当状语是它的主要句法功能。"难道"虽然是现代汉语最常用的反诘语气副词，然而由于其自身用法的特殊性以及古代文献用例的复杂性导致了目前学界对它的认识还并不完善，尤其是其古代用例分析以及历时形成过程等方面的研究还存在很多争议。鉴于此，本书重点关注了"难道"的古代文献用例的考证与分析以及从历时的角度探索反诘语气副词"难道"的形成过程等问题。

一　研究现状

　　由于"难道"是现代汉语当中最常用的表示反诘语气的副词，故而学者们对它的关注比较多。目前关于"难道"的研究成果，主要分为两个阶段。

第一个阶段是对副词"难道"是否仅表示反诘语气进行辨证。"难道"的主要用法是表示反诘疑问，人们对它的认知也多认为它是个反诘语气副词，此前多数辞书当中也仅收录其反诘语气副词一种用法。因此，从二十世纪末一直到二十一世纪初，人们对"难道"的关注主要是在于它除了常用的反诘语气副词用法之外，还有揣测语气副词的用法。例如张正寰（1987）①指出加强反诘语气是"难道"最为常见的用法，除此之外它还有表示将信将疑语气的用法，且这种用法古已有之。龚嘉镇（1995）②对"难道"的多义性与"难道"句的歧义性提出了自己的见解。刘钦荣、黄芬香（1999）③对"难道"问句进行了辨析，指出"难道"问句分为反问句和表揣测的疑问句两类，"难道"应该有用来加强反诘语气和表示疑问的揣测语气两个义项，前一个义项的使用频率较高，后一个则相对低一些，两种情况下的"难道"均为副词。苏英霞（2000）④认为"难道"句除了反问句之外，还有一类可看作介于反问句与是非问句之间的一种特殊问句。叶建军（2002）⑤指出"难道 X?"不都是反问句，"难道"与"莫非"的意义、功能应该是平行的、一致的，即除了加强反问语气之外，还可以用来表示揣测语气。经过讨论，大家对语气副词"难道"同时具有反诘以及揣测两种语气达成了共识，并将其揣测语气的用法收入辞书当中。例如《现代汉语词典》2005年第5版⑥"难道"条下只有"加强反问的语气"一个义项，从2012年第6版⑦开始才增加了"表示揣测的语气"这个义项。

第二个阶段是对语气副词"难道"的全方位研究。自从二十一

---

① 张正寰：《"难道"的用法补》，《汉语学习》1987年第6期。
② 龚嘉镇：《"难道"的多义性与"难道"句的歧义性》，《辞书研究》1995年第2期。
③ 刘钦荣、黄芬香：《"难道"问句辨析》，《河南电大》1999年第2期。
④ 苏英霞：《"难道"句都是反问句吗?》，《语文研究》2000年第1期。
⑤ 叶建军：《"难道 X?"都是反问句吗?》，《语文知识》2002年第8期。
⑥ 中国社会科学院语言研究所词典编辑室编：《现代汉语词典》，商务印书馆2005年版。
⑦ 中国社会科学院语言研究所词典编辑室编：《现代汉语词典》，商务印书馆2012年版，第932页。

世纪初认知语言学等现代语言学理论（尤其是词汇化、语法化等理论）逐渐成为学者们研究的热点之后，学界对"难道"的讨论就更加偏向于它的成词过程以及对其用法的多角度研究。例如孙菊芬（2007）[①] 论述了副词"难道"的形成过程，指出它大致产生于宋元之际，其词汇来源是古汉语中位于谓语位置的偏正短语"难道"。导致"难道"虚化的主要原因有二：一是动词"道"进入语义格式"难V"后发生的语用推理功能的凝固，一是"动·宾"式句法结构的重新分析。陈振宇、邱明波（2010）[②] 指出"难道"类反问标记，它们都兼有推测情态的功能，但不能进一步演化为专门的推测情态表达。韩璇（2010）[③] 分析了副词"难道"的语用功能。李宇凤（2011）[④] 以"难道"和"谁说"为代表性反问标记，探讨了反问句的形成原因。周明强（2013）[⑤] 以"难道"、"莫非"、"莫不是"和"是不是"为例谈了疑问性话语标记语疑问梯度的认知情况。张静（2014）[⑥] 对"既然p，难道q（吗）"反问推断句式做了较为详细的研究。谢一、曾传禄（2015）[⑦] 对"难道"、"难不成"和"难道……不成"做了对比研究，考察了它们的特点和使用差异等。陈剑男（2016）[⑧] 对"难道"的词汇化提出了一些看法。马婧（2019）[⑨] 对语气副词"难道"和"究竟"做了扼要分析。总体来看，这个阶段的"难道"研究，主要是从历时方面考察其来源及发展过程，从

---

① 孙菊芬：《副词"难道"的形成》，《语言教学与研究》2007 年第 4 期。

② 陈振宇、邱明波：《反预期语境中的修辞性推测意义——"难道、不会、怕、别"》，《当代修辞学》2010 年第 4 期。

③ 韩璇：《副词"难道"的语用功能分析》，《现代语文》（语言研究）2010 年第 5 期。

④ 李宇凤：《回声性反问标记"谁说"和"难道"》，《汉语学习》2011 年第 4 期。

⑤ 周明强：《疑问性话语标记语疑问梯度的认知探微——以"难道""莫非""莫不是""是不是"为例》，《浙江外国语学院学报》2013 年第 2 期。

⑥ 张静：《论"既然p，难道q（吗）"反问推断句式》，《汉语学习》2014 年第 6 期。

⑦ 谢一、曾传禄：《"难道""难不成"与"难道……不成"》，《集美大学学报》2015 年第 1 期。

⑧ 陈剑男：《"难道"的词汇化研究》，《佳木斯职业学院学报》2016 年第 3 期。

⑨ 马婧：《浅析语气副词"难道"和"究竟"的异同点》，《科教导刊》（电子版）2019 年第 24 期。

共时方面（现代汉语）分析其主要功能以及与其他同类词语的比较研究等。就研究成果来看，"难道"历时方面的研究尚存在较多争议且研究得还不够充分，而对于它在现代汉语层面的功能描写则相对成熟。

综上所述，虽然目前学界对"难道"的分析比较多，但仍存在一些问题尚未解决，且现有研究成果也还存在不少争议，如副词"难道"的形成时间是在什么时候？最初表示反诘语气还是揣测语气？这两种语气的来源是什么？如此等等。不可否认，目前学界对语气副词"难道"的认识分歧以及不足主要体现在它的来源及历时形成过程方面。本书拟在前人研究基础之上，对这些问题再做一些深入探索。

二 反诘语气副词"难道"的形成过程

"难道"连用，较早出现在《楚辞》卷第十三《沈江》："不开痹而难道兮，不别横之与纵。"东汉王逸注："道，一作导。……言君心常惑而不可开痹，语以政道，尚不别缯布经纬横纵，不能知贤愚亦明矣。"① 可见，《楚辞》中"难道"义为"语以政道"，即"与他论说施政方略"，此时的"难道"为述宾式短语。"道"亦有异文作"导"，那么"难导"可以理解为"难以引导、劝导"，此时的"难导"为偏正式短语。据我们查证，上古时期"难道"连用仅此一例，且并非表示"不可说、不好说"义的偏正式短语。

到了中古时期，"难道"连用依然较为少见，如：

（1）右大集难道德至诚天戒以示贤。(《太平经》卷九十六)

（2）右集难道戒学、治生、成与不成、吉凶何所起诀。(《太平经》卷九十八)

（3）刘胡，南阳涅阳人也，本名坳胡，以其颜面坳黑似胡，

---

① （宋）洪兴祖撰，白化文等点校：《楚辞补注》，中华书局1983年版，第241页。

故以为名。及长，以坳胡难道，单呼为胡。(《宋书·邓琬传》)

（4）丈夫应自解，更深难道留。(南朝陈陈叔宝《三妇艳》)

《太平经》中"难道"为跨层结构，"集难"是一个词语，义为"集议辩难"，因此例（1）和（2）与"难道"一词的形成关系并不密切。值得注意的是，中古晚期梁代沈约的《宋书》以及陈后主陈叔宝的《三妇艳》当中的"难道"义为"不可说、不好说"，是个偏正式短语。这种用法的"难道"才是语气副词"难道"的前身，只是它的出现时间较晚，大约南北朝时期才出现，且文献用例较少。

到了唐五代时期，"难道"连用也不多见，如：

（1）归心更难道，回首一伤情。(唐高适《别张少府》)

（2）古人去已久，此理今难道。(唐陶翰《早过临淮》)

（3）匡济难道合，去留随兴牵。(唐钱起《海畔秋思》)

（4）诗景荒凉难道合，客情疏密分当同。(唐章孝标《上西川王尚书》)

（5）又代问："若到有什摩难道?"(南唐静、筠二禅师《祖堂集》卷七)

（6）云曰："有什摩难道?"师云："若实便请道!"(南唐静、筠二禅师《祖堂集》卷十)

（7）师云："问著宗门中事，有什摩难道? 恰问著。老僧鼻孔头上漫漫，脚下底漫漫。教家唤作什摩?"(南唐静、筠二禅师《祖堂集》卷十九)

以上例句中的"难道"均为偏正式短语，义为"不可说、不好说"。到了宋、金时期，"难道"连用的文献用例依旧不多见，如：

（1）今夜酒肠难道窄，多情，莫放纱笼蜡炬明。(宋辛弃疾《南乡子》)

（2）奈燕台句老，<u>难道</u>离别。（宋史达祖《万年欢·春思》）

（3）师问："其中事即易道，不落其中事始终<u>难道</u>。"（宋释普济《五灯会元》）

（4）上堂："此个事得怎么<u>难道</u>？"时有僧出曰："请师道。"（宋释普济《五灯会元》）

（5）横三竖四，乍离乍合，将长补短，即不问汝诸人，饭是米做一句，要且<u>难道</u>。（宋释普济《五灯会元》）

（6）师曰："有甚么<u>难道</u>？"曰："便请和尚道。"（宋赜藏主《古尊宿语录》）

（7）师云。问著宗门事。有什么<u>难道</u>。（宋赜藏主《古尊宿语录》）

（8）欲断无肠，亦恐<u>难道</u>。（金王若虚《滹南诗话》卷二）

虽然宋、金时期"难道"连用的文献用例并不多见，然而大部分学者都认为语气副词"难道"产生于宋、金时期。如太田辰夫（1958/2003：282）认为语气副词"难道"的较早例子即为例（1）宋代辛弃疾的词①。翻检辛弃疾《南乡子》，发现这里的"难道"还有一个异文作"还道"，作"还道"于这首词可能更加贴切。即便是"难道"，似乎还是作"不可说、不好说"义解更加符合整首词的意思。又如向熹（1993/2010：682）在讲到"难道"时指出："表示反问语气，最初见于宋代，如普济《五灯会元》卷三《乳源和尚》：'难道众中莫有道得者，出来试道看。'元明以后逐渐常用，直到现代。"②向先生认为语气副词"难道"初见于宋代，例子仅列举了《五灯会元》中的这一例。翻检《五灯会元》卷三《乳源和尚》，发现此句不是用了"难道"，而是写作"虽道"。再如孙菊芬（2007）指出："大约到宋代，'难道'开始用作副词，但用例较少，

---

① ［日］太田辰夫：《中国语历史文法》，蒋绍愚、徐昌华译，北京大学出版社2003年版，第282页。

② 向熹：《简明汉语史》（下册），商务印书馆2010年版，第682页。

元代才逐渐多起来。"① 孙先生列举的例证除了例（1）之外还举了北宋张伯瑞《悟真篇》"复姤自兹能运用，金丹难道不成功"。翻检《悟真篇》，发现此句也不是用了"难道"，而是写作"谁道"。由此来看，宋、金时期，根据文献用例，"难道"还没有出现语气副词的用法，依然是表示"不可说、不好说"义的短语。

到了元朝，"难道"连用的例证大量出现，其中有少量是"不可说、不好说"义的短语，其余大多是反诘语气副词的用例，也有个别揣测语气副词的用例。查检《全元南戏》《全元散曲》和《全元杂剧》共发现"难道"连用例证 171 例，其中包含"早难道"44 例，"可难道"2 例，"好难道"1 例，"不可说、不好说"义偏正式短语 11 例，反诘语气副词 109 例，揣测语气副词 4 例。这 171 条"难道"连用的具体用法如下表所示：

表 2–1　　　　　　　元代"难道"连用用法简表

条目	意义或用法	数量	例句
早难道	哪里是、说什么	6	（1）呀！看看冷逼寒冻神魂丧，<u>早难道</u>酒解愁肠。（徐㘨《杀狗记》第十二出） （2）那里问养育情怀，则为俺夫妻恩爱，<u>早难道</u>割不断子母肠肚。（贾仲明《荆楚臣重对玉梳记》第三折） （3）元来是恼春色孤眠不稳，<u>早难道</u>为贱妾断梦劳魂。（无名氏《萨真人夜断碧桃花》第一折） （4）你不将王法依，平将百姓欺，<u>早难道</u>寸心不昧。（无名氏《十探子大闹延安府》第二折） （5）<u>早难道</u>香腮左右偎，则索项窝里长吁气。（王和卿《仙吕·醉扶归》） （6）精尻上匀排七道青，扇圈大膏药刚糊定，<u>早难道</u>外宣无病。（王和卿《双调·拨不断》）
	岂不闻、怎不知	34	（1）谁信你鬼狐由，误了我谈笑封侯，<u>早难道</u>万里鹍鹏得志秋。（赵彦晖《仙吕·点绛唇·省悟》） （2）却不道风用担儿担，<u>早难道</u>蜻蜓把太山撼？（高文秀《好酒赵元遇上皇》第四折） （3）<u>早难道</u>"君子断其初"，今日个亲者便为疏。（关汉卿《包待制智斩鲁斋郎》第三折） （4）更有那孝子贤孙儿每打，<u>早难道</u>神不容奸，天能鉴察？（张国宾《相国寺公孙合汗衫》第二折）

---

① 孙菊芬：《副词"难道"的形成》，《语言教学与研究》2007 年第 4 期。

条目	意义或用法	数量	例句
早难道	岂不闻、怎不知	34	(5) 若有那大公事失误了惹下灾殃，这些儿事务你早不记想，早难道贵人多忘。（孟汉卿《张孔目智勘魔合罗》第三折） (6) 原来这秀才每当正军，我想着儒人颠倒不如人，早难道文章好立身。（石君宝《鲁大夫秋胡戏妻》第一折） (7) 须不是欢娱嫌夜短，早难道寂寞恨更长，忧愁事几桩。（罗贯中《宋太祖龙虎风云会》第三折） (8) 远赴皇都，急煎煎早行晚住，早难道神鬼皆无。（无名氏《包龙图智赚合同义字》第三折）
	难道说、怎么能	4	(1) 早难道耽消瘦，不会投壶打马，则惯拨麦看牛。（无名氏《般涉调·耍孩儿·拘刷行院》） (2) 语语喃喃，峥峥巉巉，早难道宰相王侯，倒不如李四张三。（高文秀《好酒赵元遇上皇》第四折） (3) 早难道对面相逢，便划的忘了红昌。（无名氏《锦云堂暗定连环计》第二折） (4) 那里也画堂欢宴，早难道是花下燕莺期。（无名氏《赵匡义智娶符金锭》第一折）
可难道	难道（反诘语气）	2	(1) 我将这虚空中神灵来祷告，便做道男儿无显迹，可难道天理不昭昭？（李行甫《包待制智赚灰栏记》第二折） (2) 我虽贫呵乐有余，便贱呵非不惮，可难道脱不的二字饥寒？（郑光祖《醉思乡王粲登楼》第一折）
好难道	很难说	1	好难道重义轻财，许多时撒得我全然不睬。（徐畋《杀狗记》第十六出）
难道	短语（不可说、不好说）	11	(1) 陛下今日国政自能裁，老臣今日难道口难开。（郑光祖《辅思乡王周公摄政》第四折） (2) 礼法所制，人非土木，待说也难道。（施惠《幽闺记》第二十二出） (3) 不肯赋情薄，不肯赋情薄，随顺教人笑，空使我意沉吟，眉留目乱羞难道。（施惠《幽闺记》第二十二出） (4) 婆婆，你休这般说，好事若藏心肺腑，言谈语笑不寻常。好着我难道。（无名氏《施仁义刘弘嫁婢》第二折） (5) 假饶一举登科日，难道是双亲未老时。（高明《蔡伯喈琵琶记》第四出） (6) 语若流莺声似燕，丹青，燕语莺声怎画成？难道不关情，欲语还羞便似曾。（关汉卿《杜蕊娘智赏金线池》楔子） (7) 撑破庄周梦，两翅驾东风，五百处名园一扫一个空。难道风流种，唬杀寻芳蜜蜂。轻轻飞动，把一个卖花人，扇过桥东。（史九散人《老庄周一枕胡蝶梦》第一折）

续表

条目	意义或用法	数量	例句
难道	反诘语气副词	109	（1）难道你有活命之恩，我岂不思量报你？（关汉卿《感天动地窦娥冤》第一折） （2）奴是他亲生儿子亲媳妇，难道他是何人我是谁？（高明《蔡伯喈琵琶记》第三十出） （3）相公，这个不妨事，你只跟着长老去，若是他不淹死，难道独独淹死了你？（李好古《沙门岛张生煮海》第三折） （4）打一下我老爷记一根签，难道也哄得我不成？（施惠《幽闺记》第六出） （5）程婴，我说放你去，难道要你？可快出去！（纪君祥《冤报冤赵氏孤儿》第一折） （6）我两姓结婚姻原在生前，难道我今日敢违背初言。（郑光祖《醉思乡王粲登楼》第四折） （7）员外着你跪，你就跪，难道着你死，你就死了不成？（萧德祥《杨氏女杀狗劝夫》第二折） （8）删彻，你差矣！俺想圣人平日解衣衣我，推食食我。这许多好意。难道今日便负了我？必无此理。（无名氏《随何赚风魔蒯通》第二折） （9）难道这盆儿在我家不说话，到你里便说起话来？我不信。（无名氏《玎玎珰珰盆儿鬼》第四折） （10）难道我哄你？那里有个圣旨是好假的，你只管言三语四。（无名氏《谢金吾诈拆清风府》第一折） （11）既然我随顺了你，难道又去嫁他？（无名氏《玉清庵错送鸳鸯被》第二折） （12）此位是惠安长老，仙释不同教，是做不得徒弟的。难道你要度我么？（范康《陈季卿误上竹叶舟》第一折） （13）你脖项上新开锁，俺娘难道那风云气少，恁爷却甚末儿女情多！（石君宝《诸宫调风月紫云庭》第三折） （14）柳呵都做了断肠枝，酒呵难道是忘忧物？（刘庭信《正宫·端正好·春日送别》）
	揣测语气副词	4	（1）我钉缘结发曾相共，难道是无缘对面不相逢？（高明《蔡伯喈琵琶记》第三十五出） （2）怎生这里水滚，那海水也滚起来？难道这锅儿是应着海的？（李好古《沙门岛张生煮海》第三折） （3）常言道眼睛跳，悔气到。难道有甚悔气到的我家里？梅香，且安排酒来，等我吃几杯咱。（无名氏《谢金吾诈拆清风府》第三折） （4）那秀才难道不等你就睡着了？（无名氏《王月英元夜留鞋记》第四折）

从上表可以看出，语气副词"难道"在元朝已经发展成熟，并迅速成为主流用法。它既可以表示反诘语气，也可以表示揣测语气，

但以表示反诘语气为常。

到了明清时期，语气副词"难道"的用法也还是一直处于主流地位，而且文献用例数量更多，元代出现较多的"早难道"在明清时期只剩下个别用例，元代出现的"可难道"和"好难道"到了明清时期几近消亡。如：

(1) 是那处曾相见，相看俨然，<u>早难道</u>这好处相逢无一言？（明汤显祖《牡丹亭》第十出）

(2) 陈秀才，封我讨金娘娘，<u>难道</u>要我征讨大金家不成？（明汤显祖《牡丹亭》第四十七出）

(3) 店主醒来，想道："这梦甚是蹊跷。说甚么萧状元，<u>难道</u>便是在间壁处馆的那个萧秀才？我想恁般一个寒酸措大，如何便得做状元？"心下疑惑，却又道："除了那个姓萧的，却又不曾与第二个姓萧的识熟。'凡人不可貌相，海水不可斗量'。况是神道的言语，宁可信其有，不可信其无。"（明凌濛初《初刻拍案惊奇》卷二十）

(4) <u>难道</u>小的藏了女儿，舍得私下断送在他乡外府，再不往来不成？（明凌濛初《初刻拍案惊奇》卷二十六）

(5) 飞的飞，走的走，<u>早难道</u>天子上林；叫的叫，噪的噪，须不是人间乐土。（明凌濛初《初刻拍案惊奇》卷三十七）

(6) <u>早难道</u>骷髅能作怪，致令得男女会差池？（明凌濛初《二刻拍案惊奇》卷二十八）

(7) 华安，你好大眼孔，<u>难道</u>我这些丫头就没个中你意的？（明冯梦龙《警世通言》第二十六卷）

(8) 老官儿，你许多年纪了，这样事<u>难道</u>还不晓得？（明冯梦龙《醒世恒言》第八卷）

(9) 这里又无相识借贷，<u>难道</u>求乞不成？（明冯梦龙《喻世明言》第九卷）

(10) 饮血餐刀，饮血餐刀，<u>早难道</u>是伊前生孽障？（清李

玉《清忠谱》第十八折)

(11) 他劝的有理才听；要没有理，可难道也听他罢？（清西周生《醒世姻缘传》第五十七回）

(12) 早难道醉来墙上，信笔乱鸦涂！（清洪昇《长生殿》第十出）

(13) 呀，有这等事！难道朝廷之上，竟无人奏告么？（清洪昇《长生殿》第二十出）

(14) 难道我每吃太平宴的，倒差了不成！（清洪昇《长生殿》第二十八出）

(15) 看了这金钗钿盒情犹在，早难道地久天长盟竟寒。（清洪昇《长生殿》第四十出）

(16) 矮墙浅屋的，难道都不怕亲戚们听见笑话了么。（清曹雪芹、高鹗《红楼梦》第八十三回）

(17) 贾母道："你们时常叫他出去作诗作文，难道他都没作上来么。小孩子家慢慢的教导他，可是人家说的，'胖子也不是一口儿吃的'。"（清曹雪芹、高鹗《红楼梦》第八十四回）

(18) 这又奇了，你方才不是这个样儿见的我么？难道我不是个人不成？（清文康《儿女英雄传》第八回）

(19) 统领这番骂跟班的话，别人听了都不在意，文七爷听了倒着实有点难过，心想："统领骂的是那一个？很象指的是自己，难道昨夜的事情发作了吗？"一个人肚里寻思，一阵阵脸上红出来，止不住心上十五个吊桶，七上八落。（清李伯元《官场现形记》第十三回）

(20) 抚台心上想："难道昨儿批的那张条子，他失落掉不成？"于是又重批一条。（清李伯元《官场现形记》第五十七回）

(21) 自然要告诉的，难道好瞒伯父吗？（清吴趼人《二十年目睹之怪现状》第二回）

(22) 话说老残听见店小二来告，说曹州府有差人来寻，心中甚为诧异："难道玉贤竟拿我当强盗待吗？"（清刘鹗《老残

游记》第八回）

以上例证来自陕西师范大学历史文化学院"汉籍全文检索系统（二）"。其中例（1）、（5）、（6）、（10）、（12）和（15）是"早难道"的例证，例（11）为"可难道"的例证，这些例证是检索到的"早难道"和"可难道"的全部例证，在检索过程中没有发现"好难道"的用例；其中例（2）、（4）、（7）、（8）、（9）、（13）、（14）、（16）、（18）和（21）为反诘语气副词"难道"的用例，例（3）、（17）、（19）、（20）和（22）是揣测语气副词"难道"的用例。

由此可见，语气副词"难道"大概产生于元朝，有反诘语气副词和揣测语气副词两种用法，其中反诘语气副词是其主流用法。明清时期，语气副词"难道"的用例大量出现，用法方面依然是表示反诘语气占主导地位。

现代汉语由古代汉语发展而来，在现代汉语普通话当中，"早难道"、"可难道"和"好难道"已经不再使用，语气副词"难道"仍然是表示反诘语气和表示揣测语气并存，且以表示反诘语气为其主流用法。

现代汉语语气副词"难道"表示反诘语气，如：

（1）而且我这样大年纪的人，难道还不能料理自己么？（朱自清《背影》）

（2）那可不行！我请你们！朋友们赏脸来道喜，我难道还不该招待招待吗？（老舍《春华秋实》）

（3）一角危楼，四山欲雨，这难道就千妥万当了吗？（俞平伯《重过西园码头》）

（4）这大热晚上难道闷在家里听太太埋怨？（林徽因《九十九度中》）

（5）难道是我一个人要了？他不是也吃在里边？（赵树理《三里湾》）

（6）董事长，您不要向我摆架子，您<u>难道</u>不知道我是谁么？（曹禺《雷雨》）

（7）怪不得旁人说你跳不出你的阶级意识，<u>难道</u>我就不配看书？（钱锺书《写在生人边上》）

（8）二嫂看着办就是了，<u>难道</u>安姐儿还会争多论少不成？（张爱玲《金锁记》）

从以上例证可以看出，在现代汉语当中，反诘语气副词"难道"可以位于主谓之间，也可以位于句首；可以与语气助词"么"、"吗"等共现，也可以与语气助词"不成"共现。

现代汉语语气副词"难道"表示揣测语气，如：

（1）而他现在竟动手，很意外，<u>难道</u>真如市上所说，皇帝已经停了考，不要秀才和举人了，因此赵家减了威风，因此他们也便小觑了他么？（鲁迅《阿Q正传》）

（2）<u>难道</u>北京竟是没有好的茶食，还是有而我们不知道呢？（周作人《北京的茶食》）

（3）大蒜头上还只得三四茎嫩芽！天哪！<u>难道</u>又同去年一样？（茅盾《春蚕》）

（4）大凤儿，大姑娘，<u>难道</u>你是忌妒你妹妹，珍珠？（老舍《方珍珠》）

（5）但是为什么朋友也嚷着"看火"呢？<u>难道</u>他也做了和我同样的梦？我想叫醒他问个明白，我把他的膀子推一下。（巴金《火》）

（6）为什么不出现一个人来听我愤慨地讲述那个少女的故事？<u>难道</u>我是在梦里？（巴金《废园外》）

（7）鸿渐笑她只知道个苏小姐。她道："<u>难道</u>还有旁人么？"鸿渐得意头上，口快说三天告诉她确实消息。（钱锺书《围城》）

在现代汉语当中，用作揣测语气副词的"难道"，数量远远少于用作反诘语气副词。也就是说，从古至今，副词"难道"都以表示反诘语气为其典型用法，表示揣测语气是其非典型用法。

三 反诘语气副词"难道"的形成机制

语气副词"难道"产生于元代并迅速发展成熟，它来源于表示"不可说、不好说"义的偏正式短语"难道"。"难道"从短语衍生出反诘语气副词的用法，语义要素的迁移是其词汇化的基础，句法位置的变化是其词汇化的契机。语言内部的调整是其词汇化的内在动因，语言环境的制约是其词汇化的外在动因。反诘语气副词"难道"的形成有其特有的机制，是多种因素共同作用的结果。

从句法位置及重新分析的视角来看：首先，"不可说、不好说"义的短语"难道"一般位于主语之后、宾语之前，也就是"难"在主谓之间作状语，"道"作谓语中心词，这也是汉语句子的基本构造规则。"难道"义为"不可说、不好说"，其后必然会有"难道"的一件事情，要陈述一件事情就有可能还会有其他动词出现。"难道"的主语一般是人，而"难道"的那件事情的主语却不一定是人，而且与"难道"的主语并不一致。也就是说，在一句话当中，除了"道"以外还会出现其他动词。只有一个动词的句子在人们的认知中更容易接受，短语"难道"中的"道"虽为全句的谓语动词，然而人们所关注的焦点是"难道"的那件事情。由于受到人们普遍认知规律的影响，"道"逐渐把主要动词的地位让给了它后面的动词，处于主谓之间的"道"与它前面的状语"难"就逐渐结合为双音节副词来充当状语。其次，"不可说、不好说"义的短语"难道"还可以位于句首，也就是用于非主谓句当中，具体用法与"早难道"类似，如"元代'难道'连用用法简表"短语"难道"当中的例(5)—(7)。这种位于句首的短语"难道"与反诘语气副词"难道"的句法位置大体一致，为其进一步词汇化成为副词提供了一定的条件。

从语义的角度来看，短语"难道"由"难"和"道"两个词语组成，"难"义为"不可、不好"，"道"义为"说、讲述"，"难道"即作"不可说、不好说"讲，故而"难道"本身就含有一定的否定意味，且在很多情况下都是与说话人的意愿相违背。如"元代'难道'连用用法简表"短语"难道"当中的例（2），说话人想说些什么但却"难道"，这就与自己的主观意愿相违背了。偏正式短语"难道"的"不可说、不好说"义逐渐虚化，进而凸显了其增强某种否定意味的功能，使其向意义更加虚化的语气副词演变，并最终由短语词汇化为增强反诘语气的副词。反诘疑问句是无疑而问，通常用肯定的形式表示否定的意味，或者用否定的形式表示肯定的意味，也就是说反诘疑问句其实也暗含了否定的意味，这种否定意味也是说话人对某件事情否定的看法。由此可以看出，短语"难道"虚化为反诘语气副词有其特有的语义基础。

从语言内部相互制约与影响的角度来看，反诘语气副词成为"难道"的主要用法还受到"早难道"、"莫非"和"莫不是"等词语的影响。首先，语言内部的顺向制约与影响促成了反诘语气副词"难道"的形成。反诘语气副词"难道"的形成可能受到了"早难道"等相关词语的影响。"早难道"在元代是较为常用的口语词，它在元代一般用在反诘疑问句当中，具体情况可参"元代'难道'连用用法简表"当中"早难道"的相关情况。经常处在这种语言环境中的"难道"在词汇化为副词后，用来增强句子的反诘语气就显得较为顺理成章了。其次，语言内部的逆向制约与影响强化了反诘语气副词"难道"的功能。语气副词"难道"以表示反诘语气为主，还可能受到了语气副词"莫非"和"莫不是"的影响。在元朝，语气副词"莫非"和"莫不是"也大量出现，它们从产生之初就专司揣测语气。语言具有自我调节的功能，为了达到表述与交际的平衡以及语言表述的精确性，"难道"就以表示反诘语气为常了。

从语用的角度来看，"难道"所处的语言环境强化了它的反诘语气功能。反诘语气副词"难道"用来增强的反诘语气一般都是整个句子的反诘语气,所以它经常位于句首。也就是说,在主谓句当中,副词一般位于主语和谓语之间充当状语,状语往往又是用来修饰谓语中心词,然而反诘语气副词"难道"通常是为整个句子服务。反诘语气副词"难道"不是构成反诘疑问句的必要条件,一个反诘疑问句把反诘语气副词"难道"去掉,同样可以表示反诘语气构成反诘疑问句,只是加上它之后可以更加明确地传达这种反诘语气,或者说它增强了句子的反诘语气,如"元代'难道'连用用法简表"当中反诘语气副词例(1):"难道你有活命之恩,我岂不思量报你?"这句话去掉"难道"后依然是反诘疑问句,只是加上"难道"使反问的语气更加显而易见。因此,语言环境强化了反诘语气副词"难道"的功能,反诘语气副词"难道"又可以增强句子的反诘语气,二者是相辅相成、相互促进的关系。

总体来看,反诘语气副词"难道"的形成并非偶然,它是汉语在漫长的历史过程中不断发展演变的必然结果。

四 反诘语气副词"难道"的具体用法

从文献例证来看,反诘语气副词"难道"在元代已经大致发展成熟,其基本用法一直沿用至今。

首先以元代《全元南戏》《全元散曲》和《全元杂剧》中的109个反诘语气副词"难道"为例,对反诘语气副词"难道"的用法加以扼要说明。元代反诘语气副词"难道"通常位于句首,在109个反诘语气副词的用例当中,仅有2个用例位于主谓之间,即例(13)和(14)。句首的"难道"可以用于主谓句,如例(1)、(2)、(6)、(9)、(10)和(12);也可以用于非主谓句,如例(3)、(4)、(5)、(7)、(8)和(11)。反诘语气副词"难道"可以和位于句末的语气助词"不成"共现,如例(4)和(7);也可以和位于句末的语气助词"么"共现,如例(12)。以上是反诘语气副词"难道"在产生初期

（元朝）的用法。

经过明清时期一直发展到现代汉语，反诘语气副词"难道"的用法也是大致如元朝一般，并没有太大的变化，只是与其共现的句末语气助词除了"么"之外，还出现了"吗"，如上文现代汉语反诘语气副词"难道"例（2）和（3），这实际上是体现了语气助词发展演变的结果。

语气助词"么"晚唐五代出现，字形可作"麽"、"磨"、"摩"，三者均属中古明母戈韵，经常混用，字形不固定，表明尚处于字形演变的过渡阶段。张相（1953/1977：379）指出："麽，疑问辞。……唐五代时，随声取字，麽、磨、摩，皆假其声为之，尚未划一，似至宋以还始专用么字，后乃或并唐人所用之磨字而亦追改之矣。"① 张涌泉（2010：30）指出："晚唐、五代，中国封建社会由盛转衰，统一的中国又陷入封建割据和军阀混战之中。国力渐衰，世风下颓，一时曾有所收敛的俗讹别体遂又泛滥起来。"② 晚唐五代时期是社会大动荡时期，无暇顾及语言的规范问题，用字不统一实属正常。宋朝以后，"麽"、"磨"、"摩"的字形逐渐集中到"麽"上，也就是后来简化为现代汉语使用的"么"字。究其原因，宋朝以后，版刻图书逐渐多了起来，这无形中对汉字起到了规范的作用。张涌泉（2010：30）指出："宋代以后，随着版刻书籍的盛行和流传，以正楷为主的印刷体的地位不断得到巩固和加强，字体逐渐趋于一尊。人们的书写有了可遵循的模板，从而大大减少了俗字存在的机会和市场。所以从总体上来看，宋代以后俗字的使用有不断下降的趋势。"③ 版刻图书多用"么"，因此字形逐渐固定在"么"上。最初，"么"只是用于一般疑问句。大约从南宋起，"么"的用法有了扩展，可以用于揣测疑问句。大约从元朝起，又可以用于反诘疑问句。

从元朝开始，又出现了语气助词"吗"，其用法与语气助词

---

① 张相：《诗词曲语辞汇释》，中华书局 1953 年版，第 379 页。
② 张涌泉：《汉语俗字研究》，商务印书馆 2010 年版，第 30 页。
③ 张涌泉：《汉语俗字研究》，商务印书馆 2010 年版，第 30 页。

"么"接近。语气助词"吗"在元朝很少见，几乎都是用于一般疑问句；在明朝也不多见，它除了可以用于一般疑问句外，也可以用于揣测疑问句和反诘疑问句。《龙龛手鉴》卷第四"吗"字下云："俗，莫霸切。"《字汇》云："吗，俗骂字。"《康熙字典》承《字汇》云："俗骂字。"可见，"吗"本为去声，是"骂"的俗字。"吗"逐渐取代"么"，原因可能是"么"的兼职太多了。在近代，"么"除了作语气助词外，还有"怎么"、"什么"、"甚么"、"这么"、"那么"、"作么（生）"等，这些也都是常用词，因此这些用法的"么"在字形上发生了分化，从而减轻了"么"字的负担。

在新中国成立之前，语气助词"么"依然在文献用例中占据主导地位。清朝以前，语气助词"吗"并不多见，清朝及以后，语气助词"吗"的数量有所增加，一直到新中国成立后，"吗"才取代"么"占据绝对的优势地位。当然，在现代汉语中，还有一部分人依然会使用语气助词"么"，原因主要有如下两个方面：其一，二十世纪五十年代以前，语气助词"么"的使用频率很高，而语言演变都是渐变的，语气助词"么"并不会在短时期内销声匿迹。其二，从口语发音来看，"么"的韵母一般发央元音［ə］，这样的发音非常自然，毫不费力；"吗"的韵母发音一般接近［A］，开口度较大，发音较［ə］略显困难。综合这两方面原因，语气助词"么"在现代汉语（尤其是口语）中还有残留，这也是语言发展中的正常现象。

由此也可以看出，元朝反诘语气副词"难道"的用法已经发展成熟，具体用法和现代汉语基本一致。

第二节　反诘语气副词"难道说"的来源及发展

作为语气副词，"难道说"在清代的文献当中就已经出现了较多的用例，然而它却是在近些年才逐渐引起人们的注意。2005 年出版的《现代汉语词典》（第 5 版）还没有收录副词"难道说"，从 2012 年出版的《现代汉语词典》（第 6 版）① 开始收录"难道说"，词性标注为副词，词义解释为"难道"。此后 2016 年出版的《现代汉语词典》（第 7 版）② 承 2012 年版将其收录，词性及释义亦沿用不替。由此可以看出，副词"难道说"是近些年才正式成为现代汉语普通话的成员之一，它的功能与语气副词"难道"类似，具有加强反诘语气和表示揣测语气两种功能。

由于"难道说"进入汉语普通话的历史不长，所以目前学界对它的关注也并不多。李思旭、韩笑（2016）③ 对"难道"和"难道说"的词汇化和语法化做了分析，论述了"难道说"与"难道"词汇化的差异，阐释了"难道说"发生词汇化的动因。李思旭（2018）④对语气副词"难道说"的句法语义做了研究，并对其与"难道"的语用差异做了分析。关于反诘语气副词"难道说"的产生时间、"说"的意义来源等诸多问题，仍存在着一些不同的研究视角以及不同的观点。鉴于此，本书将在查检历代文献用例的基础之上，对反诘语气副词"难道说"的产生过程、形成机制以及具体用法等问题做出进一步的梳理。

一 反诘语气副词"难道说"的形成过程

反诘语气副词"难道说"是在反诘语气副词"难道"的基础上产生，故而其形成时间也晚于反诘语气副词"难道"。通过查检历代文献发现，"难道说"连用较早出现在明朝，且用例并不多见，如：

---

① 中国社会科学院语言研究所词典编辑室编：《现代汉语词典》，商务印书馆 2012 年版，第 932 页。

② 中国社会科学院语言研究所词典编辑室编：《现代汉语词典》，商务印书馆 2016 年级，第 938 页。

③ 李思旭、韩笑：《"难道说"的词汇化和语法化》，载齐沪扬主编《现代汉语虚词研究与对外汉语教学》（第六辑），上海译文出版社 2016 年版，第 259—272 页。

④ 李思旭：《语气副词"难道说"的句法语义分析》，《励耘语言学刊》2018 年第 1 期。

（1）那玉香<u>难道说</u>你别人不成。（明西湖渔隐主人《续欢喜冤家》第十三回）

（2）要去四人齐去，<u>难道说</u>王兄为得闻兄，吾等便就不去？（明许仲琳《封神演义》第三十八回）

（3）倘然问因甚事故要休这亲，教你爹怎生对答！<u>难道说</u>我女儿自寻了一个汉子不成？（明冯梦龙《醒世恒言》第八卷）

例（1）中的"难道说"不是一个词语，而是反诘语气副词"难道"和动词"说"的跨层组合。例（2）和（3）中的"难道说"已经凝固成词，在句中起到加强反诘语气的作用。可以说，"难道说"作为一个词语，在为数不多的明代用例当中都是用作加强反诘语气的副词。

到了清朝，"难道说"连用的用例迅速增加，文献当中出现了较多了用例，如：

（1）话说太监王振虽然作了些弥天的大恶，误国欺君，辱官祸世，<u>难道说</u>是不该食他的肉，寝他的皮么？（西周生《醒世姻缘传》第十五回）

（2）<u>难道说</u>一个娶了媳妇儿的人了，还叫他那个嬷嬷妈跟在屋里服侍他不成？（文康《儿女英雄传》第四十回）

（3）各人有各人的志愿，<u>难道说</u>世上出家的都是有为头儿的吗？（秦子忱《续红楼梦》第二十回）

（4）走，可不走吗？<u>难道说</u>我还等着吃早饭么？（石玉昆《七侠五义》第五十六回）

（5）你家寨主拜望，<u>难道说</u>还叫我迎接他不成？叫他进来。（佚名《小五义》第二十九回）

（6）你看看我这酒里有什么没有？要有什么，<u>难道说</u>我喝了还不死么！（佚名《小五义》第七十九回）

（7）<u>难道说</u>中了举人，就好强买人家东西了么？（吴趼人

《二十年目睹之怪现状》第十九回）

（8）杨香五观看清水脊，只见门楼旁边贴着一个红字笺，杨香五心中暗想：这个门房难道说还寄卖什么药吗？（张杰鑫《三侠剑》第二回）

例（1）—（7）为"难道说"反诘语气副词的用例，例（8）为"难道说"揣测语气副词的用例。由"难道说"清朝的用例可以看出，副词"难道说"已经发展成熟，而且出现了表示揣测语气的用法。也就是说，此时的副词"难道说"有加强反诘语气和表示揣测语气两种用法，加强反诘语气为其主要用法。

到了现当代，"难道说"的语气副词用法依然很活跃，如：

（1）自己在卧虎山学艺的时候，未出师门，就听说江南有这么一位成名的人物叫赛南极诸葛宏图。哎呀，难道说就是他吗？没错，一看诸葛建白发苍苍，精神矍铄，看得出来，这是个老一辈的人物。（常杰淼《雍正剑侠图》第五十回）

（2）大海，我觉得你有时候有些偏见太重，有钱的人并不是罪人，难道说就不能同你们接近么？（曹禺《雷雨》）

（3）难道说，受气的媳妇永远得遭殃？（老舍《柳树井》）

（4）难道说七百三十天以后，上海一家私营工商业也没有了吗？根本不可能的事。（周而复《上海的早晨》）

（5）他走进宿舍看到自己卧室里黑乌乌的，有点奇怪了，难道说戚宝珍出去了吗？（周而复《上海的早晨》）

（6）难道说，黑暗就永远统治世界么？光明就永远不回头了么？（欧阳山《苦斗》）

（7）这就怪了，难道说他和八路有什么交情？（李晓明、韩安庆《平原枪声》）

（8）樯木？难道说，我们到了潢海铁网山了吗？（刘心武《贾元春之死》）

（9）拉拉想起自己让他周一上午休息的。<u>难道说</u>，是昨晚他邮件发送失败却没有发现吗？拉拉忙让人去找沈乔治。（李可《杜拉拉升职记》）

以上例证当中，例（1）、（5）、（7）、（8）和（9）为"难道说"揣测语气副词的用例，例（2）、（3）、（4）和（6）为"难道说"反诘语气副词的用例。相对于明清时期"难道说"的用例，现当代用例有如下两点新发展：第一，"难道说"揣测语气副词的用例数量大量增加。第二，"难道说"经常放在句首且后面加上逗号与主句隔开，表示一个在句子内部（包括小句内部）的停顿，似乎有着向话题标记转移的趋势。

语气副词"难道说"的形成及发展过程如下图所示：

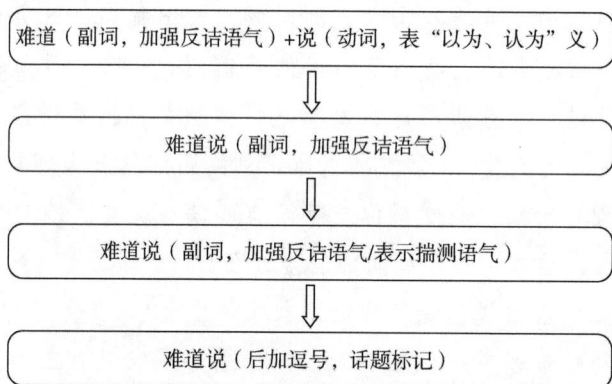

难道（副词，加强反诘语气）+说（动词，表"以为、认为"义）

↓

难道说（副词，加强反诘语气）

↓

难道说（副词，加强反诘语气/表示揣测语气）

↓

难道说（后加逗号，话题标记）

图 2-1　语气副词"难道说"的形成及发展过程图

从语气副词"难道说"的形成及发展过程图可以看出，"难道"与"说"的结合越来越紧密，其词汇化和语法化程度也越来越高。

二　反诘语气副词"难道说"的形成机制

"难道说"与"难道"关系密切，"难道说"是在"难道"的基础上衍生而来，由词语"难道"和"说"逐步词汇化而来。由上文可知，语气副词"难道"在元代就已经发展成熟，所以"难道说"当中的"难道"即为语气副词，可以用于反诘语气，也可以用于揣测语气。重点在于，"说"如何与"难道"粘合在一起，成为一个三音节语气副词。

作为"言说"义，"说"与"道"同义，然而"难道说"并不是"难"与同义并列的"道说"组合，而是语气副词"难道"与动词"说"的组合。"难道说"当中的"说"也不是它的常用义"言说、述说"，而是"以为、认为"义。在一般情况下，语言的经济性原则促使有"言说"义语素的"难道"不会再增加一个"言说"义的语素"说"。此外，汉语词汇自从有双音节的趋势之后，就形成了以双音节占优势的词汇特征，没有特殊的语言发展契机或其他的语用需求也不会形成三音节的语气副词"难道说"。

"说"的"以为、认为"义不是它的常用义，相对于动作性较强的"言说、述说"义，"以为、认为"义的动词性较弱且更加抽象，所以也更容易与"难道"结合成"难道说"。"说"的"以为、认为"义的产生时间也相对较晚，大概在明朝出现，一般用在"只说"、"只说是"当中，如：

（1）当初只说要选良善人家女子，谁想娶这个没规矩、没家法、长舌顽皮村妇！（明洪楩《清平山堂话本》卷四）

（2）如今将着心肝去，知道的便是先生杀了他；不知道的只说是我两个谋财害命。（明罗贯中等《三遂平妖传》第八回）

（3）八戒、沙僧听得喝道，只说是国王差官，急出迎接，原来是行者坐在轿上。（明吴承恩《西游记》第六十二回）

（4）我只说是怎么样金碧辉煌的，原来是这等晦气色脸，到不如外边这包还花碌碌好看，如何说得值多少东西？（明凌濛初《二刻拍案惊奇》卷一）

（5）趁着他没死，我哭几声，人知道是我诉冤；等他死了才哭，人不知道只说是哭他哩！（清西周生《醒世姻缘传》第三回）

（6）这两个乞丐见一个秀士望里伸头，只说是本村后生谁在此路过，未生歹心。（清李绿园《歧路灯》第四十四回）

（7）小的刚才吃的甜甜的，不知道是药，只说是云片糕。（清吴敬梓《儒林外史》第六回）

（8）旁人只说是慢慢的劝着就劝转来了，那知他早打了个九牛拉不转的主意，一言抄百总，任是谁说，算是去定了。（清文康《儿女英雄传》第三回）

"说"的"以为、认为"义在明清时期比较常见，到了现当代，这种用法的"说"在普通话中已经不再使用了。

上文指出，反诘语气副词"难道"本身就含有一定的否定意味，且在很多情况下都是与说话人的意愿相违背，其后再与表示主观看法的"以为、认为"义动词"说"连用也是符合语义及语用的特点。最终由"不可说、不好说"义虚化而来的语气副词"难道"和由"言说"义动词衍生而来的"以为、认为"义动词（较"言说"义的"说"动作性更弱）结合，形成了三音节的语气副词"难道说"。由于语气副词"难道"的主要功能是加强反诘语气，故而最初语气副词"难道说"的主要功能也是用来加强反诘语气。

发展到现当代，语气副词"难道说"的功能由最初的加强反诘语气占绝对优势发展成为表示揣测语气更加常见。原因大概有如下三个方面：其一，最初语气副词"难道"与语气副词"难道说"用法大体相同，均以加强反诘语气为主要用法。在语言经济性原则的驱使下，在"难道"基础上新产生的"难道说"逐渐向表示揣测语气的用法倾斜。其二，作为反诘语气副词，双音节的"难道"在语气及语势上都要比三音节的"难道说"传达的反诘语气更加强烈一些，"难道说"也就有了向表示揣测语气发展的趋势。其三，语气副词"难道"的历代文献的用例数量明显多于"难道说"，因此用法发生调整的也必然是"难道说"而非"难道"。这三个原因相辅相成、共同作用导致了"难道说"用法的调整。

由此可见，语气副词"难道说"的形成及其发展等都与语气副词"难道"有着密不可分的关系。

三　反诘语气副词"难道说"的具体用法

语气副词"难道说"的产生时间相对较晚，其用法也较为清晰且易于梳理，在此仅就其基本用法做出扼要总结。

语气副词"难道说"较早出现在明代，清代开始出现大量用例，主要功能为加强反诘语气，还有少量表示揣测语气的用法。到了现当代，语气副词"难道说"以表示揣测语气为主，以增强反诘语气为辅。

反诘语气副词"难道说"通常位于句首。① 位于句首的"难道说"可以用于主谓句，如明朝例（2）和（3），清朝例（2）、（3）、（4）和（6）；也可以用于非主谓句，如清朝例（1）、（5）和（7）。反诘语气副词"难道说"可以与位于句末的语气助词"不成"共现，如明朝例（2），清朝例（2）和（5）；也可以与位于句末的语气助词"么"共现，如清朝例（1）、（4）、（6）和（7），现当代例（2）和（6）；还可以与位于句末的语气助词"吗"共现，如清朝例（3），现当代例（4）。

明清时期，语气副词"难道说"后面一般不加逗号，也就是停顿时间仅限于小句内部。而到了现当代，语气副词"难道说"后面通常会加上逗号，停顿的时间相对更长，这也意味着"难道说"更加凝固。这可能是由于"说"的"以为、认为"义在现代汉语普通话当中已经消失，从而导致"难道说"中"说"的意思更加模糊，使其更加紧密地依附于"难道"。在这种情况下，"难道说"似乎更容易向话题标记发展。袁毓林（2004：204）指出："话题标记也可

---

① 在查检的文献当中，反诘语气副词"难道说"均位于句首，揣测语气副词"难道说"有极个别位于主谓之间，如上文清朝例（8）中"难道说"位于主语"这个门房"之后、谓语中心词"寄卖"之前。

以看作是语言中的抽象的句子话语化的一个指标，一段话语中话题标记使用得越多，说明该话语越接近于现实交际中的自然口语、较少文饰加工和过滤压缩。"① 由此可见，语气副词"难道说"还或多或少带有一些口语化的特征。

第三节 "难道"和"难道说"的异同

《现代汉语词典》（第7版）"难道说"条释义为"难道"，可以看出它们确实拥有诸多相似之处，但二者也还存在着一些差异。

作为语气副词，"难道"和"难道说"的相同之处如下：第一，在产生之初，它们的功能均以加强反诘语气为主，后来均兼有加强反诘语气和表示揣测语气两种用法。第二，在通常情况下，二者一般位于句首，可以位于主谓句句首，也可以位于非主谓句句首。第三，在句法搭配方面，二者均可与位于句末的语气助词"不成"、"么"和"吗"等共现。

作为语气副词，语气副词"难道"和"难道说"的不同之处如下：第一，从来源上讲，语气副词"难道"是在短语的基础上逐渐演化而来，加强反诘语气的功能是在原来短语以及后来的使用过程中得以传承。而语气副词"难道说"是在语气副词"难道"的基础上形成，它的反诘语气来源于"难道"。第二，语气副词"难道"比"难道说"的产生及成熟的时间早。"难道"产生于元朝，且在元朝已经基本发展成熟。"难道说"产生于明朝，到清朝基本发展成熟。第三，语气副词"难道"比"难道说"的使用频率高。无论是在古代还是现当代，"难道"的文献用例均远远多于"难道说"。第四，从古至今，语气副词"难道"的功能都是以加强反诘语气为典型用法，表示揣测语气为非典型用法。语气副词"难道说"在产生

---

① 袁毓林：《汉语语法研究的认知视野》，商务印书馆2004年版，第204页。

之初的明清时期以加强反诘语气为典型用法，表示揣测语气为非典型用法。但到了现当代，"难道说"逐渐转向表示揣测语气为典型用法，加强反诘语气为非典型用法。第五，"难道"的语气副词功能较为稳定，"难道说"有从语气副词向句法标记转化的趋势。也就是说，语气副词"难道"位于句首，其后一般不能加逗号，而"难道说"后面可以加逗号。第六，语气副词"难道说"比"难道"多了一个表示"以为、认为"义的"说"，而"以为、认为"更加偏向于主观，因此"难道说"的主观性会比"难道"更加强烈一些。第七，从语用上来看，与语气副词"难道"相比，"难道说"带有一定的口语化特征，尤其是在现当代汉语当中，这种口语化特征更加明显。

　　由此可见，语气副词"难道"和"难道说"虽为同义词，但二者同中有异，且它们之间的差异在各方面都表现得较为明显。

第三章　莫非、莫不是

在汉语史当中，"莫非"和"莫不是"既可以用作反诘语气副词也可以用作揣测语气副词，以用作揣测语气副词为常。本章主要从历代文献用例出发，对语气副词"莫非"和"莫不是"的产生及发展过程做出描写和分析，探寻它们的形成机制，总结它们的具体用法，并将它们与现代汉语常用的同类语气副词"难道"进行比较，指出它们的异同之处，为更好地理解及运用此类词语提供参考。

第一节　反诘语气副词"莫非"的来源及发展

现代汉语语气副词"莫非"的形成经历了一个复杂的过程。本节从历时的角度考察了"莫非"在文献中的使用情况，结合句法、语义等方面的因素分析了它的词汇化及语法化过程。我们认为重新分析和扩展是"莫非"词汇化和语法化的重要机制，句法和语义的相互影响促使其词汇化和语法化过程的最终完成。

一　研究现状

"莫非"在现代汉语当中是一个较为常见的语气副词，它以用作揣测语气为主，以增强反诘语气为辅。与语气副词"难道"相比，目前学界对"莫非"的关注相对较少，研究成果大多涉及它的产生、历时演化过程及其具体用法等，也有一些将其与"难道"等类似语气副词相比较的研究成果。

叶建军（2007）指出："疑问副词'莫非'至迟在宋元之际就已产生，它并非直接由义为'没有谁/什么不是'的跨层结构'莫非'衍生而来，而是与揣测疑问副词'莫'、'莫是'、'莫不'、'莫不是'有渊源关系。疑问副词'莫非'生成的语境是疑问句，生成的机制是类化。疑问副词'莫非'的演化表现在使用频率、句法功能和语气等方面；元代以降，'莫非'在'莫'系疑问副词中逐渐占有明显的优势；'莫非'用于 NP 前的功能逐渐消失，基本上只用于 VP 前；'莫非'最初只表示测度，至迟在明代后期语气开始分化，可以表示反诘，但表示测度仍是其主要用法。"[①]杨万兵（2008）指出现代汉语"莫非"具有"揣测"和"反诘"两个义项，在描写了"莫非"由主谓结构演变为语气副词的词汇化、语法化轨迹的基础上，探讨了这两个义项产生的主观化途径和机制，并从与语气副词"难道"的竞争角度分析了这两个义项的历时状况及其对共时功能差异的影响，归纳出其词汇化、语法化和主观化的机制。[②]卢烈红（2012）对"莫非"的用法以及语气副词用法的来源等问题做了考证。[③]周明强（2013）从语气特征、灵活性特征、判断性特征等角度探讨了疑问性话语标记语"难道"、"莫非"、"莫不是"和"是不是"表疑问的梯度特征，讨论了话语标记语的通用性与认知的一致性、认知与语气词、句子长度（即语境）与疑问标记语的认知联系等问题。[④]夏焕乐（2019）对"莫非"的历时演化及其动因机制做了探讨，并指出了"莫非"在历时演化平面上的两条

---

① 叶建军：《疑问副词"莫非"的来源及其演化——兼论"莫"等疑问副词的来源》，《语言科学》2007 年第 3 期。

② 杨万兵：《"莫非"的功能差异及其历时演变》，《汉语学习》2008 年第 6 期。

③ 卢烈红：《"莫非"源流考》，《南开语言学刊》2012 年第 2 期。

④ 周明强：《疑问性话语标记语疑问梯度的认知探微——以"难道""莫非""莫不是""是不是"为例》，《浙江外国语学院学报》2013 年第 2 期。

演化路径。① 朱雯欣（2019）从语里、语表和语值三方面对"莫非"一词进行了探讨。文章认为，语里上，"莫非"可表揣测语气，也可表示反诘语气；语表上，"莫非"后可跟词、短语、单句、复句，常与"不"、"不成"及其他副词共现，且置于这些共现成分之前；语值上，"莫非"具有浓厚的书面色彩。"莫非1"可使语言表达更加委婉含蓄；"莫非2"可以增强肯定或否定语气，与"难道"连用时，可以变换形式和增强语气，且在特殊条件下具有顺序性。②

由此可见，学者们已对反诘语气副词"莫非"的相关问题做出了一些讨论，为深入了解和运用"莫非"提供了重要的参考价值，也为本书的进一步思考提供了有益的借鉴价值。不过由于语料有限以及"莫非"所处句法环境和意义等又较为复杂，现有的研究成果除了存在一些尚未达成一致之处，也还存在一些值得进一步探讨的问题。鉴于此，本书在历代文献用例的基础上，对反诘语气副词"莫非"的历时演化过程展开了较为详细的论述。

二　反诘语气副词"莫非"的形成过程

"莫"和"非"连用出现的时间比较早，不过最初二者连用不是一个词语，而是一个跨层结构。语气副词"莫非"的词汇化和语法化过程是一个复杂的、渐进的过程。

（一）短语"莫（否定性无定代词）＋非（否定副词）"

"莫"和"非"连用在先秦时期已经出现，那时"莫非"只是短语，还不是一个词语。短语"莫（否定性无定代词）＋非（否定副词）"的组合模式表"没有什么不是"或"没有谁不是"义。这种组合模式出现在"（先行词＋）莫＋非＋NP"这种格式中，是古代汉语否定性无定代词"莫"和否定副词"非"的典型用法。就目

---

① 夏焕乐：《"莫非"的历时演化及其动因机制》，《晋城职业技术学院学报》2019 年第 2 期。

② 朱雯欣：《"莫非"的多角度探讨》，《汉字文化》2019 年第 8 期。

前所见的文献来看，"莫非"连用的最早用例是《诗经·小雅·北山》："溥天之下，莫非王土。率土之滨，莫非王臣。"其他例证如：

（1）莫非命也，顺受其正。（《孟子·尽心上》）

（2）尺地莫非其有也，一民莫非其臣也，然而文王犹方百里起，是以难也。（《孟子·公孙丑上》）

（3）帅象禹之功，度之于轨仪，莫非嘉绩，克厌帝心。（《国语·周语下》）

（4）张耳、陈余，世传所称贤者；其宾客厮役，莫非天下俊杰，所居国无不取卿相者。（《史记·张耳陈余列传》）

（5）周至成王，有上贤之材，因文武之业，以周召为辅，有司各敬其事，在位莫非其人。（《汉书·翼奉传》）

（6）兹以降，迄于孝武，宰辅五世，莫非公侯。（《后汉书·马武传》）

（7）罔拥强兵，树置私党，权官要职，莫非腹心。（《晋书·齐王冏传》）

（8）景宗军士皆桀黠无赖，御道左右，莫非富室，抄掠财物，略夺子女，景宗不能禁。（《梁书·曹景宗传》）

（9）乱朝败政，莫非斯人。（唐张鷟《朝野佥载》卷四）

（10）大内正门宣德楼列五门，门皆金钉朱漆，壁皆砖石间甃，镌镂龙凤飞去之状，莫非雕甍画栋，峻桷层榱，覆以琉璃瓦，曲尺朵楼，朱栏彩槛，下列两阙亭相对，悉用朱红杈子。（宋孟元老《东京梦华录》卷一）

（11）绍兴初，士大夫犹有以手状通名，止用小竹纸亲书，往还多以书简，莫非亲笔，小官于上位亦然。（宋周辉《清波杂志》卷十一）

（12）奇禽则红鹦、白雀，水族则银蟹、金龟，高丽、华山之奇松，交、广海峤之异卉，不可缕数，莫非动心骇目之观也。（宋周密《武林旧事》卷第三）

以上例证当中，例（1）、（3）、（9）、（10）、（11）和（12）中的"莫非"义为"没有什么不是"，例（2）、（4）、（5）、（6）、（7）和（8）中的"莫非"义为"没有谁不是"。这种组合从先秦一直到宋朝的书面语言中都占据着主导地位。在这种组合中，"莫非"后面直接加名词或名词性短语，没有动词，这是否定副词"非"用于判断句的典型用法。在形式上，"莫"和"非"二者经常连用，必然会对语气副词"莫非"的形成产生一定的影响，因为位置或结构上的相似性是重新分析或扩展的重要诱因之一。

元朝开始，语气副词"莫非"大量出现，并迅速成为主流用法。当然，元明清时期"没有什么不是"或"没有谁不是"义的短语"莫非"也还没有完全消失，转变成为非主流用法后在文献当中还保留着少量用例，如：

（1）宫禁侍卫，莫非曹氏之人。（元无名氏《刘玄德醉走黄鹤楼》第三折）

（2）但四海郡县，莫非国家所有，坐保一城，自臣子本分事。（元王鹗《汝南遗事》卷二）

（3）为人刚明简重，凡所陈于上前，莫非尧、舜仁义之道。（《元史·张文谦传》）

（4）齐都邑大夫宰，莫非陈氏。（明冯梦龙《东周列国志》第八十二回）

（5）燕子堂前，总是维摩故宅；婆罗树下，莫非长者新宫。（明天然痴叟《石点头》第二回）

（6）东日窟而西月江，莫非王土；南荒炎而北弱海，洪惟帝臣。（明谢诏《东汉秘史》第五十六回）

（7）田尔耕职司要地，滥冒锦衣，荣及仆隶，鲸吞虎占，惨害生民，不可胜计，盈室所积，莫非旨膏，不啻元凶之富。（明李清《明珠缘》第四十九回）

（8）四海九洲莫非臣子，复畏何人！（《明史·杨涟传》）

（9）光武有鉴于此，故尊崇节义，敦厉名实，所举用者<u>莫非</u>经明行修之人，而风俗为之一变。（清顾炎武《日知录》卷十三）

（10）良知<u>莫非</u>天理，天理<u>莫非</u>良知，原无二旨。（清屈大均《广东新语》卷十）

（11）宝桢奏运河废坏，<u>莫非</u>黄水之害，治运必先治黄。（《清史稿·食货志》）

元明清时期，相对于语气副词"莫非"而言，短语"莫非"的用例比较少见，出现的环境也大多是较为典雅古朴的书面语体。

值得注意的是，表示"没有什么不是"或"没有谁不是"义的"莫非"在产生之初以及后来的绝大多情况都是用在"（先行词＋）莫＋非＋NP"这种格式。然而，大概从南北朝时期开始，出现了"（先行词＋）莫＋非＋X"格式，"X"可以是形容词或形容词短语，可以是动词或动词短语，还可以是主谓短语，如：

（1）粲乎煌煌，<u>莫非</u>华荣。（《后汉书·蔡邕传》）

（2）<u>莫非</u>易俗所致，并为亡国之音，而应变不殊，感物或异，何哉？（《北齐书·文苑列传》）

（3）所使之人，<u>莫非</u>奸猾，因公行私，迫胁在所，入官之物，侵窃过半，纳资请托，不知厌已。（《宋书·吴喜传》）

（4）饷馈肇之，<u>莫非</u>珍新，家产既尽，卖宅以充之。（《宋书·许昭先传》）

（5）持此量之，理有可见，则侯景游辞，<u>莫非</u>虚诞。（《魏书·岛夷萧衍传》）

（6）肇，儒者，动存名教，直绳所举，<u>莫非</u>伤风败俗。（《魏书·游明根传》）

（7）其所陈器玩，<u>莫非</u>珍丽，乃具事以告太守。（唐戴孚《广异记·张锃》）

（8）伏自思之，生圣日，沐皇风，摩顶至踵，<u>莫非</u>亭育，

不能历丹凤，抵濯龙，北面玉阶，东望金屋，抗音而正谏者，圣王之罪人也。（《旧唐书·陈子昂传》）

（9）莫非苦己，实不因人，独立性成，遂无交结。（《旧唐书·元稹传》）

（10）西川卫前军将李思益者，所著衣服莫非华焕纤丽。（宋孙光宪《北梦琐言》卷十二）

（11）大殿朵廊，皆壁隐楼殿人物，莫非精妙。（宋孟元老《东京梦华录》卷三）

（12）臣观制置司所议，莫非引经以为言，而其实则称贷以取利，事体卑削，贻中外讥笑。（《宋史·陈襄传》）

（13）夫民之生性莫非气烦，气烦则嗜欲生焉。（宋张君房《云笈七签》卷八十七）

（14）凡事莫非心之所为，虽放僻邪侈，亦是此心。（宋黎靖德《朱子语类》卷第十三）

（15）物物各具此理，而物物各异其用，然莫非一理之流行也。（宋黎靖德《朱子语类》卷第十八）

（16）圣人所言，虽有及物之意，然亦莫非循其理之自然，使物各得其所，而己不劳焉，又何害于天理之流行哉！（宋黎靖德《朱子语类》卷第二十九）

（17）一斟一酌，莫非前定。（元高明《琵琶记》第三十四出）

以上例证当中，例（1）、（3）、（4）、（5）、（7）、（10）和（11），"莫非"后是形容词或形容词短语；例（2）、（6）、（8）、（9）①、（12）和（16），"莫非"后是动词或动词短语；例（13）、（14）、（15）和（17），"莫非"后是主谓短语。从元朝开始，由于语气副词"莫非"大量出现，成为"莫非"的典型用法之后，这种

——————————
① "苦己"中的"苦"为形容词使动用法。

本不常见的用法逐渐消失。

与此相关,"没有什么不是"和"没有谁不是"义的"莫非"在明清时期还衍生出了"无非"义,如:

(1) 人之四肢,<u>莫非</u>皮肉,虽有贵贱之殊,总是一体。(明许仲琳《封神演义》第十七回)

(2) 承奉官不必赶我,<u>莫非</u>一死而已。(明许仲琳《封神演义》第十八回)

(3) 我等<u>莫非</u>与子牙解围,并无他意。(明许仲琳《封神演义》第三十八回)

(4) 小生陋貌俗态,有何奇贵?先生<u>莫非</u>过奖了。(清烟霞散人《幻中游》第二回)

(5) <u>莫非</u>妾身命途奇穷,有何怨天而尤人。(清佚名《九云记》第二十回)

这是"莫非"的"莫(否定副词)+非(否定副词)"组合模式,双重否定表示肯定,且这种肯定的语气更加坚定。这种用法的"莫非"产生时间相对较晚,再加上用例少见,故而与语气副词"莫非"的产生及发展关系不大,在此论述从略。

除此之外,"莫非"连用还有"莫(否定副词)+非(动词)"的用法。"莫"在上古汉语是否定性无定代词,后来衍生出否定副词的用法,用于祈使句,表示禁止,相当于"勿"。"莫"的这种否定副词的用法从东汉以后逐渐增多。"否定副词(莫)+动词(非)"这种组合是否定副词"莫"用法的集中体现。这种用法的"莫非"较早出现在北朝,之后的用例也较少见,如:

(1) 下司因习而<u>莫非</u>,僧曹对制而不问。(《魏书·释老志》)

(2) 非<u>莫非</u>于饰非,过莫过于文过。(唐贯休《续姚梁公坐右铭》)

（3）<u>莫非</u>玄解，动足尘生。（南唐静、筠二禅师《祖堂集》卷第一）

（4）洞达如之，<u>莫非</u>一切。（南唐静、筠二禅师《祖堂集》卷第十五）

这种用法是"莫"和"非"在一般用法上的自然组合，是否定副词"莫"修饰谓语核心动词"非"。从语气副词"莫非"的形成及功能方面来看，它的产生应该是与"莫（代词）＋非（副词）"和"莫（副词）＋非（副词）"这两种组合模式相关，"莫（副词）＋非（动词）"对其形成和发展并无实质影响。

（二）非典型用法的语气副词"莫非"

在短语"莫（否定性无定代词）＋非（否定副词）"的组合模式之后，又出现了"莫（语气副词）＋非（否定副词）"的组合模式。这种组合模式是从表"没有什么不是"或"没有谁不是"义的短语衍生出典型的语气副词"莫非"用法的过渡阶段，而这种过渡用法的出现源于"莫"的语气副词的用法。

大约从唐代起，"莫"又衍生出语气副词的用法，一般用来表示揣测语气，如：

（1）行五十许里，天王问绍："尔<u>莫</u>困否？"绍对曰："亦不甚困，犹可支持三二十里。"（唐薛渔思《河东记·崔绍》）

（2）即今龙厩水，<u>莫</u>带犬戎膻。（唐杜甫《秋日夔府咏怀》）

（3）赋诗分气象，佳句<u>莫</u>频频。（唐杜甫《秋日寄题郑监湖上亭》）

揣测语气副词"莫"的出现，从语义上可能是受到了"怀疑"义动词"莫"的影响。在上古时期，"莫"就可以用来表示"怀疑"义，如《庄子·人间世》："凡溢之类妄，妄则其信之莫，莫则传言者殃。"揣测语气副词"莫"的出现，从句法上可能是受到了否定副词"莫"的影响。从上古时期开始一直到后代，否定副词"莫"都并不罕见，用例不再赘举。

可能是受到了语气副词"莫"的影响，"莫非"连用也衍生出了表示揣测语气的用法，这是现代汉语语气副词"莫非"形成的关键过渡阶段。这种用法的较早用例是在晚唐五代，如：

（1）芦中一人，<u>莫非</u>穷事（士）乎？（潘重规《敦煌变文集新书》卷五《伍子胥变文》）

（2）惠能于东山得法，辛苦受尽，命似悬丝，今日得与史君官僚僧尼道俗同此一会，<u>莫非</u>累劫之缘？（唐慧能《六祖坛经》自序品第一）

（3）<u>莫非</u>摩利支山？（南唐静、筠二禅师《祖堂集》卷十二）

"莫非"的这种用法出现在疑问句当中，一般用来表示揣测语气，与"莫"的早期用法一致。形式也较为简单，即"莫非＋NP"，这其实是"莫非"判断句用法进一步扩展、泛化的结果。这种形式依然是名词或名词性短语充当谓语，但与前面所提到的判断句的不同之处在于："莫"已经不再是主语、不再是代词，而是成为副词来作状语。这种用法实际上有些打破常规用法，因为在这里"莫"和"非"都是副词。一般情况下，在近代、现代汉语中，副词直接修饰名词性成分通常不合语法。很显然，这种"莫非"的形成是受到了用于判断句否定形式的"非"的影响。晚唐五代以后，这种用法也还不少见，如：

（1）二公起而问曰："<u>莫非</u>神仙乎？岂不能下降而饮斯一爵！"笑者曰："吾二人非山精木魅，仆是秦之役夫，彼即秦官女子。……"（宋李昉等《太平广记》卷四〇）

（2）小娘子<u>莫非</u>莺莺小姐的侍妾么？（元王实甫《崔莺莺待月西厢记》第一本第二折）

（3）那壁小娘子<u>莫非</u>莺莺小姐的侍妾乎？（元王实甫《崔莺莺待月西厢记》第一本第三折）

（4）兀那来将，<u>莫非</u>费无忌么？（元郑廷玉《楚昭王疏者下船》第二折）

（5）来者<u>莫非</u>陈孝起乎？（明罗贯中《三国演义》第八十一回）

（6）来者<u>莫非</u>呼延灼将军？（明施耐庵《水浒传》第八十四回）

（7）那来的<u>莫非</u>东土取经人么？（明吴承恩《西游记》第九十八回）

（8）冀州督粮上将郑伦也，汝<u>莫非</u>曹州崇黑虎？（明许仲琳《封神演义》第三回）

（9）来者<u>莫非</u>哪吒么？（明许仲琳《封神演义》第七十九回）

（10）来者<u>莫非</u>哪吒否？（明许仲琳《封神演义》第七十九回）

（11）来将<u>莫非</u>守关主将么？（明许仲琳《封神演义》第八十四回）

（12）来者<u>莫非</u>成汤元帅袁洪么？（明许仲琳《封神演义》第八十八回）

（13）这等，小娘子<u>莫非</u>龙香姐么？（明凌濛初《二刻拍案惊奇》卷九）

（14）<u>莫非</u>我妻之灵乎？倘阴间有知，当集我掌上。（明凌濛初《二刻拍案惊奇》卷十三）

（15）将军面善，<u>莫非</u>贾季乎？（明冯梦龙《东周列国志》第四十六回）

（16）大夫<u>莫非</u>夷维晏平仲乎？（明冯梦龙《东周列国志》第六十九回）

（17）<u>莫非</u>蜀中李谪仙么？闻名久矣！（明冯梦龙《警世通言》第九卷）

（18）足下<u>莫非</u>武当山台上比试的豪杰么？（明郭勋《英烈

传》第七回)

(19) <u>莫非</u>妖人刘秀乎?(明谢诏《东汉秘史》第二十一回)

(20) 来者<u>莫非</u>汉中王刘将军乎?(明谢诏《东汉秘史》第四十二回)

(21) 呀,<u>莫非</u>永、念二娘子么?(清洪昇《长生殿》第三十九出)

(22) 君家<u>莫非</u>甄老先生么?(清曹雪芹、高鹗《红楼梦》第一零三回)

(23) 如此说,<u>莫非</u>岭南唐伯伯么?(清李汝珍《镜花缘》第二十六回)

(24) 时陕西尚严边禁,碛外商旅不通,保吉上言:"王者无外,戎夷<u>莫非</u>赤子?乞通互市,以济资用。"太宗诏从之。(清吴广成《西夏书事》卷五)

(25) 贤弟你原籍<u>莫非</u>杭州?(清佚名《小五义》第五十三回)

(26) 来者<u>莫非</u>怀庆守备金城么?(清佚名《狄公案》第五十八回)

晚唐五代以后,这种用法的"莫非"后面的"NP"大多是人,一般是用于询问是不是自己心中揣测的某一个人,也有个别用例用于对其他事物的怀疑,如例(14)怀疑的是鬼神"灵",例(25)怀疑的是地点"杭州"。大概是受到"莫非"和"莫不是"可以用于加强反诘语气的影响,清代的"莫非+NP"也出现了用于加强反诘语气的用法,如例(24)。发展到现代汉语,这种用法的"莫非"已经完全消失了。在现代汉语当中,"NP"如果指人的话,则在"NP"的前面加上系词"是",即"莫非(+S)+是+NP"或"(S+)莫非+是+NP",在这里"莫非"是个纯粹的语气副词。

(三)典型用法的语气副词"莫非"

上古汉语判断句以名词或名词性短语为谓语,用否定副词"非"

来否定整个谓语,所以"莫非+NP"是无标记的。自从系词产生之后,随着系词使用频率的增多,从唐五代以后,"莫非+NP"变成了有标记的用法。语言是一个严密的系统,当"莫非(副词)+NP"不符合常规语法时,在其发展过程中必然要逐步向常规化靠拢。元明清以及现当代汉语中的语气副词"莫非"都呈现出了各自较为明显的独特性,为了使描写和分析更加细致、清晰,本书依据这些历史时段分别举例加以说明。

1. 元朝的语气副词"莫非"

从元代开始,语气副词"莫非"大量出现,如:

(1)怎么这一会儿不见俺那妮子,莫非又赶那厮去?(关汉卿《杜蕊娘智赏金线池》第一折)

(2)张千进去,可怎生不见出来?莫非他不肯通报?我自过去。(关汉卿《钱大尹智宠谢天香》第一折)

(3)贤士,俺主公所赐之物,贤士不受,莫非嫌轻么?(高文秀《须贾大夫谇范叔》第一折)

(4)贤弟,你莫非谦乎?(宫天挺《死生交范张鸡黍》第一折)

(5)且住者。陈虎也,你索寻思咱,莫非看出甚么破绽来?往常我哥哥见我,欢天喜地;今日见我,有些烦恼。(张国宾《相国寺公孙合汗衫》第二折)

(6)王允,你两个见我到门,似有惊骇之色,莫非要害我么?(无名氏《锦云堂暗定连环计》第一折)

(7)远远望见卧牛岗边,一道火光,透入天门。莫非小的失火?待我观看。(刘唐卿《白兔记》第六出)

(8)你莫非说谎么?(施惠《幽闺记》第十五出)

(9)今日娶亲谐凤鸾,不知何故来迟缓;莫非他人生异端?(柯丹邱《荆钗记》第二十九出)

(10)知它你是及第?知它你是不第?知它在上国?知它归

来未？镇使奴终日泪暗垂。莫非不第了羞归乡里？又恐嫌奴贫穷怎地。别也别来断信息，断信息。（无名氏《张协状元》第三十出）

在产生之初，语气副词"莫非"都是用来表示揣测语气。"莫非"后面一般出现动词，如果没有动词，则会有系词"是"，已经完全不受"非"的影响了，如：

（1）莫非是汉朝中三请不至的么？（秦简夫《宜秋山赵礼让肥》第三折）

（2）我说道："这小的莫非是赵氏孤儿么？"只见他登时变色，不能答应。（纪君祥《冤报冤赵氏孤儿》第三折）

（3）莫非是来偷望小生，我须不知，一定恼将去了。（郑光祖《㑇梅香骗翰林风月》第一折）

（4）相公，莫非是你的前妻，敢不中么？不如留他在家，做个使用丫头，也省的人谈论。（杨显之《临江驿潇湘秋夜雨》第二折）

（5）兄弟，我和你莫非是梦中么？（王子一《刘晨阮肇误入桃源》第二折）

（6）住、住、住，你莫非是奶母张三姑么？（无名氏《风雨像生货郎旦》第四折）

（7）先生莫非是盘缠缺少？（无名氏《冻苏秦衣锦还乡》第一折）

（8）书上可不知写着甚么哩？莫非是搠刘备出马么？（无名氏《诸葛亮博望烧屯》第二折）

（9）呀，今日个相遇在江亭，莫非是死去再问生？（无名氏《冯玉兰夜月泣江舟》第四折）

（10）妹子，你啼哭为何因，莫非是我男儿旧妻妾？（施惠《幽闺记》第三十二出）

后面可以出现系词"是"，这标志着"莫非"已经完全演化为独立的语气副词了。或者更加全面地说，当"莫非"后面出现谓词性成分的时候，它已经演化为较为典型的语气副词了。"莫非"出现的句法环境也变得复杂多样，副词应该出现的句法位置它都出现了。元朝以后，这种用法在汉语当中也还较为常见，如：

（1）兄长莫非是江州神行太保戴院长？（明施耐庵《水浒传》第三十九回）

（2）莫非是前日骑马看秋千的？（明凌濛初《初刻拍案惊奇》卷九）

（3）莫非是放火杀人之辈？（明凌濛初《二刻拍案惊奇》卷十八）

（4）哦，莫非是月中仙子？（清洪昇《长生殿》第四十出）

（5）怎么一时要银一时又不见了，莫非是神仙不成？（清曹雪芹、高鹗《红楼梦》第一一六回）

（6）道长莫非是青龙子吗？（清刘鹗《老残游记》第二十回）

（7）老赵本来是多头大户，交割期近，又夹着个旧历端阳节，他一定感到恐慌，因而什么多头公司莫非是他的"金蝉脱壳"计罢？（茅盾《子夜》）

（8）啊！莫非是喇嘛爷？（冯苓植《雪驹》）

（9）莫非是近年新出道的异人？老夫孤陋寡闻，未闻其名。（金庸《神雕侠侣》）

这种用法的"莫非"可以证明"不是"义的"非"已经虚化，与前面的"莫"粘合，二者结合度更加紧密。

总之，从元朝开始，"莫"和"非"的意义及用法都进一步虚化，语气副词已经成为"莫非"的主要用法，专门用来表示揣测语气。

2. 明朝的语气副词"莫非"

到了明朝，语气副词仍然是"莫非"的典型用法，如：

（1）<u>莫非</u>皇天有怒，不容宋江收捕方腊，以致损兵折将？（施耐庵《水浒传》第一百十二回）

（2）诸葛弃寨而走，<u>莫非</u>有计否？（罗贯中《三国演义》第八十九回）

（3）<u>莫非</u>是俺鸡爪山来打探消息的么？为何又有四辆车儿，内有家眷？事有可疑。（罗贯中《粉妆楼》第五十回）

（4）老师，姜尚五日不见消息，其中<u>莫非</u>有诈？（许仲琳《封神演义》第三十八回）

（5）心下思想：<u>莫非</u>枯蹄山旁有叫张禄者？天明升堂，密差二人往彼处密访，如有张禄拿来见我。（安遇时《包龙图判百家公案》第九卷）

（6）果然有这个姓名！<u>莫非</u>正是此贼？（凌濛初《初刻拍案惊奇》卷十九）

（7）要招牌何用？<u>莫非</u>有别样高术否？（凌濛初《二刻拍案惊奇》卷二）

（8）<u>莫非</u>他眼下灾悔脱尽，故此身上全无一丝一缕，亦未可知。（冯梦龙《醒世恒言》第二十六卷）

（9）汝以行成哄我，已非一次矣。今番<u>莫非</u>又是缓兵之计？（冯梦龙《东周列国志》第六十一回）

（10）那田忌如何也晓此阵法？<u>莫非</u>孙膑已归齐国乎？（冯梦龙《东周列国志》第八十八回）

以上各例语气副词"莫非"均表揣测语气。从现有的文献来看，语气副词"莫非"在明朝也几乎都是用来表示揣测语气。值得注意的是，明朝还出现了少量用于加强反诘语气的"莫非"。叶建军（2007）列举了《金瓶梅词话》中一例语气副词"莫非"用于加强反诘语气的例子，[①] 如下：

---

① 叶建军：《疑问副词"莫非"的来源及其演化——兼论"莫"等疑问副词的来源》，《语言科学》2007 年第 3 期。

当时都被秋菊看在眼里，口中不说，"还只在人前撇清，要打我，今日却真实被我看见了。到明日对大娘说，<u>莫非</u>又说骗嘴张舌赖他不成！"（《金瓶梅词话》第八十三回）

卢烈红（2012）亦列举了如下三例语气副词"莫非"用于加强反诘语气的例子①：

（1）典田卖地，你两家愿意。我<u>莫非</u>说谎不成？（《金瓶梅词话》第三十七回）

（2）西门庆道："……就瞧瞧春花儿怎么模样？"月娘笑道："左右和你家一般样儿，也有鼻儿、有眼儿，<u>莫非</u>别些儿？"（《金瓶梅词话》第八十回）

（3）今日他没了，<u>莫非</u>推不知道？洒土也眯了后人眼睛儿也！他就到五阎王根前，也不饶你我了。（《金瓶梅词话》第八十回）

除了以上三例之外，卢烈红（2012）在明代一些文献的"莫非"使用情况表中指出《水浒传》中出现一例（共四十例"莫非"用例）、《绣像金瓶梅词话》中出现八例（共十五例"莫非"用例）加强反诘语气用法的例子。② 查检《水浒传》中的四十例"莫非"用例，并没有发现其中有用于加强反诘语气的例子。这样一来，目前明朝出现的语气副词"莫非"用于加强反诘语气的例子都集中在了《金瓶梅》当中。查检明朝崇祯刻本《金瓶梅》共发现十一例"莫非"用例，均用作语气副词，其中八例用来表示揣测语气，三例用来加强反诘语气。语气副词"莫非"这三例加强反诘语气的用例即为叶建军（2007）所举一例和卢烈红（2012）例（1）和（3）。卢烈红（2012）所举例（2）中的"莫非别些儿"在崇祯本《金瓶

---

① 卢烈红：《"莫非"源流考》，《南开语言学刊》2012 年第 2 期。
② 卢烈红：《"莫非"源流考》，《南开语言学刊》2012 年第 2 期。

梅》中作"莫不差别些儿"。

由此可见，明朝时期，语气副词"莫非"表示揣测语气的用法占绝对优势。与此同时，语气副词"莫非"加强反诘语气的用法已经出现，然而相对于用例极夥的揣测语气副词"莫非"，反诘语气副词"莫非"的用例就少很多了。揣测语气副词"莫非"分布的语料也非常广泛，而就笔者所见，反诘语气副词"莫非"仅《金瓶梅》中的三例。尽管如此，仍不可否认，反诘语气副词"莫非"在明朝已经出现。

3. 清朝的语气副词"莫非"

到了清朝，语气副词"莫非"出现的句法环境更加复杂多样，语气副词用法发展得更加成熟，如：

（1）心里疑道："莫非杀的那两个人就是他两口子不成？他却往坟上去做甚么？难道好做劫坟的勾当？"（西周生《醒世姻缘传》第二十八回）

（2）我们来到你且不来招接我们，且连忙锁门！莫非我们是贼，怕我们偷了你的东西不成？你快快的开了门便罢，不然，我把这门两脚踢下来！（西周生《醒世姻缘传》第三十八回）

（3）二兄去访燕紫侯，莫非见他考了第一，便认作才子，难道小弟考第二名，便欺侮我不是才子么，怎就过门不入？（荻岸散人《平山冷燕》第九回）

（4）呀，远远来的，正是杨娘娘，莫非走漏了消息么？（洪昇《长生殿》第十九出）

（5）只是大家方才问姐姐你的住处，你只说在云端里住，如今这词儿里又是甚么"云中相见"，莫非你真个在云端里不成？（文康《儿女英雄传》第十回）

（6）呀，不妙了！莫非他改了三甲了罢？（文康《儿女英雄传》第三十六回）

（7）天下莫非只有一个宝玉，你也想他，我也想他。（曹雪

芹、高鹗《红楼梦》第九十四回)

(8) 如今林姑娘死了，莫非倒不如晴雯么，死了连祭都不能祭一祭。(曹雪芹、高鹗《红楼梦》第一零四回)

(9) 这件事情，实为奇异：我想女乐被杀，畜生潜迹，同为昨夜之事，莫非又是他干的不成？(吴璿《飞龙全传》第四回)

(10) 闻得禅州来了一位柴殿下，莫非就是他的军校不成？(吴璿《飞龙全传》第三十七回)

(11) 正在思想，忽见右首有一个小门，赛花一见，心中暗想：莫非这里面，还有暗室不成？(佚名《施公案》第三百七十回)

(12) 你看这个镇市，好一个所在。为什么与我从前来时不对，莫非咱们走错了不成？(佚名《施公案》第三百九十七回)

(13) 自思此人如此灵验，莫非是个神仙前来点化我们不成？(佚名《海公大红袍全传》第五回)

(14) 你家主既到这里，如何不直进帐，却在一里之外相候，叫你前来通话，莫非其中有诈否？(佚名《海公大红袍全传》第四十一回)

(15) 孤自定疆界，数年来未曾与你国通问，汝今来此，莫非要作刺客耶？汝亦有孤之武士足备否？(佚名《海公大红袍全传》第四十五回)

(16) 今日我怎的这样迷惑起来，莫非是梦中幻境么？(魏秀仁《花月痕》第七回)

(17) 你我夫妻莫非待守坐毙不成？(郭小亭《济公全传》第二十六回)

(18) 怎么孙九如去这半天还不来呢，莫非有什么变故不成？(郭小亭《济公全传》第二百二十六回)

(19) 我去是得去，不然叫人家想着我跟马大人是骨肉至亲，我在连环寨，莫非不管女儿？(贪梦道人《彭公案》第一百八十回)

(20) 前者她已与巡抚之子伯充武在这雕楼生活了三年，他

二人总算夫妻一场，<u>莫非</u>还叫女儿另嫁他人不成？（贪梦道人《彭公案》第二百二十三回）

（21）看看小舫、徐庆，也是要醉的光景，心中忖想："<u>莫非</u>又是蒙汗药酒不成？却是断无此理。"（唐芸洲《七剑十三侠》第二十一回）

（22）奇怪，<u>莫非</u>此中有人短路么？（俞达《青楼梦》第八回）

（23）本县知道了。但是洪亮已去多时，毕周氏何以仍未提来？<u>莫非</u>他闻风逃走不成？（佚名《狄公案》第二十五回）

（24）我心中暗想，<u>莫非</u>端甫的说话应验了。（吴趼人《二十年目睹之怪现状》第八十六回）

（25）暗想这位先生，<u>莫非</u>是神仙？（吴趼人《九命奇冤》第三十二回）

以上例证当中，例（1）、（4）、（6）、（9）、（10）、（11）、（12）、（13）、（14）、（15）、（16）、（18）、（22）、（23）、（24）和（25）中的语气副词"莫非"用于表示揣测语气，例（2）、（3）、（5）、（7）、（8）、（17）、（19）、（20）和（21）中的语气副词"莫非"用于加强反诘语气。在清朝，用于表示揣测语气的"莫非"仍然是其典型用法，只是用于加强反诘语气的"莫非"也较明朝多了一些。此外，不仅加强反诘语气用法的"莫非"后可以与句末的"不成"共现，表示揣测语气用法的"莫非"后也可以与句末的"不成"共现，如例（1）、（9）、（10）、（11）、（12）、（13）和（23），这些用于揣测语气的"莫非"疑惑的意味减弱，表达了说话人的某种相对肯定的猜测，话语的语气也相对较为强烈。

4. 现当代的语气副词"莫非"

在现当代，语气副词"莫非"也还较为常用，仍然以表示揣测语气为其典型用法，以加强反诘语气为其非典型用法，如：

（1）你<u>莫非</u>真正胡涂了？你看我这模样，还要看什么明板？

（鲁迅《野草》）

（2）他心中暗暗的着急，<u>莫非</u>大哥已经有了神经病，分不出好歹来了么？（老舍《四世同堂》）

（3）我猜呀，<u>莫非</u>她还另有儿女，所以一听说天祥回来，勾起来伤心？（老舍《全家福》）

（4）今天，王掌柜忽然来找他，他吓了一跳，<u>莫非</u>十成又回来了，还是出了什么岔子？（老舍《正红旗下》）

（5）这是怎么一回事呢？<u>莫非</u>敌人的全部火力，都集中到咱们小队的头上来了？混账东西！（欧阳山《三家巷》）

（6）<u>莫非</u>他有什么冤情，要我替他伸冤报仇么？（姚雪垠《李自成》）

（7）<u>莫非</u>她就是江华说的那位姑母吗？（杨沫《青春之歌》）

（8）这不是明摆着的事吗，你说他们不是汉奸谁是？<u>莫非</u>说我倒是汉奸不成！（雪克《战斗的青春》）

（9）老许，这里面一定有鬼！今晚上<u>莫非</u>要出事情？（罗广斌、杨益言《红岩》）

（10）大哥，你先前误认小弟为慕容公子，<u>莫非</u>那慕容公子的长相，与小弟有几分相似不成？（金庸《天龙八部》）

（11）什么，<u>莫非</u>我还有用剩的银两忘在身上？（邓友梅《烟壶》）

（12）匡老头说你害了小夫人<u>莫非</u>她还会替你说话不成？（尤凤伟《石门夜话》）

（13）她怎么知道有这间小馆子，<u>莫非</u>是阿姨告诉她？（亦舒《紫薇愿》）

（14）<u>莫非</u>汽车压死了人要警察负责？（莫怀戚《陪都旧事》）

（15）好了好了，今天就给领导们一个面子，哪怕会散了以后再说也行么，你说说，你不给领导台阶下，<u>莫非</u>让领导给你台阶下？（张平《十面埋伏》）

（16）小的们也是无业游民，靠天吃饭，擅事写作也是死

里求生之意。<u>莫非</u>宝康写得我们就写不得吗？（王朔《一点正经没有》）

（17）你今晚老跟我说这个干吗？<u>莫非</u>你又起什么坏心了？（王朔《永失我爱》）

（18）附近就是安泰酒店，那么大的标志性建筑，偏偏要说立交桥，眼睛<u>莫非</u>让鸟给啄了？（陆步轩《屠夫看世界》）

（19）当初梁梓君就栽在上海"夜不眠"，<u>莫非</u>这黑店生意兴隆又开了分店？（韩寒《三重门》）

以上例证当中，例（1）、（2）、（3）、（4）、（5）、（6）、（7）、（9）、（10）、（11）、（13）、（17）和（19）中的语气副词"莫非"用于表示揣测语气，例（8）、（12）、（14）、（15）、（16）和（18）中的语气副词"莫非"用于加强反诘语气。与明清时期相比，在现当代，虽然语气副词"莫非"的基本用法没有改变，但其使用的具体环境有了一定的变化，从而也导致了其用法的细微发展。此时的语气副词"莫非"发展得更加成熟，"莫"和"非"的凝固程度更高，用法也更加灵活、丰富，只是这种变化基本仅限于揣测语气副词"莫非"，反诘语气副词"莫非"并没有什么实质变化。

三　反诘语气副词"莫非"的形成机制

"莫非"由跨层结构到语气副词的演化过程经历了重新分析和扩展，句法和语义之间的相互制约是促使其语气副词用法衍生成功的重要因素。

（一）重新分析和扩展

经过重新分析和扩展，"莫非"逐渐衍生出了语气副词的用法。

1. 重新分析

艾丽斯·哈里斯、莱尔·坎贝尔（1995：50）指出：重新分析是改变了一个句法模式的底层结构，但不涉及该句法模式表层形式的任何直接或内在的改变。① "莫非"最初出现在"（先行词＋）莫＋非＋NP"当中，其中"莫"为主语，"非＋NP"为谓语。此时的"莫非"属于跨层结构，"莫"和"非"分别属于主语和谓语，而主谓之间的关系在单句中较其他句法成分之间的关系更为松散，故而跨层结构"莫非"之间的关系非常松散，距离成为词语还相差很远。

之后"莫非"又出现在"（S＋）莫非＋NP"当中，其中"莫非"为状语，前面可以出现主语，也可以不出现主语，后面是名词或名词性短语作谓语。此时的"莫非"已经是语气副词了，只是还不是非常典型，其非典型性主要表现在两个方面：其一，主语只能出现在"莫非"的前面而不能出现在后面；其二，谓语是非典型的谓语（主要是名词或名词性短语）而不是典型的谓语（主要是动词或动词性短语）。这种结构模式大概是语气副词"莫"与否定副词"非"粘合，当它出现在疑问句当中时，受到疑问句这种句类的影响，语义逐渐发生改变，使"莫"沾染上了疑问语气，即表示反诘或揣测的疑问语气，而"非"依然是用于判断句否定形式用法的残留，所以它后面可以直接加"NP"。

最后"莫非"出现在了"莫非＋（＋S）＋VP"或"（S＋）莫非＋VP"当中，此时的"莫非"已经演化为典型的语气副词了，其典型性主要表现在两个方面：其一，在这种模式中，"莫非"作状语，可以位于主语之前，也可以位于主语之后，句法位置较为灵活；其二，谓语变成了动词或动词性短语，这是典型的谓语模式。

2. 扩展

艾丽斯·哈里斯、莱尔·坎贝尔（1995：97）指出：扩展是导致一个句法模式的表层形式的改变，但并不涉及底层结构的直接或内在的改变。② "莫非"重新分析的实现与完成也伴随着扩展的进行。

---

① Harris, Alice, C. & Lyle Campbell, *Historical Syntax in Cross-Linguistic Perspective*, Cambridge: Cambridge University Press, 1995: 50.

② Harris, Alice, C. & Lyle Campbell, *Historical Syntax in Cross-Linguistic Perspective*, Cambridge: Cambridge University Press, 1995: 97.

首先是句类的扩展。"莫非"最初出现于判断句，后来扩展到陈述句、祈使句，再后来扩展到疑问句。扩展本身不改变句法规则，然而却可以通过扩展，使句子进入一个新的环境当中，在新环境的影响下，使句法逐渐发生改变。在这几种句类当中，其语法化等级为：判断句＞陈述句＞祈使句＞疑问句。很显然，跨层结构的"莫非"通常用于判断句，而语气副词"莫非"通常用于疑问句，句法环境的不断扩展影响到了"莫非"的发展演变，使其一步步词汇化、语法化，最终由跨层结构衍生出语气副词的用法。

其次是搭配的扩展。可以说，"（S＋）莫非＋NP"是语气副词"莫非"形成的关键过渡阶段。在此之后，"莫非"存在的句法环境不断扩展，如：

（1）今日娶亲谐凤鸾，不知何故来迟缓；莫非他人生异端？（元柯丹邱《荆钗记》第二十九出）

（2）我那丈夫莫非被瓜精害了残生？（元刘唐卿《白兔记》第十一出）

（3）江湖上听的说个江州神行太保，莫非正是足下？（明施耐庵《水浒传》第四十四回）

（4）妹妹，你莫非也略差了些儿？（清文康《儿女英雄传》第二十六回）

由上述例句可以看出，"莫非"有的位于主语之前，如例（1）位于主语"他人"之前；有的用于被动句，如例（2）；有的除状语"莫非"外还有其他状语，如例（3）后面有副词状语"正"，例（4）后面有副词状语"也"；还有的可以带补语，如例（4）后面有补语"些儿"。

从以上分析可以看出，句类扩展与搭配扩展并非截然对立、各自发展，而是二者相辅相成、共同作用。

重新分析通常导致例外和不规则现象的发生，从而给语法带来复杂性，而扩展则可以通过新的分析跟现存语法的其他部分保持一致来消除这些例外和不规则现象。从"莫非"的语法化过程可以看出，"莫非"经过重新分析，变为"（S＋）莫非＋NP"这种看上去不合语法的形式。在其进一步规范的过程中，扩展（主要是搭配的扩展）又起了重要作用。通过一系列的扩展，"莫非"最终完成其重新分析，成为典型的语气副词。

（二）句法和语义的相互制约

句法较语义而言，具有更大的稳定性，因此语义对句法的制约并不十分明显，特别是某一个词的意义、用法对句法的制约更是微乎其微。在"莫非"的词汇化、语法化过程中，语义对句法的制约主要体现在"莫非"后直接加"NP"，这可以说在一定程度上是受到了否定副词"非"语义的制约。

在"莫非"的词汇化、语法化过程中，句法对语义的制约较为明显，主要有以下几个方面：第一，"莫"语法化为副词，是受其出现的句法位置的制约。"莫"出现在句首或先行词之后、谓语之前，这个位置正是副词所处的位置，它最有可能衍生出副词的用法。第二，"莫非"用于疑问句，使"莫"和"非"固有的语义要素不断削弱，并逐渐粘合成为一个双音节语气副词。第三，副词一般是出现在主语和谓语动词之间，而"莫非"在现代汉语经常出现在句首，即主语之前，这恐怕是受到了"（先行词＋）莫＋非＋NP"这种句法形式的制约。语义和语法的相互制约也并不是截然分开的两个不同的过程，而是二者彼此结合、互相渗透，共同促进语言的发展演变。

由此可见，现代汉语语气副词"莫非"的词汇化、语法化过程伴随着"莫"、"非"的语法化，以及出现的句法环境等各方面的发展演变，其词汇化、语法化完成的主要标志是"莫非"后面出现了谓词性的成分。

（三）反诘语气副词"莫非"产生的诱因

从古至今，语气副词"莫非"用于加强反诘语气都是其非典型用法。"莫非"从短语演化到揣测语气副词，为反诘语气副词"莫非"的形成奠定了重要的基础。在此基础之上，再加上一些其他因素的影响，最终使"莫非"产生了加强反诘语气的用法。

首先，反诘语气副词"莫非"的产生受到句子语气、语用的影响。表示揣测语气的"莫非"用在疑问句当中，一般不会再出现疑问词，它的疑问指数通常没有典型的疑问句高，且在一定程度上与说话人心中揣测的答案相一致。如果说在典型的疑问句当中，说话人对答案的知晓程度为0，那么在揣测疑问句当中，说话人对答案的知晓程度大概在0—100之间，而具体的疑问程度则需要具体问题具体分析。在这种情况下，如果说话人对自己答案的肯定程度越接近100，也就是说话人几乎是肯定了自己心中的答案，那么这类句子在一定的句法及语境之下，就会衍生成为反诘疑问句，这时句中的揣测语气副词也比较容易衍生出加强反诘语气的用法。如此看来，揣测语气副词"莫非"与反诘语气副词"莫非"之间也具有这样的关系。

其次，反诘语气副词"莫非"的产生受到语气副词"难道"的影响。早在元朝，语气副词"难道"就既可以用来加强反诘语气，又可以表示揣测语气了。与此同时，用于揣测语气的"难道"与用于揣测语气的"莫非"是同义词，受到反诘语气副词"难道"的影响，揣测语气副词"莫非"也具备了衍生出加强反诘语气用法的可能。蒋绍愚（1989/2015）在谈到"相因生义"时指出："甲词有a、b两个义位，乙词原来只有一个乙a义位，但因为乙a与甲a同义，逐渐地乙也产生一个和甲b同义的乙b义位。"[1]"相因生义"需要乙b义位无法从乙a义位引申而来，否则就是"同步引申"。[2]反诘语气副词"难道"和反诘语气副词"莫非"在某种程度上体现了"相因生义"的某些特征，然而反诘语气副词"莫非"的产生并非仅仅源于"相因生义"。

---

① 蒋绍愚：《汉语历史词汇学概要》，商务印书馆2015年版，第199页。
② 蒋绍愚：《汉语历史词汇学概要》，商务印书馆2015年版，第201页。

总而言之，在多种因素的共同影响与制约下，"莫非"逐渐衍生出了加强反诘语气的用法。

四　反诘语气副词"莫非"的具体用法

大约从唐朝开始，"莫非"衍生出了揣测语气副词的用法，然而那时的用法并不典。到了元朝，揣测语气副词"莫非"发展成熟，典型的用法不断出现且用例较多。在此基础上，大约在明朝，出现了反诘语气副词"莫非"的用法，只是用例并不多见。到了清朝，反诘语气副词"莫非"的用例相对增多，但仍然不是典型用法。到了现当代，反诘语气副词"莫非"基本延续清朝用法。总体来看，语气副词"莫非"从古至今都是以表示揣测语气为其典型用法，揣测语气副词"莫非"从唐朝产生一直到现当代，用法不断完善、成熟；而用于加强反诘语气的"莫非"从明朝产生到现当代，用法没有太大的变化，且一直都是非典型用法。

就目前发现的仅有的明朝的三例反诘语气副词"莫非"来看，它可以与句末的"不成"共现，前面可以出现主语也可以不出现，已经是比较典型的副词用法了。清朝时期，反诘语气副词的文献用例虽略微有所增加，但基本用法保持不变。从文献用例来看，清朝的反诘语气副词"莫非"可以与句末的"不成"、"么"共现，其中以与"不成"共现更为常见。到了现当代，反诘语气副词"莫非"继续延续清朝用法，其后可以与句末的"不成"、"吗"共现，几乎不再出现与"么"共现的文献用例了。在现当代，语气助词"吗"不仅比"么"更常见且语气也相对强烈一些。与此同时，反诘疑问句的语气也要比揣测疑问句更加强烈。可能是由于语气副词"莫非"经常用来表示揣测语气，在用于加强反诘语气之时，与语气更加强烈的"吗"共现不仅可以更加凸显其加强反诘语气的用法，而且从句子语气搭配的角度来看也似乎更为和谐。

由此可见，由于受到语气副词"难道"以及揣测语气副词"莫非"的影响，反诘语气副词"莫非"从产生之初至今，其文献用例都比较少见。相信在未来的发展中，反诘语气副词"莫非"应该也不会取代揣测语气副词"莫非"由非典型用法变成典型用法。

第二节　反诘语气副词"莫不是"的来源及发展

从汉语史的角度来看，"非"与"不是"之间有着显而易见渊源关系。《现代汉语词典》（第7版）"莫不是"条词性标注为副词，释义为"莫非"。① 可见，在现代汉语当中，"莫非"与"莫不是"关系密切，二者是同义词。《现代汉语词典》（第7版）"莫非"词性标注为副词，释义为"表示揣测或反问，常跟'不成'呼应"。② 据此，副词"莫不是"也应当有"表示揣测和反诘"两种用法，但事实可能并非如此。本节从历代文献用例出发，对语气副词"莫不是"的来源及发展做出了较为详细的论述。

一　"莫不是"的发展演变史

"莫不是"连用晚唐五代始见，如：

（1）还有甚人？莫不是诸方菩萨各门舍利弗等游此会中。（潘重规《敦煌变文集新书》卷二《长兴四年中兴殿应圣节讲经文》）

（2）殿上索朕拜舞者，应莫不是人？（潘重规《敦煌变文集新书》卷六《唐太宗入冥记》）

---

① 中国社会科学院语言研究所词典编辑室编：《现代汉语词典》，商务印书馆2016年版，第922页。

② 中国社会科学院语言研究所词典编辑室编：《现代汉语词典》，商务印书馆2016年版，第922页。

晚唐五代时期，"莫不是"连用非常少见，且以上两例中的"莫不是"均非用作语气副词。例（1）是"代词+VP"，即"莫（代词）+不（否定副词）+是（系词）"，义为"没有谁不是"；例（2）"应莫不是人"的断句当为"应莫/不是/人"，"应"和"莫"均为表示揣测意味的副词，二者同义连用，义为"大概、恐怕"。①

到了宋朝，"莫不是"连用的用例仍然很少见，如：

（1）今人所举手动足，喜怒哀乐，莫不由心，心之动息，莫不是炁，炁感意，意从心，心和则炁全，炁全则身全，炁灭则神灭，神灭则为委土矣。（张君房《云笈七签》卷五十九）

（2）既生得此气，语其体，则与道合；语其用，则莫不是义。（黎靖德《朱子语类》卷第五十二）

（3）问："莫不是'避'字有病否？"曰："然。少间处事不看道理当如何，便先有个依违闪避之心矣。"（黎靖德《朱子语类》卷第一百三十七）

前两例"莫不是"表"没有什么不是"义，例（3）中的"莫不是"即为揣测语气副词的用法了。由此可见，宋朝"莫不是"连用的文献用例虽不多见，但已经出现了揣测语气副词的用例。

到了元朝，"莫不是"连用的文献用例大量出现，查检"全元南戏"、"全元散曲"和"全元杂剧"，共得247例"莫不是"用例，具体用法见下表：

----

① 这种用法的"应莫"在唐五代还有其他用例，如潘重规《敦煌变文集新书》卷二《维摩诘经讲经文》："今称'如是我闻'，应莫经中虚谬？"唐李山甫《下第献所知三首》："大抵物情应莫料，近来天意也须疑。"《说文·心部》："应，当也。""应"本义虽为"应该、应当"，但引申又有"大概、恐怕"义，可用作副词表揣测，如南朝陈徐陵《走笔戏书应令》："秋来应瘦尽，偏自著腰身。"南唐李煜《虞美人》："雕阑玉砌应犹在，只是朱颜改。"唐杜甫《赠花卿》："此曲只应天上有，人间能得几回闻？""莫"亦可用作揣测义副词，用法及用例见本书"莫非"部分。故而"应"与"莫"同义连用，构成"应莫"一词来表示揣测。

表 3 - 1　　　　　　　　　　　　　　　**"莫不是"元朝用例表**

文献＼用法	没有谁/什么不是	倘若不是	揣测语气副词	反诘语气副词
全元南戏	0	0	32	0
全元散曲	0	1	26	0
全元杂剧	0	5	183	0

由上表可知，在元朝，"莫不是"的反诘语气副词用法依然没有出现，用作揣测语气副词不仅用例增加，而且占了绝对优势的地位，已经成为它的主要用法；原本表"没有谁/什么不是"义的短语"莫不是"则在所查检的文献当中没有出现用例。

此外，"莫不是"在元朝还出现了类似"倘若不是"义的用法，这种用法在所检索的文献当中共出现 6 例，具体用例如下：

（1）莫不是丽春园苏乡的后身，多应是西厢下莺莺的影神，便有丹青画不真。（吴昌龄《正宫·倘秀才·美妓》）

（2）莫不是夏蝉高噪绿杨枝，险些儿西风了却黄花事。（高茂卿《翠红乡儿女两团圆》第四折）

（3）莫不是汉相如作客临邛，也待要动文君，曲奏求凰风；不由咱不引起情浓。（李好古《沙门岛张生煮海》第一折）

（4）莫不是游仙梦里乍相逢，多管是武陵溪畔曾相近。（李唐宾《李云英风送梧桐叶》第一折）

（5）莫不是片帆饱得西风力，怎能够谢安携出东山坡？（马致远《江州司马青衫泪》第三折）

（6）呸！俺将你画的，这恶支杀样势。莫不是盹睡了门神也那户尉，两下里桃符定甚大腿，手攞了这应梦的钟馗。（无名氏《玎玎珰珰盆儿鬼》第三折）

例（1）"莫不是"与"多应是"对举，例（3）"莫不是"与"也待要"对举，例（4）"莫不是"与"多管是"对举，其"倘若不是"的意味较为明显。例（2）、（5）和（6）假设条件复句的意味较为明显，表"倘若不是"义的"莫不是"提出一种假设条件，后续分句则是这一假设条件满足后产生的结果。如例（2）倘若不是"夏蝉高噪绿杨枝"，那么就会"西风了却黄花事"；例（5）倘若不是"片帆饱得西风力"，那么就不能"谢安携出东山坡"；例（6）倘若不是"旽睡了门神也那户尉，两下里桃符定甚大腿"，那么就会"手擢了这应梦的钟馗"。由此可见，在句法形式上，"倘若不是"义的"莫不是"一般用于复句当中，与揣测语气副词"莫不是"一般用于单句当中相区别；在语义表达上，"倘若不是"义的"莫不是"一般是提出一种假设条件，而揣测语气副词"莫不是"则是表示一种揣测的语气。

到了明朝，用作揣测语气副词仍然是"莫不是"的主要用法。查检《水浒传》《西游记》、"三言"和"二拍"，共得78例"莫不是"用例，具体用法见下表：

表3-2　　　　　　　　　　"莫不是"明朝用例表

用法 文献	没有谁/ 什么不是	倘若不是	揣测语气副词	反诘语气副词
水浒传	1	0	39	0
西游记	0	0	8	0
醒世恒言	0	0	4	0
警世通言	0	0	13	0
喻世明言	0	0	1	0
初刻拍案惊奇	0	0	4	0
二刻拍案惊奇	0	0	8	0

由上表可知，用作揣测语气副词的"莫不是"占据绝对优势地位。在查检的文献当中，只有《水浒传》第九回中出现了1例"没有什么不是"的用例，即"辔边拴系，都缘是天外飞禽。马上擎抬，莫不是山中走兽。"在此例中，为了使句式和谐，"都缘是"与"莫不是"同义对举，义为"都是"、"没有什么不是"。在查检的文献

当中，"倘若不是"义的"莫不是"并未看到用例，仅在元朝有少量用例。笔者还查检了明代其他文献当中的"莫不是"用例，亦未发现其加强反诘语气的用法。

清朝时期，"莫不是"的用法基本沿袭前代。查检《长生殿》《儿女英雄传》《红楼梦》《儒林外史》《歧路灯》《小五义》和《二十年目睹之怪现状》，共得48例"莫不是"用例，具体用法见下表：

表3-3　　　　　　　　　　"莫不是"清朝用例表

文献 ＼ 用法	没有谁/什么不是	倘若不是	揣测语气副词	反诘语气副词
长生殿	0	0	3	0
儿女英雄传	0	0	7	0
红楼梦	0	0	4	3
儒林外史	0	0	14	0
歧路灯	0	0	1	1
小五义	0	0	11	0
二十年目睹之怪现状	0	0	4	0

由上表可知，在所查检的文献当中，"莫不是"全部用作语气副词，且仍以表示揣测语气为其典型用法。"没有谁/什么不是"以及"倘若不是"义的短语"莫不是"均未出现相关用例。值得注意的是，清朝出现了少数语气副词"莫不是"用于加强反诘语气的用例，如：

（1）赵姨娘便说："有好的给你！谁叫你要去了，怎怨他们耍你！依我，拿了去照脸摔给他去，趁着这回子撞尸的撞尸去了，挺床的便挺床，吵一出子，大家别心净，也算是报仇。莫不是两个月之后，还找出这个碴儿来问你不成？便问你，你也有话说。宝玉是哥哥，不敢冲撞他罢了。难道他屋里的猫儿狗儿，也不敢去问问不成！"（曹雪芹、高鹗《红楼梦》第六十回）

（2）赵姨娘也不答话，走上来便将粉照着芳官脸上撒来，指着芳官骂道："小淫妇！你是我银子钱买来学戏的，不过娼妇粉头之流！我家里下三等奴才也比你高贵些的，你都会看人下菜碟儿。宝玉要给东西，你拦在头里，<u>莫不是</u>要了你的了？拿这个哄他，你只当他不认得呢！好不好，他们是手足，都是一样的主子，那里有你小看他的！"（曹雪芹、高鹗《红楼梦》第六十回）

（3）金桂冷笑道："除了他还有谁，<u>莫不是</u>我自己不成！虽有别人，谁可敢进我的房呢。"（曹雪芹、高鹗《红楼梦》第八十回）

（4）绍闻急了，也只得走到胡同口说道："借账以及粮饭现同着夏逢若，<u>莫不是</u>没这一宗，我白说上一宗不成？着人请夏逢若去，你也认的他，当面一照就是。"（李绿园《歧路灯》第三十回）

例（1）、（3）和（4）反诘语气副词"莫不是"与句末语气助词"不成"共现，加强反诘语气的意味十分明显。从上面这些例子可以看出，反诘语气副词"莫不是"虽然用例很少，但用法却较为成熟。

关于"莫不是"的现当代用法，北京大学中国语言学研究中心"CCL 语料库"①（现代汉语）中共检得"莫不是"现代汉语用例 257 条，共 265 例，其中有 15 例涉及引用非现当代文献或出自辞书等无关例证，剩余其他 250 条例证具体用法见下表：

表 3-4　　　　　　　"莫不是"现当代用例表

用法	没有谁/什么不是	倘若不是	揣测语气副词	反诘语气副词
数量	48	2	200	0

从上表可知，在现当代，用作揣测语气副词是"莫不是"的主

---

① 北京大学中国语言学研究中心：http://ccl.pku.edu.cn:8080/ccl_corpus/。

要用法，这种用法依然占据着绝对的优势地位，如：

（1）<u>莫不是</u>他给了你什么好处！那也是他的错儿！他也给了黄庆元、马师傅好处，他们俩还是积极地搞他呀。（老舍《春华秋实》）

（2）会像雷一样的打到你眼前来么？<u>莫不是</u>有了妖术罢！（茅盾《子夜》）

（3）<u>莫不是</u>太太要回青岛吗？<u>莫不是</u>太太不愿逃难吗？这回可糟了。（萧红《马伯乐》）

（4）大嫂你来看看，云姐姐的确瘦多了，小姐<u>莫不是</u>有了心事了？（张爱玲《金锁记》）

（5）她疑心是闯王来到，但又转念，他既然在石门谷，如何能这时赶来？<u>莫不是</u>郝摇旗回来了？可是，玉花骢为什么连叫两次，这么高兴？（姚雪垠《李自成》）

（6）瞧！广场口外灯光亮了，影影绰绰的，<u>莫不是</u>有人走动？咱们分开吧！（李英儒《野火春风斗古城》）

（7）但当天傍晚——瑶表妹在轮船码头附近换乘公共汽车时，却发现有一个胖胖的老头仿佛刚从到埠轮船上下来，在雇三轮车，从那侧影上看，很像是七舅舅；当她搭上公共汽车后，在前后左右乘客的拥挤中，她猛地想到：北舅舅<u>莫不是</u>去了那个镇子？乘小轮船当天来回是完全来得及的！（刘心武《七舅舅》）

（8）你竟连我十年前的天涯海角随便说的话都知道一清二楚，<u>莫不是</u>那会儿你就开始监视我了？（王朔《我是"狼"》）

（9）可让人庆幸的是，对这笔巨款，孔范文既没有给儿女们一分一文，而自己更是分毫未动，始终过着一种俭朴得让人感动的生活。<u>莫不是</u>孔范文要用这笔款子为他的23中学谋划一个重大的举措，来一个取之无义而用之有道不成？但终因他走得过于仓促了，没有留下任何有关这笔款项的遗言，别人也就

无从可知了。(葛林《没能揭幕的塑像》)

在文献用例查找的过程中，明清时期已经消失了的"倘若不是"义的用法在所查检的语料当中也出现了1例，如下：

湖南湘军队守门员符宾成了上半场最忙碌的人，他的表现亦非常稳定，<u>莫不是</u>他左扑右挡，上半场两队也不会是0：0战成平手。①

这种用法应该是把"莫"当作"倘若"义来用，"不是"是现代汉语常见的否定词"不"和系词"是"的结合。"莫不是"的"倘若不是"义的用法大概是一种偶然的、临时的用法，并非其稳定的概念意义。

除此之外，从产生之初便用例不多的"没有谁/什么不是"义的短语"莫不是"在现当代出现了相对较多的用例，如：

(1) 许多男人不惜放弃其自身的艺术嗜好，学问研究，运动卫生，只一味的东恳求，西拜托，早起晏眠，天天喝不愿喝的酒，说不愿说的话，夏天把白哔叽西装穿得整整齐齐的，其实里面汗背心连衬衫都湿透了——一切一切<u>莫不是</u>为了赚钱。(苏青《谈男人》)

(2) 沈溪儿又缠住 Susan 说话，<u>莫不是</u>些数学题目；两个人谈完后还相互对视着笑。(韩寒《三重门》)

(3)《我是青年》、《在历史的法庭》、《大伯站起来》等一批使杨牧名声大震的诗歌，也<u>莫不是</u>沉淀了杨牧所经历的那个时代的所有苦难和思考而诞生的。(张韵《杨牧传奇：从盲流到诗人》)

---

① 搜狐体育：https：//sports. sohu. com/20060506/n243121758. shtml (2006－5－6)。

（4）古今中外，举凡卓越的领导人或领袖，莫不是勤奋学习、追求新知的典范。（1995年1月《人民日报》）

（5）中国的大画家徐悲鸿、刘海粟、林风眠，以及吴冠中等莫不是实践者。（1994年《报刊精选》）

（6）他如对《乌龙院》、《打渔杀家》等戏的许多改革，莫不是他钻研历史文献、缜密观察生活的必然结果。（1994年《报刊精选》）

（7）据了解，当今发达国家成功的邮政经验莫不是以先进的航空运输手段支撑邮政经营。（1994年《报刊精选》）

这些例证中的"莫"表"没有谁/什么"义，这种意义在现代汉语口语中已经不再使用了，仅在一些书面语当中还有用例。由此可见，在现代汉语当中，"没有谁/什么不是"义的短语"莫不是"是一种较为书面用法。

综上所述，"莫不是"连用始见于晚唐五代时期，最初是个短语，表"没有谁/什么不是"义。揣测语气副词"莫不是"在宋朝始见，元朝以后大量出现。反诘语气副词"莫不是"清朝始见，且用例不多见。在现代汉语当中，语气副词"莫不是"仅见表揣测语气的大量用例，而加强反诘语气的用法已经消失。

二 与"莫不是"相关的一些问题

在探讨了"莫不是"的发展演变之后，还有一些相关问题需要关注，比如"莫不是"与系词之间的关系以及"莫不是"的辞书释义等问题。

（一）"莫不是"与系词

"莫不是"的语气副词用法宋朝始见，自元朝开始大量出现，与语气副词"莫非"并行，一直沿用至今。语气副词"莫不是"从理论上讲比"莫非"更接近口语，但实际上在现代汉语的使用中却恰恰相反，这与"莫非"的韵律、高频使用以及牢固的口语基础有关。"莫不是"与"莫非"同出一源，在产生之初二者几乎是等义词。发展到现代汉语，"莫不是"与"莫非"在语法方面（词性、句法位置）都没有变化，但是在语义和语用方面都走向了不同的发展道路。可见，"莫不是"的产生必然是在系词产生之后。系词是在判断句中把名词谓语联系于主语的词，汉语中真正的系词只有一个"是"。在现代汉语里，判断句以用系词为常，即一般需要系词的帮助来构成判断；在上古汉语里，情况恰好相反，即一般不需要系词的帮助就可以构成判断。王力（1957/2004：410－411）认为："汉语真正系词的产生，大约在公元第一世纪前后，即西汉末年或东汉初叶。……但是，系词在判断句中起经常作用，系词句在口语里完全代替了上古的判断句，仍是中古时期的事。在这个时期，系词句有两大标志：第一，它摆脱了语气词'也'字，'是'字成为必要的，而不是可有可无的系词。第二，系词'是'字加否定副词'不'字，在口语里代替了上古的'非'。"① 因此，"非"是否定副词，只是它一般对译为现代汉语的"不是"，"莫不是"是在系词广泛应用的情况下承"莫非"而来。

（二）"莫不是"与辞书释义

语气副词"莫不是"可以用来表示揣测语气也可以用来加强反诘语气，且以表示揣测语气的用法为常，加强反诘语气的用法仅在清朝文献当中存在少量用例。也就是说，反诘语气副词"莫不是"在汉语史当中曾经出现过，而在现代汉语普通话当中，"莫不是"只有表示揣测语气一种用法了。据此，我们以《汉语大词典》和《现代汉语词典》为例，对其中语气副词"莫不是"的收录、释义及例证等加以分析。

首先看《汉语大词典》。《汉语大词典》中"莫不是"条释义为"犹莫非，表示揣测或反问"，意思是说它的意义及用法像"莫非"

---

① 王力：《汉语史稿》，中华书局2004年版，第410—411页。

一样，表示揣测或反问，并列举了如下三个例证：

（1）莫不是张珙曾声扬？莫不是别人曾闲谍？（金董解元《西厢记诸宫调》卷四）

（2）鲁提辖道："阿哥，你莫不是史家村甚么九纹龙史大郎？"（《水浒传》第三回）

（3）看这光景，莫不是就要做官？（《儒林外史》第一回）

《汉语大词典》是一部古今兼容并蓄的历时词典，故而收录了语气副词"莫不是"的揣测语气和反诘语气两种用法。只是这里列举的三个例证均为"莫不是"表示揣测语气的用法，无一例用来表示加强反诘语气的用法，似乎有失妥当。

再来看《现代汉语词典》。《现代汉语词典》（第7版）中"莫不是"条释义为"莫非"，没有进一步说明其用法，所举例证仅有如下一例：

莫不是他又责怪你了？

"莫不是"的这个例证是其表示揣测语气的用法。由"莫不是"的现代汉语用法可知，作为一部以现代汉语为收录对象的词典，《现代汉语词典》在"莫不是"条用既可以用来加强反诘语气又可以用来表示揣测语气的"莫非"来解释只有揣测语气一种用法的"莫不是"似乎有些不妥。

第三节　"莫非"、"莫不是"、"难道"辨析

"莫非"、"莫不是"、"难道"在现代汉语中都是语气副词，都用于疑问句（反诘疑问句或揣测疑问句）当中。《现代汉语词典》

(第 7 版)① 将"莫不是"解释为"莫非",显然是将二者作为同义词来处理的。《现代汉语虚词词典》② 对"莫非"、"莫不是"、"难道"进行了简要的辨析,将三者处理为同义词。本节通过对"莫非"、"莫不是"、"难道"句法、语义和语用等方面的考察和辨析,发现三者虽然是同义词,有诸多的相似之处,但是也并非在所有的情况下都可以替换,其同中之异显示出语言的精确性和丰富性。

一　文献用例及分析

如前所述,语气副词"莫非"、"莫不是"、"难道"在元朝以前均较为少见,故而对三者的考察和辨析将从元朝的文献用例开始。具体用例情况如下表所示:

表 3-5　元朝至今"莫非"、"莫不是"、"难道"的用例情况分析表

朝代/文献	词项/用法	莫非			莫不是					难道
		反诘	揣测	短语	反诘	揣测	短语	反诘	揣测	短语
元朝	全元南戏	0	10	3	0	27	5	11	4	5
	全元杂剧	0	44	1	0	182	4	67	18	14
明朝	水浒传	0	40	0	0	38	3	5	1	0
	三国演义	0	61	0	0	0	0	1	2	0
清朝	红楼梦	2	6	0	3	2	0	170	22	0
	儿女英雄传	1	13	0	0	7	0	144	43	2
现代	平凡的世界	0	0	0	0	0	0	50	12	0
	笨花	20	33	0	0	1	0	11	2	0

上表的统计数据表明:第一,三者都可以表示反诘或揣测语气,"莫非"、"莫不是"主要用于揣测语气,"难道"主要用于反诘语气。形成这样一种格局,与其自身的词汇化、语法化过程有关。"莫

---

① 中国社会科学院语言研究所词典编辑室编:《现代汉语词典》,商务印书馆 2016 年版,第 922 页。

② 朱景松:《现代汉语虚词词典》,语文出版社 2007 年版,第 309 页。

非"是由语气副词"莫"和否定副词"非"词汇化、语法化而来，用在疑问句当中，疑问句本身可以表示一种否定，那么加上否定副词"非"，全句则表示对原命题的肯定，揣测疑问句即是如此。"难道"中没有否定副词，用于疑问句中，自然是对原命题的否定，反诘疑问句即是如此。至于"难道"在产生之初就可以表揣测语气，这是因为揣测本身也是一种否定，即有违自己内心的想法，表示在自己的意料之外，这就和"莫非"、"莫不是"的用法一致了，这样也使得"莫非"、"莫不是"逐渐沾染上反诘的语气。大约到了清朝初期前后，"莫非"、"莫不是"出现加强反诘语气的用法。"莫非"例，如《红楼梦》第九十四回："天下莫非只有一个宝玉，你也想他，我也想他。""莫不是"例，如《红楼梦》第八十回："除了他还有谁，莫不是我自己不成？"

　　第二，"莫非"和"难道"的使用情况从元朝至今都较为稳定，"莫不是"发展到现代汉语却显示出明显的减少趋势，而且只用于揣测疑问句，不用于反诘疑问句。由于所选文献的用例情况可能与作者的写作习惯或地域、方言有关，所以在现代汉语的语料中，我们还参照了北京大学中国语言学研究中心"CCL 语料库"①（现代汉语），检索出"莫非" 1686 条，"难道" 15318 条，"莫不是"仅 257 条，而且这 257 条当中有很多是代词"莫"＋"不是"这种复古的用法。这可能与"莫不是"的口语基础、使用频率以及韵律都有关系。汉语双音节词占优势，两个音节形成一个音步，成为韵律词。冯胜利（2005：3－11）认为：右向音步是构词形式，而左向音步是造句形式。②"莫不是"正是左向音步，即"1＋2"的模式③。因为汉语是右向音步，所以"莫不是"在人们的认知上不太承认它是一个词，所以它的使用频率自然就会降低。单音不成步，两个音节组

---

　　① 北京大学中国语言学研究中心：http：//ccl. pku. edu. cn：8080/ccl_ corpus/。
　　② 冯胜利：《汉语韵律语法研究》，北京大学出版社 2005 年版，第 3—11 页。
　　③ 在"莫不是"尚未语法化为语气副词时，"莫"、"不"、"是"的语音都没有弱化，而当"莫不是"语法化为语气副词时，"莫"的语音没有弱化，"不是"连读，"不"和"是"的语音都弱化了，二者的结合更加紧密，所以我们认为"莫不是"倾向于"1＋2"模式。

成的音步是"标准音步","莫非"、"难道"都是标准音步,二者一个主要表揣测,一个主要表反诘,各有分工、互相协调,使其稳固发展。

二 "莫非"、"莫不是"、"难道"的异同

语气副词"莫非"、"莫不是"、"难道"同中有异,它们在各自的使用领域为丰富汉语、精确表达发挥出积极的作用。

(一)近代汉语

语气副词"莫非"、"难道"、"莫不是"在近代汉语阶段产生并逐步走向成熟,用法没有现代汉语那样复杂,具体用例如下表所示:

表3-6 近代汉语语气副词"莫非"、"莫不是"、"难道"具体用例表

序号	例句	形式	意义	语气
(1)	姑姑,莫非不中么?(元关汉卿《望江亭中秋切鲙》第一折)	否定	偏向于否定	揣测
(2)	公公那处来?莫不是买酒吃?(元刘唐卿《白兔记》第二十三出)	肯定	偏向于肯定	揣测
(3)	二哥有事,难道小弟不干?(元徐畋《杀狗记》第六出)	否定	肯定	反诘
(4)	你若不说,我怎生得知?难道有这等事?(元武汉臣《包待制智赚生金阁》第二折)	肯定	偏向于肯定	揣测

在近代汉语中,"莫非"、"莫不是"的用法基本相同,主要表揣测语气,几乎不用于反诘语气,如例(1)和(2)。"难道"主要表反诘语气,如例(3),常与句末语气助词"不成"共现;也可以表示揣测语气,如例(4)。因此,在近代汉语时期,"莫非"、"莫不是"与"难道"的差别比较大,用在反诘疑问句当中的"难道"不能换作"莫非"、"莫不是",如例(3);而"难道"在大多数情况下可以替换"莫非"、"莫不是",如例(1)和(2)。由此可见,"难道"在近代汉语的应用范围要比"莫非"、"莫不是"广泛。

（二）现代汉语

"莫非"、"莫不是"、"难道"在现代汉语中语气副词的具体用例如下表所示：

表3-7　现代汉语语气副词"莫非"、"莫不是"、"难道"具体用例表

序号	例句	形式	意义	语气
（1）	你不愿看见它，难道它就不存在吗？（路遥《平凡的世界》）	否定	肯定	反诘
（2）	天啊，难道他得了不治之症？（路遥《平凡的世界》）	肯定	偏向于肯定	揣测
（3）	找什么找，莫非日本人还捉他这号人？（铁凝《笨花》）	肯定	否定	反诘
（4）	向喜想，这莫非就是主考官王世珍？（铁凝《笨花》）	肯定	偏向于肯定	揣测
（5）	向喜又反问老者："老人家莫非认识他们？"老者道："何止认识，还时常交手，各有胜负。"（铁凝《笨花》）	肯定	偏向于肯定	揣测
（6）	莫不是时令要动员她脱产吧？（铁凝《笨花》）	肯定	偏向于肯定	揣测

由上表可知，"莫非"、"莫不是"、"难道"相同之处如下：句法方面，三者都是疑问语气副词，出现在疑问句当中，表示反诘或揣测语气。这一类副词不像其他副词那样作状语修饰谓语动词，而是对整个命题的反诘或揣测，因此它们的句法位置较其他副词灵活，可以置于主语前（句首），也可以置于主语后，如例（1）、（2）、（3）和（6）置于主语前，例（4）和（5）置于主语后。语义方面，一般认为虚词没有实在意义，只起语法作用，但大部分虚词是由实词语法化而来，必然会带有原词的一些语义特征在其中，这三者都含有主观上怀疑的语义特征。在表示说话人的主观情感，即"主观性"上，有相似之处。语用方面，用于反诘语气时，表达一种深究的情态，表示说话人的反问或责难，如例（1）和（3）；用于揣测语气时，表达一种委婉的情态，表示说话人对相关命题的主观估测和含蓄的态度，如例（2）、（4）、（5）和（6）。

这三个词都具有突出话题焦点的作用。反诘疑问句是无疑而问,说话人所表达的信息确定,并不需要回答,用"莫非"、"莫不是"、"难道"只是为了加强反诘的语气,使话题的焦点更加突出;揣测疑问句虽然有一定程度的疑虑,但总的说来,说话人的主观态度还是相对明确的,用"莫非"、"莫不是"、"难道"也可以使话题的焦点更加突出。语境方面,三者都出现在心理活动或对话中。用于心理活动,无论是反诘疑问句还是揣测疑问句自然都不需要回答,如例(2)、(4)和(6);用于对话中,揣测疑问句一般需要回答,如例(5),而反诘疑问句是无疑而问,则不需要回答,如例(1)和(3)。

"莫非"、"莫不是"、"难道"的不同之处在于三者都用于疑问句当中,但其出现的句法环境并不完全相同。"莫非"、"莫不是"主要用于揣测疑问句中,"难道"主要用于反诘疑问句中。"莫非"、"莫不是"在产生之初用法大体相同,这不符合语言的经济性原则,所以发展到现代汉语,二者走向了更大的差异:"莫非"依然与原来的用法大体一致,"莫不是"却表达一种比"莫非"更加委婉的语气,而且出现了复古倾向,即"莫(否定性无定代词)+不是"这种形式,"莫非"却没有出现此类现象。从渊源上讲,"莫不是"更像是个短语,这恐怕又和汉语韵律"右向构词,左向造语"的规则不无关系。也就是说,"莫非"既可以用于反诘疑问句,也可以用于揣测疑问句当中,"莫不是"在现代汉语中几乎不用于反诘疑问句,只用于揣测疑问句。因此,用于反诘疑问句中的"莫非"、"难道"一般不能换成"莫不是",如例(1)句中的"难道"、例(3)句中的"莫非"如果换为"莫不是",那种强烈的语气顿然消减,容易引起歧义。反诘疑问句是表达说话人一种强烈的语气,而"莫不是"的语义较轻,用在反诘疑问句中不合适。总体来说,三者所表示的语气由强到弱依次为:"难道" > "莫非" > "莫不是"。正因为如此,"难道"常与句末语气助词"吗/不成"共现,"莫非"偶尔可以与句末语气助词"不成"共现,"莫不是"常与句末语气助词

"吧"共现。根据《现代汉语八百词》①：句末语气助词"吗"用于反问，带有质问、责备的语气，与"难道"等呼应时，语气更为强烈。句末语气助词"不成"用法与句末语气助词"吗"同，二者可以替换。句末语气助词"吧"用在问句末尾，这些问句往往不是单纯提问而是有揣测的语气。可见，"难道"与"吗/不成"共现，"莫不是"与"吧"共现，是与其语义、语气相匹配的。"难道"与"吗"共现是无标记的，"莫不是"与"吧"共现是无标记的，"莫非"的语气介于两者之间，用法也两者兼而有之，故而它的用法相对比较灵活，视所处的具体句法环境以及所表达的具体语气而定。

---

① 吕叔湘：《现代汉语八百词》，商务印书馆 1999 年版，第 375、94、57 页。

第四章 何 X

"何"是古代汉语常见的疑问代词，以"何"作为语素构成了一系列"何 X"类反诘语气副词，包括"何必"、"何不"、"何曾"、"何尝"、"何啻"、"何妨"、"何苦"、"何苦来"和"何须"九个词语。本章从"何"的本义、用法及其语法化过程入手，探索了"何 X"类反诘语气副词的来源、发展以及特点等相关问题。

第一节 "何"的用法及其语法化过程

《现代汉语词典》（第 7 版）"何"条除了"姓氏"这个义项之外，还有两个均标注为疑问代词的义项：一是"什么"、"哪里"，二是表示反问。① 据此，"何"在现代汉语仅存疑问代词用法，既可用于一般疑问句，也可以用于反诘疑问句。"何"虽在现代汉语当中通常用作疑问代词，但"何 X"类反诘语气副词与用于反诘疑问句中的"何"有直接关联，故而首先要从"何 X"类反诘语气副词共同的构造语素"何"说起。

---

① 中国社会科学院语言研究所词典编辑室编：《现代汉语词典》，商务印书馆 2016 年版，第 525 页。

一 "何"的意义及用法

"何"在古代汉语（尤其是上古汉语）是个常用词，用法也相对盘根错节、复杂多样，厘清其本义及各种用法是做出进一步研究的基础。

（一）"何"的本义

"何"的甲骨文作" 𠂤 "，是个象形字，象人荷戈之形，即一个人的肩上扛着戈，用荷戈于肩泛指以肩荷物。《说文·人部》："何，担也。"徐铉等注："担何即负何也，借为谁何之何。今俗别作担荷。"由此可见，"何"是"负荷"的"荷"的本字，用作动词，后来被假借作疑问代词，假借义逐渐常用且久借不还，表示"负荷"义的"何"又借"荷花"的"荷"来表示。如：

（1）彼候人兮，何戈与祋。（《诗经·曹风·候人》）

（2）何蓑何笠，或负其餱。（《诗经·小雅·无羊》）

（3）子路从而后，遇丈人，以杖荷蓧。（《论语·微子》）

（4）相者二人，皆左何瑟。（《仪礼·乡饮酒礼》）

（5）何校灭耳，凶。（《周易·噬嗑》）

（6）遂率子孙荷担者三夫。（《列子·汤问》）

（7）及期，百夫荷罕旗以先驱。（《史记·周本纪》）

（8）父子兄弟负笼荷锸，驰之南阳，猪崇宫室，令如古制。（《汉书·王莽传》）

例（1）为字本义"荷戈于肩"，例（2）—（8）为泛指的"以肩荷物"，"荷（何）"后面均为较为具体的事物，即"蓑"、"笠"、"蓧"、"瑟"、"校"、"担"、"罕旗"与"锸"。后来，"荷（何）"由相对具体的"以肩荷物"义动词衍生出"承受、担任"义动词，如：

（1）殷受命咸宜，百禄是<u>何</u>。（《诗经·商颂·玄鸟》）

（2）是故驽蹇之乘不骋千里之途，燕雀之畴不奋六翮之用，樲栎之材不<u>荷</u>栋梁之任，斗筲之子不秉帝王之重。（《汉书·叙传》）

（3）艾心怀至忠而<u>荷</u>反逆之名，平定巴蜀而受夷灭之诛，臣窃悼之。（《三国志·魏书·邓艾传》）

（4）足下家君太丘，有何功德，而<u>荷</u>天下重名？（南朝宋刘义庆《世说新语·德行》）

（5）旸早选末席，降薛君之吐握，<u>荷</u>魏公之知遇。（《北齐书·王琳传》）

（6）可憎猢子色茸茸，抬举何劳<u>馁</u>饲浓。（《敦煌变文集·长兴四年中兴殿应圣节讲经文》）

例（1）是承受百禄，例（2）是担任栋梁之任，例（3）是承受反逆之名，例（4）是承受天下重名，例（5）是承受魏公之知遇，例（6）是承受烦劳。以上这些"荷（何）"所"承受、担任"的均为抽象事物。

又有"负荷"同义连言，如：

（1）古人有言曰，其父析薪，其子弗克<u>负荷</u>。（《左传·昭公七年》）

（2）<u>负荷</u>之商，不知猗顿之富。（汉桓宽《盐铁论·复古》）

（3）臣虽阚茸，名非先贤，蒙被朝恩，<u>负荷</u>重任。（《后汉书·公孙瓒传》）

（4）朕以眇身，属当大宝，<u>负荷</u>至重，忧责实深。（《陈书·世祖本纪》）

（5）沉沉玉卮酒，量浅难<u>负荷</u>。（宋刘子翚《夜饮》）

（6）天子统摄天地，<u>负荷</u>天地间事，与天地相关，此心便与天地相通。（宋黎靖德《朱子语类》卷第三）

例（1）和（2）是较为具体的"背负、肩担"义动词，例
（3）、（4）、（5）和（6）是较为抽象的"担负、承担"义动词。

"负荷"亦可作"荷负"，义为"担负、担任"，如：

（1）今齐世庸士之人，不好学问，专以己之愚而<u>荷负</u>巨任。
（汉桓宽《盐铁论·殊路》）

（2）若乃<u>荷负</u>顾命，保朕冲人，遭遇艰圮，夷险委顺；拯
其沦坠而济之以道，扶其颠倾而弘之以仁，经纬三朝而蕴道弥
旷。（《晋书·王导传》）

（3）圣躬<u>荷负</u>苍生以为任，弘济四海以为心，不惮胼胝之劳，
不辞癯瘦之苦，岂止日仄忘饥，夜分废寝。（《梁书·贺琛传》）

（4）两肩<u>荷负</u>非为重，千绕须弥未可偿，勤奉昼昏知动静，
专看颜色问安康。（潘重规《敦煌变文集新书》卷一《故圆鉴
大师二十四孝押座文》）

（5）视昔人之致其君，非止以气力<u>荷负</u>之，华藻润色之而
已也。（宋叶适《宝谟阁待制中书舍人陈公墓志铭》）

还有"担荷"同义连言，如：

（1）今夫商群萃而州处，观凶饥，审国变，察其四时，而
监其乡之货，以知其市之贾，负任<u>担荷</u>，服牛辂马，以周四方。
（《管子·小匡》）

（2）负<u>担荷</u>以丈尺兮，欲伸腰而不可得。（汉严忌《哀时命》）

（3）若特地出来，要扶纲常，立人极，继往古，开群蒙，
有如许<u>担荷</u>，则一言之失，乃四海之所观听，一行之谬，乃后
生小子之所效尤，岂易放过乎？（明李贽《复周柳塘书》）

（4）女子为天生之人，即当同<u>担荷</u>天下之事者也。（清康有
为《大同书》）

例（1）义为"肩挑背负"，① 例（2）义为"担负的重物"，②
例（3）义为"承受的压力或担负的责任"，例（4）义为"承当"。

后世还有少量"荷载"、"扛荷"同义连言的用例，如：

（1）眼光有棱，足以照映一世之豪；背胛有负，足以荷载
四国之重。（宋陈亮《辛稼轩画像赞》）

（2）日供一羊或牛马之肉数十斤。须百夫扛荷，且伴送夷
人五六十名，甚为居民之害。（明田艺蘅《留青日札·狮子》）

例（1）中的"荷载"义为"承担、担当"，例（2）中的"扛
荷"义为"肩抬"。

从语音的角度来看，为了与"荷花"的"荷"相区别，表示
"负荷"义的"荷"变读为上声，是全浊的匣母字。元代以后，全
浊上声的"荷"变读为去声，一直沿用至今。

（二）疑问代词"何"

从古至今，"何"的基本用法都是用作疑问代词。代词并不是按
照句法功能划分出来的词类，只是在"指代"这一点上有相似之处。
郭锐（2004：238－239）指出："严格地说，代词并不是一个独立统
一的词类，代词实际上是从实词各类中把一些具有临时称代功能的
词抽象出来形成的一个特殊类别，与名、动、形这样的词类不在一
个平面上。"③ 如果按句法功能来划分，代词可以分为代名词、代谓
词和代副词三类，疑问代词也是如此。根据历代文献用例，疑问代
词"何"的用法具有代名词和代副词两种情况。

1. "何"用作代名词

代名词"何"具有名词的句法功能，在句中作主语、谓语、宾
语或定语，相当于"什么"、"哪里"或"谁"等。

---

① 此例中"负"、"任"、"担"、"荷"为同义连言。
② 此例中"负"、"担"、"荷"为同义连言。
③ 郭锐：《现代汉语词类研究》，商务印书馆2004年版，第238—239页。

第一，代名词"何"可以作主语，如：

(1) 公曰："何贵何贱？"于是景公繁于刑，有鬻踊者。故对曰："踊贵，屦贱。"(《左传·昭公三年》)

(2) 封略之内，何非君土？(《左传·昭公七年》)

(3) 景王问于苌弘曰："今兹诸侯，何实吉？何实凶？"(《左传·昭公十一年》)

(4) 里克笑曰："何谓苑？何谓枯？"(《国语·晋语》)

(5) 何谓宠辱若惊？(《老子》第十三章)

(6) 二柄者，刑、德也。何谓刑德？曰：杀戮之谓刑，庆赏之谓德。(《韩非子·二柄》)

(7) 白公曰："然则人固不可与微言乎？"孔子曰："何谓不可？"(《淮南子·道应》)

(8) 丞相岂儿女子邪？何谓咀药而死！(《汉书·王嘉传》)

其中例(1)、(4)、(5)、(6)、(7)和(8)中的"何"为"什么"之义，例(2)为"哪里"之义，例(3)中的"何"为"谁"之义。"何"作主语，并非其主要用法。"何"除了与动词"谓"连用作主语外，其他作主语的情况自古以来都并不常见，使用频率较高的"何谓"实际上已经凝固成为一个动词，表"什么是"、"说什么"、"为什么"或"指什么"等义。值得注意的是，这种用法的"何谓"应该与疑问代词"何"作宾语前置于谓语动词"谓"之前形成的"何谓"相区别，如：

(1) 夷子曰："儒者之道，古之人'若保赤子'，此言何谓也？之则以为爱无差等，施由亲始。"徐子以告孟子。(《孟子·滕文公上》)

(2) 莽以诈立，心疑大臣怨谤，欲震威以惧下，因是发怒曰："黄皇室主天下母，此何谓也！"(《汉书·王莽传》)

（3）又谓顺曰："卿<u>何谓</u>聊不见我?"（《魏书·景穆十二王传》）

（4）合二姓之好，以继先圣之后，以为天地宗庙社稷主，君<u>何谓</u>已重焉?（《新唐书·祝钦明传》）

（5）今所据欲立黄帝庙，黄帝高辛之祖，借日绍之，当为木德，今乃言火德，亦<u>何谓</u>也。（《金史·张行信传》）

以上例证中的"何谓"实际上表示的是"谓何"，是句子的谓语核心词和宾语，故而"何谓"前面可以再出现主语，也可以被状语修饰，如例（1）"何谓"前有主语"此言"，例（2）"何谓"前有主语"此"，例（3）"何谓"前有主语"卿"，例（4）"何谓"前有主语"君"，例（5）"何谓"前有状语"亦"。

总体来看，代名词"何"作主语这种情况的出现，可能是由于它在上古时期使用频率高、范围广，从而扩散到偶尔可以充当主语。

第二，代名词"何"可以作谓语，如：

（1）<u>何</u>哉，尔所谓达者?（《论语·颜渊》）

（2）此心之所以合于王者，<u>何</u>也?（《孟子·梁惠王上》）

（3）周书所谓重、黎寔使天地不通者，<u>何</u>也?（《国语·楚语》）

（4）敢问古乐之如彼，<u>何</u>也?新乐之如此，<u>何</u>也?（《礼记·乐记》）

（5）吾所以有天下者<u>何</u>?项氏之所以失天下者<u>何</u>?（《史记·高祖本纪》）

（6）问女<u>何</u>所思?问女<u>何</u>所忆?（《乐府诗集·木兰诗》）

（7）不得犯于本形者<u>何</u>?（南唐静、筠二禅师《祖堂集》卷第七）

（8）闹天宫搅乱蟠桃者，<u>何</u>也?（明吴承恩《西游记》第八回）

"何"作谓语，主要出现在判断句中，作判断谓语，可以前置，也可以后置。判断谓语是以名词或名词性短语充当谓语，这是在汉语系词产生之前表示判断的最常见的形式。汉代以后，随着系词的出现和广泛使用，这种形式在口语中逐渐消亡。典型的谓语由谓词性成分来充当，由于"何"作的是判断谓语，具有一定的特殊性，它虽然处在谓语的位置上，我们仍将其归入"代名词"类，而不是"代谓词"类。

第三，代名词"何"可以作宾语，如：

(1) 都！帝，予何言？（《尚书·益稷》）

(2) 人而无仪，不死何为？（《诗经·鄘风·相鼠》）

(3) 子归，何以报我？（《左传·成公三年》）

(4) 臣敢以私利废人之道，君何以训矣？（《国语·晋语》）

(5) 良问曰："大王来何操？"曰："我持白璧一双，欲献项王；玉斗一双，欲与亚父。会其怒，不敢献。公为我献之。"（《史记·项羽本纪》）

(6) 成败之机，在此一战，诸君何疑？（《三国志·魏书》）

(7) 汝执此镜，其意云何？（南唐静、筠二禅师《祖堂集》卷第二）

(8) 仁贤既裹将仕郎头，为何作散子将脚？（宋孙光宪《北梦琐言》卷十）

(9) 闻知在侧楼上安歇，为何倒要回去？（明西湖渔隐主人《欢喜冤家》第九回）

其中例（1）、（2）、（5）、（6）和（7）作动词宾语，例（3）、（4）、（8）和（9）作介词宾语。疑问代词"何"作动词或介词的宾语时，与古代汉语其他词类、现代汉语的动宾式或介宾式不同，它要置于动词或介词前面。上古汉语这种疑问代词宾语前置的词序，一直被后代古文家所遵守。日本学者太田辰夫（1958/2003：125）

指出："在现代汉语中，即使宾语是疑问代名词，也没有特别的倒置现象，而是按照普通的词序。要确定这种不倒置的时期是困难的。这是因为古代汉语的疑问代名词本身从进入中古阶段开始起了变化。但从唯一的古今不变的疑问代名词'谁'来看，在隋以前现代汉语式的次序很少，能够看到的一些例子，也多是韵文，想来是由于押韵的缘故。而且考察一下它前面的动词，缺乏明显地把动作施加于对象的意义。到唐代，现代汉语式词序的句子相当多。"① 以上例证当中，例（6）、（7）和（8）就是现代汉语式词序，例（6）作动词宾语，例（7）和（8）作介词宾语。从唐五代开始，口语里疑问代词宾语已经以不前置为常了，文献中前置的用例可能是受了上古汉语的影响。在上古汉语中，"何"指物，作宾语是它最主要的用法。中古以后，"何"以作定语为常。

第四，代名词"何"可以作定语，如：

（1）悠悠苍天！此何人哉？（《诗经·王风·黍离》）

（2）以此攻城，何城不克？（《左传·僖公四年》）

（3）卫灵公之时，弥子瑕有宠，专于卫国，侏儒有见公者曰："臣之梦践矣。"公曰："何梦？"对曰："梦见灶，为见公也。"（《韩非子·内储说上》）

（4）用志如此其精也，何事而不达？何为而不成？（《吕氏春秋·博志》）

（5）唐尧大圣，许由耻仕；周武至德，伯夷守饿。彼独何人，我亦何人。保志全高，死亦奚恨！（《后汉书·谯玄传》）

（6）某甲是师初住山时，与和尚何事不造作？何事不经历？（南唐静、筠二禅师《祖堂集》卷第七）

（7）朱三落拓无行，何处作贼送死，焉能自致富贵汴帅非吾子也。（宋孙光宪《北梦琐言》卷十七）

---

① ［日］太田辰夫：《中国语历史文法》，蒋绍愚、徐昌华译，北京大学出版社2003年版，第125页。

　　（8）只是从<u>何</u>处看起？（清曹雪芹、高鹗《红楼梦》第八十二回）

　　代词作定语是其基本功能之一，故而疑问代词"何"作定语在古代汉语比较稳定，在每个历史时期都较为常见。

　　2. "何"用作代副词

　　代副词"何"具有副词的句法功能，在句中作状语，但同时具有指代作用，一般指代原因，相当于"怎么"、"为什么"，如：

　　（1）能哲而惠，<u>何</u>忧乎欢兜？<u>何</u>迁乎有苗？<u>何</u>畏乎巧言令色孔壬？（《尚书·皋陶谟》）

　　（2）夫子<u>何</u>哂由也？（《论语·先进》）

　　（3）齐国虽褊小，吾<u>何</u>爱一牛？（《孟子·梁惠王上》）

　　（4）仁智豹未之尽，<u>何</u>足法也！（《汉书·沟洫志》）

　　（5）既不说有无，你<u>何</u>道不逢？（南唐静、筠二禅师《祖堂集》卷第七）

　　（6）起舞弄清影，<u>何</u>似在人间？（宋苏轼《水调歌头·明月几时有》）

　　（7）不是我当着老祖宗太太们跟前说句大胆的话，现放着天配的姻缘，<u>何</u>用别处去找。（清曹雪芹、高鹗《红楼梦》第八十四回）

　　"何"用作代副词，是疑问代词"何"语法化为副词"何"的关键句法环境。它处于状语的位置，具有副词的句法功能。语言类型学的研究成果表明：句法成分应该有相对稳定的位置。语言中的语序反映了真实世界中人们的认知序列，根据象似性原则，随着"何"在状语位置上使用频率的增多，逐渐使其语法化为副词。

　　从句类的角度来看，疑问代词"何"可用于一般疑问句，也可以用于无疑而问的反诘疑问句，如：

（1）人而无仪，不死何为？（《诗经·鄘风·相鼠》）

（2）齐国虽褊小，吾何爱一牛？（《孟子·梁惠王上》）

（3）景王问于苌弘曰："今兹诸侯，何实吉？何实凶？"（《左传·昭公十一年》）

（4）问女何所思？问女何所忆？（《乐府诗集·木兰诗》）

例（1）"何"作代名词（作宾语），例（2）"何"作代副词（作状语），这两例用于反诘疑问句；例（3）"何"作代名词（作主语），例（4）"何"作代名词（作谓语），这两例用于一般疑问句。

要之，疑问代词"何"的诸多用法，尤其是作代副词用于反诘疑问句，促使其衍生出副词的用法以及衍生出一系列"何 X"类反诘语气副词。

（三）副词"何"

"何"作副词，属于程度副词次类，在句中充当状语，通常用来修饰形容词，相当于"多么"，如：

（1）陟彼砠矣，我马瘏矣，我仆痡矣，云何吁矣？（《诗经·国风·卷耳》）

（2）胜所以待诸君者未尝敢失礼，而去者何多也？（《史记·平原君传》）

（3）今河南太守不深惟国家大策，苟见丞相不在而斥逐其子，何浅薄也！（《汉书·魏相传》）

（4）水何澹澹，山岛竦峙。（三国魏曹操《观沧海》）

（5）青泥何盘盘，百步九折萦岩峦。（唐李白《蜀道难》）

（6）中庭生桂树，华灯何煌煌。（宋王灼《碧鸡漫志》卷二）

（7）入门两眼何悲凉！稚子低眉老妻哭。（金王若虚《贫士叹》）

（8）独立庭际傍翠阴，侍儿传语意何深。（明冯梦龙《警世通言》第三十四卷）

"何"作为"多么"义的程度副词，它所传递的程度较深，故而经常会出现在感叹句当中。副词"何"用法应当来源于位于状语位置的代副词"何"，代副词"何"后的谓语中心词通常是动词，如果是及物动词，动词后还可以出现宾语。谓语通常由谓词也就是动词和形容词来充当，状语"何"后的谓语中心词由动词扩展到形容词，而形容词后又通常不能带宾语。故而"何"作代副词与作副词存在着较为明显的区别：代副词"何"具有指代作用，修饰整个谓语，且谓语或谓语中心词通常由动词充当，动词后面还可以出现宾语；副词"何"不具有指代作用，它只是用来修饰紧接其后的谓词性成分，这个谓词性成分一般是形容词。

二　"何"的语法化过程分析

"何"的各种用法在上古时期均已出现且发展成熟，这样就可以根据共时的语言形式来探求语言的发展演变轨迹，因此关于"何"的语法化研究语料可以限制在上古汉语范围以内。

（一）"何"语法化的句法环境

在上古汉语当中，"何"的主要用法是作代名词，作动词或介词的前置宾语，即"S + O + V/Prep"。能带宾语的介词一般是由动源前置词语法化而来，因此"S + O + V/Prep"这个结构可以粗略地标示为"SOV"。汉语是"SVO"型语言，"SVO"型语序是原型，符合汉族人们长期的语言使用习惯。置于主语和谓语之间的成分，按照汉族的思维习惯，一般认为它是状语，状语又通常由副词来承担，所以"何"有代副词的用法也并不奇怪。也正是由于"何"长期处于状语的位置，并且有了代副词的用法，"何"就进一步语法化为副词。

也就是说，疑问代词宾语前置，往往在谓语动词前面，即状语的位置，而状语一般由副词来充当，"何"在疑问句中长期处于状语的位置，从而获得了状语的功能，衍生出了"怎么、为什么"义的代副词，又进一步语法化为"多么"义的程度副词。"何"作疑问代词宾语时，转换为现代汉语要将其置于动词之后；而当"何"语法化为代副词、副词作状语时，按照正常的语序对译即可。可见，"何"语法化后的这种语用序列在认知上更容易让人接受。从唐朝开始，产生了疑问代词"什么"，与作宾语的"何"义同，但它不需要前置。这与汉语"SVO"语序相同，符合汉族人们长期以来的思维习惯。在口语当中，"何"逐渐被"什么"取代。与用作状语的"何"的"怎么"义功能类似，在唐朝产生"争"，表示"怎么"义；到五代以后，产生"怎"，同时产生"怎生"、"怎么"、"怎的"等，表示"怎么"义。慢慢地，用作状语的"何"被"怎么"取代。

"何"由疑问代词语法化为副词，主要是受其出现的句法环境的影响。它经常处于主谓之间，即状语的位置上，逐渐获得了副词的句法功能，从而语法化为副词。

（二）"何"的语法化过程

从"何"的文献用例及功能分析来看，"何"的语法化过程较为清晰，在词类及句类方面都有体现。

第一，词类方面，"何"的语法化过程符合词类非范畴化降类顺序。从"何"所属的词类方面看，"何"大致经历了如下语法化过程：代名词（作前置宾语）→代副词（作状语）→副词（作状语）。这个过程与非范畴化降类顺序相一致，较明显地体现了"何"的语法化历程。代副词"何"具有副词的语法功能（即作状语），但它仍然具有指代作用，所以它仍然是代词。当"何"语法化为副词后，就丧失了代词的指代功能，虽仍作状语，但只是用来修饰谓词性成分。

第二，句类方面，"何"的语法化过程符合句类使用频率降级顺序。从"何"可以出现的句类方面看，它由通常出现在疑问句扩展到可以出现在感叹句当中。"何"是疑问代词，它必然出现于疑问句中。由于用于疑问句的"何"不仅可以用于一般疑问句，还可以用于反诘疑问句，反诘疑问句的语气又较为强烈，而感叹句也是表达较为强烈的语气，故而反诘疑问句和感叹句在语气上具有一定程度的相似性。继而"何"衍生出表达程度较深的程度副词"多么"的用法后，就使它经常出现在感叹句当中了。在人们的交际中，陈述句是最常见、使用频率最高的句类，疑问句的使用频率仅次于陈述句，祈使句、感叹句再次之。在汉语中，这四种句类应有如下蕴涵关系：陈述句⊃疑问句⊃祈使句⊃感叹句。"何"从用于疑问句到可以用于感叹句，可以佐证其已经发生了语法化。

（三）"何"的无标化解释

"何"作为疑问代词，作主语、谓语、宾语、定语、状语都是作为有标记项出现的。具体分析如下：第一，作主语。沈家煊（2004：242）指出："汉语典型的主语是施事和话题的交集。"① 典型的施事对生命度的要求很高，而"何"一般用来指物，物的生命度较低，所以它不是典型的施事，也就不能成为典型的主语。因此，"何"作主语是有标记的。第二，作谓语。典型的谓语要由谓词性成分来充当。由代词，而且是代名词的"何"来充当谓语，这不是典型的谓语，是有标记项。第三，作宾语。"何"作指物宾语，本来是无标记的，可是它所处的位置却是有标记的。汉语"SVO"型语序是无标记的，而"何"作动词或介词的宾语所处的位置却是在动词或介词的前面，构成"SOV"型语序，这种语序对汉语来说是有标记的，至少对于近代汉语以及现代汉语来说是有标记的。第四，作定语。"何"作定语，相对其作别的句法成分，标记性略微小一些。形容词作定语是无标记的，代词（代名词）作定语并不如形容词作定语典型，因此，"何"作定语是有标记的。第五，作状语。典型的状语由副词来充当，作状语是副词的句法功能，副词作状语是无标记的。代词"何"虽然可以处于状语的位置，具有副词的句法功能，但它还是代词，具有指代功能，修饰整个谓语，这与典型的副词用法有明显的不同。因此，"何"作状语是有标记的。

---

① 沈家煊：《不对称和标记论》，江西教育出版社 2004 年版，第 242 页。

沈家煊（2004：35）指出："一般来说，一个范畴的典型成员或无标记项的使用频率高，但使用频率高的成分不一定是一个范畴的典型成员。"① "何"在上古时期的使用频率非常高，这是由于交际和指称的需要。疑问代词"何"作主语、谓语、宾语、定语、状语这些句法成分都是有标记的，它在发展中要么消失，要么向无标化转变。因此，"何"从中古以后逐渐被其他词语所取代。《现代汉语词典》（第7版）把"何"用于一般疑问句和用于反诘疑问句分别列出不同的义项，所属词类均标注为"疑问代词"，所举例证如下表所示：②

表4-1　　　　　《现代汉语词典》疑问代词"何"例证表

用法		例证
疑问代词	什么	～人丨～物丨～事
	哪里	～往丨从～而来？
	为什么	吾～畏彼哉？
	表示反问	～济于事？丨～足挂齿？丨谈～容易？丨有～不可？

从此表可以看出，《现代汉语词典》虽收录了疑问代词"何"，但从这些例证来看，"何"的用法几乎都是书面用法或古汉语用法，在现代汉语口语中很难出现。由此可见，疑问代词"何"在现代汉语（尤其是现代汉语口语）的使用范围并不广泛，它更多的是作为语素保留在一些复音词或固定搭配当中。

三　小结

"负荷"义的动词"何"在上古时期就假借为疑问代词了，疑问代词"何"在《尚书》《诗经》等先秦典籍中广泛使用，并迅速衍生出副词的用法。在上古时期，"何"的疑问代词及副词用法已经大致发展成熟。从句法功能来看，"何"主要用在疑问句中充当宾

---

① 沈家煊：《不对称和标记论》，江西教育出版社2004年版，第35页。
② 中国社会科学院语言研究所词典编辑室编：《现代汉语词典》，商务印书馆2016年版，第525页。

语，一般是问事物，义为"什么"；有时也可以问人，义为"谁"。"何"在句中除了可以作宾语外，还可以作主语、谓语、定语、状语等句法成分。疑问代词"何"又有代名词（作主语、谓语、定语或状语）和代副词（作状语）两种用法。程度副词"何"在句中充当状语，主要修饰形容词。

"何"由代词语法化为副词，大致经历了"作动词或介词的前置宾语→作状语（修饰整个谓语）→作状语（修饰紧接其后的谓词）"这样的重新分析过程。"何"的语法化过程如下图所示：

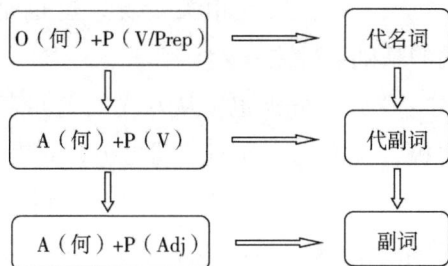

图 4 – 1 "何"的语法化过程图

可见，"何"经历了"代名词→代副词→副词"这样的语法化过程，重新分析是其语法化的重要机制，句法环境改变是其语法化的前提。在语言自身的发展演变过程中，疑问代词"何"的主导地位逐渐让位于"什么"、"怎么"等词语，程度副词"何"的主导地位逐渐让位于"多么"等词语。

现代汉语"何 X"类反诘语气副词的产生及用法等均与"何"有着密切的关系，清晰地呈现"何"的用法及其语法化过程是研究"何 X"类反诘语气副词的基础和前提。

第二节 反诘语气副词"何必"的来源及发展

"何必"是现代汉语常见的反诘语气副词，《现代汉语词典》（第

7版）"何必"条的释义为"用反问的语气表示不必"①。本节从"必"的本义出发，梳理了反诘语气副词"何必"的产生、发展以及形成机制等相关问题。

一 "必"的本义及其发展

要想探明反诘语气副词"何必"产生及发展过程，需要在了解了"何必"一词的构造语素"何"的本义及其发展之后，继续深入了解其构造语素"必"的意义及相关情况，这也是反诘语气副词"何必"凝固成词的基础条件之一。

《说文·八部》："必，分极也。从八弋，弋亦声。"清朝段玉裁《说文解字注》："极，犹准也。凡高处谓之极，立表为分判之准，故云分极。"清朝朱骏声《说文通训定声》："树臬则介分也。""分极"一般就是竖木以做标记，这也是许慎认为的"必"的本义。郭沫若《殷周青铜器铭文研究》则对"必"的本义持有不同看法："余谓必乃柲之本字。……许书以为从八弋者，非也。其训'必'为'分极'乃后起义，从木作柲字，则后起之字也。"② 这也就是说，郭沫若认为"必"是"柲"③的本字，本书较为赞同这种看法。"必"的本义应该是兵器的柄，也可以泛指其他器物的柄，是一个名词。在古代，无论是兵器的柄还是器物的柄，大多数都是由木头制成，故而当"一定、必然"义成为"必"的常用义之后，大家逐渐对它的本义不再熟悉，于是又造了从"木"的区别字"柲"，分化了"必"字的职能，"必"与"柲"遂成为古今字。

无论是木制兵器的柄还是其他器物的柄，其形制大概都与古代

① 中国社会科学院语言研究所词典编辑室编：《现代汉语词典》，商务印书馆2016年版，第525页。

② 郭沫若：《殷周青铜器铭文研究》，科学出版社1961年版，第177页。

③ 《说文·木部》收录了"必"的后起字"柲"，释义为"欑也"。"柲"指兵器的柄，也可以用来泛指器物的柄。

作分极之用的"木标"① 相似，抑或可以直接用兵器的柄或者其他器物的柄来作分极之用，从而"必"又有了"标杆、标准"之义，也就有《说文·八部》中"必"条"分极也"的解释，这应当已经是它的引申义了。由于分极必然会依据一定的准则，"必"又引申出"确定、确保"等动词之义，进而又虚化出"一定、必然"等副词之义。"必"的本义及其衍生情况如下图所示：

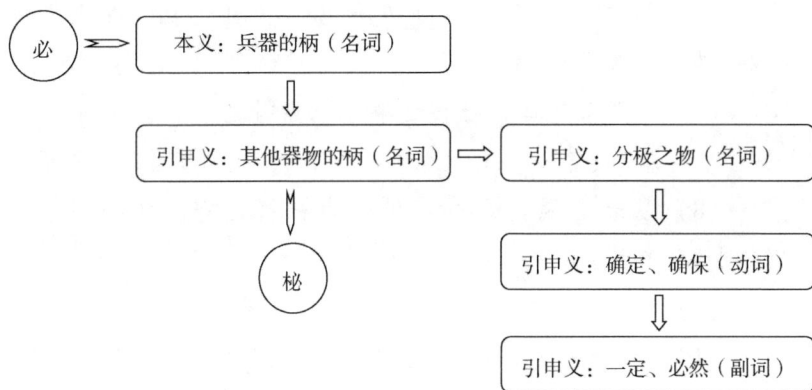

图 4－2 "必"的本义及其衍生情况图

由上图可知，"必"的词义衍生从具体到抽象，词类从名词到动词再到副词。从语素的组合搭配来看，反诘语气副词"何必"凝固成词，与"必"的动词用法以及副词用法有着密切的关系。

二 "何"与"必"连用的句法呈现

"何"与"必"连用较早出现在春秋战国时期。如：

（1）何必高宗？古之人皆然。（《论语·宪问》）

---

① 关于"木标"，文献当中有很多记载，如《周礼·夏官·大司马》："虞人莱所田之野为表，百步则一，为三表，又五十步为一表。"孙诒让《周礼正义》："树木为表，标识步数，以正进退之行列也。"《管子·君臣上》："犹揭表而令之止也。"尹知章《管子注》："表，谓以木为标；有所告示也。"

（2）枉道而事人，<u>何必</u>去父母之邦？（《论语·微子》）

（3）摄卿以往，可也，<u>何必</u>子？（《左传·文公七年》）

（4）君过之！乌存以力闻可矣，<u>何必</u>以弑君成名？（《左传·昭公二十三年》）

（5）如是可矣，<u>何必</u>瘠鲁以肥杞？（《左传·襄公二十九年》）

（6）国之有是多矣，<u>何必</u>不复？小国犹复，况大国乎？（《左传·哀公元年》）

（7）子股肱鲁国，社稷之事，子实制之。唯子所利，<u>何必</u>卞？卞有罪而子征之，子之隶也，又何谒焉？（《国语·鲁语》）

（8）从者为羁绁之仆，居者为社稷之守，<u>何必</u>罪居者！（《国语·晋语》）

（9）钧之枲，亦于中国耳，<u>何必</u>于越哉。（《墨子·鲁问》）

（10）天子志崩不志葬，必其时也。何必焉？举天下而葬一人，其义不疑也。（《春秋谷梁传·庄公三年》）

从文献用例可以看出，早在春秋战国时期，"何"与"必"连用就大多用于反诘疑问句，如例（1）—（9）。例（10）中的"何必"用于设问句，这种情况在文献当中比较少见。由此可见，"何必"在反诘疑问句中用来加强反诘语气，在产生之初就是它的主要用法。

春秋战国以后，"何"与"必"连用亦较为常见，其反诘语气副词的用法也日趋成熟。如：

（1）天下同宗，死长安即葬长安，<u>何必</u>来葬为！（《史记·吴王濞传》）

（2）以为君子得时则大行，不得则龙蛇，遇不遇命也，<u>何必</u>湛身哉！（《汉书·扬雄传》）

（3）夫应龙以屈伸为神，凤凰以嘉鸣为贵。何必隐形于天

外，潜鳞于重渊者哉？（《三国志·吴书·吾粲传》）

（4）昔王陵在汉，姜维相蜀，在所成名，<u>何必</u>本土。（《魏书·临淮王谭传》）

（5）吾愿息诤以通道，让胜以忘德，<u>何必</u>排拂异家，生其恚怒者乎？（《陈书·傅縡传》）

（6）如来螺髻，菩萨宝首，若能修道，<u>何必</u>剃除。（唐张鷟《朝野佥载》卷三）

（7）我闻禅宗最上，<u>何必</u>局然而失大理？（南唐静、筠二禅师《祖堂集》卷十三）

（8）先辈佳句甚多，<u>何必</u>以此为卷首。（宋孙光宪《北梦琐言》卷七）

（9）夫人得好休，便好休，这其间<u>何必</u>苦追求？（元王实甫《崔莺莺待月西厢记》第二折）

（10）庞涓你既做了这业又<u>何必</u>恁怯，枉了也参拜无休歇。（元无名氏《庞涓夜走马陵道》第四折）

（11）贫富交情只自知，翟公<u>何必</u>署门楣？（明凌濛初《二刻拍案惊奇》卷二十二）

（12）那时我便长斋绣佛，奉养爹妈一世，也算遵了姐姐的话，一天大事就完了。姐姐此时<u>何必</u>合他惹这闲气？（清文康《儿女英雄传》第十回）

（13）你又<u>何必</u>屈尊来呢？这样好天气，正应该陪女朋友逛街去。（钱锺书《纪念》）

总体来看，从春秋战国时期一直到现代，"何必"用来加强反诘语气的用法日趋成熟完善，词汇化程度也越来越高，逐渐成为典型的反诘语气副词。

值得注意的是，从表面上看，"何"与"必"连用从产生之初就大多出现在反诘疑问句用来加强反诘语气，故而大多数辞书都认为这时的"何必"就已经都是反诘语气副词了，例如《汉语大词典》"何必"条第一个义项即为"用反问的语气表示不必",所举例证为《左传·襄公三十一年》:"年钧择贤,义钧则卜,古之道也。非适嗣,何必娣之子?"但实际上,这里的"何必"可能并非已经凝固成为语气副词,而是代词"何"与动词"必"的组合,这一点可以在"何必"出现的句法环境中得以证实。从古至今,"何必"可以出现的主要句法环境如下表所示:

表 4 – 2   "何必"连用句法环境表

序号	"何必"连用句法环境	例句	是否凝固成词
1	何（句首，主语）＋ 必（谓语核心词）＋ NP	摄卿以往，可也，<u>何必</u>子?（《左传·文公七年》）	否：代词＋动词
2	何必（句首）＋VP	国之有是多矣，<u>何必</u>不复?（《左传·哀公元年》） 从者为羁绁之仆，居者为社稷之守，<u>何必</u>罪居者!（《国语·晋语》）	存在两种分析的可能： A. 否：代词＋副词 何（主语，代词）＋必（状语，副词）＋VP B. 是：副词 何必（副词，状语）＋VP
3	主语＋状语＋何必（状语）＋VP	庞涓你既做了这业又<u>何必</u>恁怯，枉了也参拜无休歇。（元无名氏《庞涓夜走马陵道》第四折）	是：副词

由上表可知,并不是所有用于反诘疑问句的"何必"都用作语气副词。"何必"连用虽在大多数情况下都用在反诘疑问句当中,但实际上它所处的句法环境非常复杂,尤其是处于不同句法环境的"何必"可以在同一历史时期共现,这就更增加了其辨别的难度。

三 反诘语气副词"何必"的形成机制

"何"与"必"的结合经历了重新分析后逐渐发展成熟,语言内部的自我调整与语言外部的语用影响等因素,在其形成过程中都起到了较为重要的作用。

（一）重新分析

"何"与"必"连用最初只是一个短语，后来在形式及意义方面都逐渐融合、凝固，成为较为常见的反诘语气副词。通过对历代文献用例的分析，"何 + 必"大致经历了如下重新分析的过程：

1. 何 + （必 + NP）

"何"与"必"连用本为"何（疑问代词）+ 必（动词）"的组合，其后加名词或名词性短语，可以分析为"何 + （必 + NP）"。这种用法在先秦两汉比较常见，后代虽仍有此用法，但应该是上古汉语用法的残留。如：

（1）何必高宗？古之人皆然。（《论语·宪问》）

（2）非适嗣，何必娣之子？（《左传·襄公三十一年》）

（3）犹有弱而昧者，何必楚？（《左传·宣公十二年》）

（4）子不如易于齐，与其死也，犹是郧也，而得纾焉，何必此？（《左传·定公十年》）

（5）官殿中可以避世全身，何必深山之中蒿庐之下。（《史记·滑稽列传》）

（6）或曰："刑名非道邪？何自然也？"曰："何必刑名？围棋、击剑、反目、眩形，亦皆自然也。由其大也，作正道；由其小者，作奸道。"（西汉扬雄《法言·问道》）

（7）五尺童子皆学，何必小人！（《三国志·蜀书》）

这种用法是"何"与"必"较为自然的组合，虽然它们均用于反诘疑问句，但实际上可以将"何"和"必"看作两个词，即加强反问的疑问代词"何"与动词"必"的组合，"何"作主语，"必"作谓语核心词，"NP"作宾语，"何必"尚未凝固成词。

2. 何 + （必 + VP）／（何 + 必）+ VP

"何"与"必"连用，还可以是"何 + （必 + VP）／（何 + 必）+ VP"的组合方式。在这种用法中，"何必"的后面虽然是"VP"，但它的语气副词用法尚未发展成熟。它一般位于句首，前面不直接加主语，后面除了可以加否定副词"不"之外，不能再加其他副词。例如：

（1）国之有是多矣，<u>何必</u>不复？小国犹复，况大国乎？（《左传·哀公元年》）

（2）乌存以力闻可矣，<u>何必</u>以弑君成名？（《左传·昭公二十三年》）

（3）有民人焉，有社稷焉，<u>何必</u>读书然后为学！（《史记·仲尼弟子列传》）

（4）<u>何必</u>推古问故，以益辞讼？（《三国志·魏书》）

例（2）为"何+介宾结构"，介词多由动词发展而来，因此也归入"何+必+VP"这一类。这种用法有两种分析的可能：可以把"何必"分析为"何（疑问代词）+必（副词）"的组合，即"何+（必+VP）"；也可以把"何必"分析为语气副词，作句子的状语。"何+（必+VP）／（何+必）+VP"这种具有两种分析可能的情况是"何必"语法化为副词的过渡阶段。

3.（何+必）+VP

从晚唐五代时期开始，"何"与"必"连用，通常分析为"（何+必）+VP"，即"何必（语气副词）+VP"，表示"不必"之义。这时，"何必"已经完全语法化为副词，具备了副词的基本用法。例如：

（1）纵见文殊，亦<u>何必</u>识之！（南唐静、筠二禅师《祖堂集》卷第十一）

（2）智挚梨<u>何必</u>有此问？（南唐静、筠二禅师《祖堂集》卷第四）

（3）庞涓你既做了这业又<u>何必</u>怎怯，枉了也参拜无休歇。（元无名氏《庞涓夜走马陵道》第四折）

（4）<u>何必</u>文章出人上，单要金银满称盘。（元杨显之《临江驿潇湘史记秋夜雨》第二折）

（5）儿也，便使得我片瓦根椽一文无，但存留的孩儿在，就是我护身符，又<u>何必</u>满堂金才是福？（元郑廷玉《崔府君断冤家债主》第三折）

（6）你如今既有许多银子，<u>何必</u>定要原人。（清曹雪芹、高鹗《红楼梦》第六十九回）

以上例证当中，例（1）"何必"前有副词"亦"，例（3）"何必"前有副词"又"，例（2）、（5）"何必"在主语后，例（4）"何必"在主语前，例（6）"何必"后有副词"定"。尤其是"何必+定"，"必"即"定"义，这更加表明"何必"已经完全语法化为反诘语气副词了。从元朝开始，"何必"以与副词"又"连用为常，"又"可置于"何必"前，也可置于"何必"后。

"何+必+NP"模式，这是"代词+副词"。上古汉语没有系词，所以"S+NP"这种结构很常见，尤其是在判断句中。然而"S+NP"这种结构却不是典型的句式，它是有标记的。随着汉语词汇复音化趋势的发展，以及在"S+VP"这种强势句式的影响下，"何必"逐渐凝固。最初，"何必+VP"具有两种分析的可能，随着"何必"使用频率的增加、汉语系词的出现，再加上句中谓词成分所处的重要地位，如此等等，都使得"何必+NP"逐渐向"何必+VP"这种格式发展。从晚唐五代开始，几乎都是"何必+VP"这种典型的语法格式了，"何必"也就语法化为副词用来修饰谓语动词。

（二）语用影响

反诘疑问句的使用，本就属于一种语用现象。反诘语气副词"何必"凝固成词还受到了语用的影响。

"何"在先秦两汉的使用频率很高，"何"与"必"连用表示说话人对听话人的意见的反对，这种表达方式比直接反对语气更加委婉。由于交际的需要，"何必"表示一种委婉劝止的意味就逐渐凝固下来。当"何必"凝固成为副词之后，原来由"何"来承担的强烈的疑问意味降低，"必"强烈的肯定意味也有所隐含，从而使得句子变得更加委婉，用来表示与听话者持相反的意见，但并不是直接说出来，只是用反问的语气表达了说话人明确的态度。与此同时，运用问句的形式，虽然表达了说话人明确的态度，但实际上还是引起了听话人的思考，也间接地把话题的主导权转让给了听话人，使得说话人与听话人两者的会话能够更好地进行。

除此之外，尚未发展成熟的语气副词"何必"通常用于句首，而句首又通常是话题的所在位置，是整个句子需要重点关注的对象，也是整个句子需要关注的焦点之一，此时"何必"的反诘语气就会显得格外强烈。相对而言，发展成熟的反诘语气副词"何必"前面既可以出现主语，也可以出现其他副词，那么它就不再位于话题的位置，其受关注的程度就会相对减弱，它所增强的反诘语气也会有所削弱，那么整个句子也就相对更为缓和、委婉。

由此可见，用在反诘疑问句当中的"何必"实际上受到语言内部和外部因素的双重影响，句法、语义和语用对其在句中所起的作用均可能会产生一定的影响。

第三节　反诘语气副词"何不"的来源及发展

反诘语气副词"何不"在现代汉语也比较常见，《现代汉语词典》（第 7 版）"何不"条的释义为"用反问的语气表示应该或可以，意思跟'为什么不'相同"。[①]反诘语气副词"何不"由"何"和"不"两个语素构造而成，语素"何"来源于代词"何"，语素"不"来源于否定副词"不"。"何"在本章第一节已经讨论过了，

---

① 中国社会科学院语言研究所词典编辑室编：《现代汉语词典》，商务印书馆 2016 年版，第 525 页。

在此扼要介绍"不"的情况。《说文·不部》:"不,鸟飞上翔不下来也。从一,一犹天也。象形。""不"的甲骨文字形为"𣎴"、"𣎴"等,金文字形为"𣎴"、"𣎴"等。根据"不"的早期字形,学者们大多认为许慎的说解并非"不"的本义,其本义当为"萼足",即"花托"①,用作否定副词是其假借义,反诘语气副词"何不"的构造语素"不",就是来源于其表示否定的假借义。本节主要从"何不"连用的句法呈现出发,来探讨反诘语气副词"何不"的来源及发展等相关问题。

一 "何"与"不"连用的句法呈现

由于与"何"组合的"不"的意义及功能较为单一,"何"与"不"连用的句法环境也相对容易梳理。从文献用例来看,"何不"连用主要出现在如下几种句法环境:

(一)何(疑问代词)+ 不(否定副词)+ VP

"何"与"不"连用最初是两个词,"何"为疑问代词,"不"为否定副词,用来否定谓语动词。如:

(1)杀御叔、弑灵侯、戮夏南、出孔仪、丧陈国,<u>何不</u>祥如是!(《左传·成公二年》)

(2)使群臣往遗之禽,以逞君心,<u>何不</u>可之有?(《左传·昭公四年》)

(3)如使人之所欲莫甚于生,则凡可以得生者,<u>何不</u>用也?使人之所恶莫甚于死者,则凡可以辟患者,<u>何不</u>为也?(《孟子·告子上》)

(4)今及之矣,<u>何不</u>济之有?(《国语·晋语》)

---

① 如王国维《观堂集林》:"不者,柎也。"高鸿缙《中国字例》:"罗振玉曰:'象花不形,花不为不之本义。'……不,原意为萼足,象形字,名词。后借用为否定副词,日久而为借意所专,乃另造柎字以还其原。"

（5）然则我何为乎？<u>何不</u>为乎？吾辞受趣舍，吾终奈何？（《庄子·秋水》）

（6）赏使之忘死，而威备之苦生，而淫道又塞，以此遇敌，是以百石之弩射飘叶也，<u>何不</u>陷之有哉？（《商君书·外内》）

从上面的例句可以看出，在"何（疑问代词）+不（否定副词）+VP"当中，疑问代词"何"可以作主语，也可以作宾语。作主语的"何"位于句首，义为"怎么"或"为什么"，可以用于感叹句或疑问句当中，如例（1）和（3）。作宾语的"何"通常用于疑问句当中，义为"什么"，如例（2）、（4）、（5）和（6）。从这些例子来看，"何"与"不"连用，大部分都出现在反诘疑问句当中，这也可以说明"何不"凝固成反诘语气副词有着较为深厚的句法基础。"何（疑问代词）+不（否定副词）+VP"这种形式的文献用例在先秦比较常见，当反诘语气副词"何不"发展成熟之后，这种用法就不再是其主流用法了。

（二）S+何（疑问代词）+不（否定副词）+VP

在"S+何（疑问代词）+不（否定副词）+VP"当中，"何"语法化为代副词，与否定副词"不"连用，前面出现主语，"何不"后面通常只带一个单音节动词。如：

（1）夫人之所欲也，又<u>何不</u>敢？（《左传·昭公元年》）

（2）齐鲁之故，吾子<u>何不</u>闻焉？（《左传·定公十年》）

（3）且许子<u>何不</u>为陶冶，舍皆取诸其官中而用之？（《孟子·滕文公上》）

（4）子<u>何不</u>仕？（《荀子·大略》）

（5）子<u>何不</u>死？子<u>何不</u>死？（《晏子春秋·内篇杂上》）

（6）此真君侯之事，君<u>何不</u>谏？（《史记·李斯传》）

其中例（1）比较特殊，"又何不敢"承前省略了主语"夫人"，动词"敢"前面有"又"、"何"和"不"三个状语。例（2）—
（6）"何不"连用前面均有名词作主语，"何"与"不"作后面单音
节动词的状语。从充当的句法成分方面看，这种情况的"何"从作
主要句子成分的主语或宾语降为作状语；从所处的句类方面看，这
种情况的"何"与"不"连用通常用于反诘疑问句当中。由此看
来，"S＋何（疑问代词）＋不（否定副词）＋VP"句式的出现也
为"何不"的词汇化提供了有利的句法环境。

（三）S＋何不（反诘语气副词）＋VP

在"S＋何不（反诘语气副词）＋VP"当中，"何不"已经凝
固成为一个词，表示"为什么不"之义。"何不"连用作反诘语气
副词，先秦时期已经出现，不过并不常见。如：

（1）子有酒食，何不日鼓瑟？（《诗经·唐风·山有枢》）

（2）道则高矣，美矣，宜若登天然，似不可及也，何不使
为可几及而日孳孳也？（《孟子·尽心上》）

（3）非子之罪，何不去乎？（《国语·晋语》）

（4）公何不以秦、楚之重，资而相之于周乎？（《战国策·
秦策五》）

（5）此父兄之任也，王何不召公子氾而问焉？（《韩非子·
内储说上》）

从两汉开始，反诘语气副词"何不"的用例逐渐增多。如：

（1）王何不先秦使之未到，复孟尝君，而益与之邑以谢之。
（《史记·孟尝君传》）

（2）君何不从容为上言之？（《汉书·季布传》）

（3）今董卓垂至，诸君何不早各就国？（《后汉书·何进传》）

（4）神功比来受判官拜，大是罪过，公何不早说？（唐封演
《封氏闻见记》卷九）

（5）赘梨<u>何不</u>被毛戴角去？（南唐静、筠二禅师《祖堂集》卷十二）

（6）昼短苦夜长，<u>何不</u>秉烛游？（宋周密《武林旧事》卷第十）

（7）若与小民共一般，<u>何不</u>随他带帽子？（元关汉卿《包待制三勘蝴蝶梦》第一折）

（8）仲宣，既如此感怀，<u>何不</u>早归故里？（元郑光祖《醉思乡王粲登楼》第三折）

（9）进城止有二十里，客官<u>何不</u>搬了行李到小房宿歇了？（明凌濛初《初刻拍案惊奇》卷二十四）

（10）好妹妹，你既明琴理，我们<u>何不</u>学起来？（清曹雪芹、高鹗《红楼梦》第八十六回）

（11）自己动手，丰衣足食，我<u>何不</u>试试？（戴厚英《人啊人》）

（12）我的事<u>何不</u>向她探询呢？（茅盾《蚀》）

"何不"前面可以出现主语，也可以省略主语，后面的动词可以有其他副词修饰，也可以带宾语、补语等，其出现的句法环境更加复杂。从文献用例来看，反诘语气副词"何不"在先秦时期已经产生，两汉以后逐渐发展成熟，并且一直沿用至今。

二 反诘语气副词"何不"的形成机制

从"何"与"不"连用的句法呈现可以看出，反诘语气副词"何不"的形成也是经过了重新分析。"何"与"不"连用最初是跨层结构，后来逐渐融合，最终凝固成用于加强反诘语气的复合词，其重新分析的大致路径如图4－3。"何"与"不"连用，其紧密程度逐渐加深，最终衍生出了较为成熟的反诘语气副词用法。"何"从作主要句法成分的主语、宾语，到独立作状语，再到与"不"结合

何+[不+VP]

⇩

S+[何+（不+VP）]

⇩

S+[（何+不）+VP]

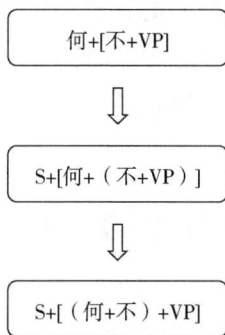

图 4 - 3　"何不"连用重新分析路径图

作状语，这一系列的重新分析都为反诘语气副词"何不"的发展成熟提供了有利条件。

从句法位置方面来看，"何"与"不"二者位置相邻，这也为"何不"的词汇化提供了有利的条件。在上古汉语，有"不"和"弗"两个副词可以用来表示一般的否定。相比较而言，"不"的使用范围更为广泛，"弗"往往用在动词不带宾语的句子里。也就是说，在表示一般否定的情况下，"不"的运用范围最广、最常见。"何"是常见的疑问代词，"不"是常见的否定副词，"何"与"不"连用出现的频率必然会比较高，二者由于经常连用而凝固成一个双音节词语也就不足为奇了。

需要关注的是，"何 + ［不 + VP］"句式当中"何"作宾语的情况。在古汉语当中，疑问句中代词宾语前置，否定句中代词宾语前置。疑问代词"何"与否定词"不"共现在疑问句（包括反诘疑问句），这就显得有些复杂，具体又分为两种情况：其一，整个小句只有一个动词，"何"即作这个动词的前置宾语，也就是整个小句的宾语，如"然则我何为乎？何不为乎？"此句中"何"作"为"的前置宾语。其二，整个小句有两个动词，一般句式为"何 + ［不 + V_1］ + 之 V_2"，其中"V_1"是谓语核心动词，另外一个"V_2"（一般是动词"有"之属）是状语中的动词，此时"何"作的是状语中动词"V₂"的宾语,"V₂"加上其宾语"何"与否定词"不"同作"V₁"的状语,如"何不可之有?"此句中"何"作"有"的宾语,"有"加上其宾语"何"与否定词"不"同作"可"的状语。

第四节　反诘语气副词"何曾"的来源及发展

《现代汉语词典》(第 7 版)"何曾"条的释义为"用反问的语气表示未曾"。[①]"曾"字的甲骨文作"🔾"、"🔾",金文作"🔾"、"🔾"等,下面部分像是蒸煮食物的炊器,上面部分像是蒸汽上升的样子。从字形上看,"曾"当为"甑"(蒸煮食物的炊器)的本字。《说文·八部》:"曾,词之舒也。"即气从口中呼出舒散,此义当为本义炊器蒸煮食物水蒸气上升舒散之引申。后来"曾"多用作副词,其本义逐渐磨灭,遂又造了区别字"甑"表示"炊器"之义。反诘语气副词"何曾"的形成与副词"曾"有着直接的关系。

一　"何"与"曾"连用的句法呈现

"何"与"曾"连用最初是个短语,后来才逐渐凝固成词。从文献用例来看,"何"与"曾"连用主要出现在如下两种句法环境:
(一)短语"何(代词)+曾(副词)"
"何曾"连用,在先秦、两汉时期已有文献用例。如:

（1）尔何曾比予于管仲?(《孟子·公孙丑上》)

（2）尔何曾比予于是?(《孟子·公孙丑上》)

（3）何曾华之无实兮,从风雨而飞飏。(宋玉《九辩》)

（4）王何曾惜一踦屦乎?(汉贾谊《新书》)

---

① 中国社会科学院语言研究所词典编辑室编:《现代汉语词典》,商务印书馆 2016 年版,第 525 页。

（5）天<u>何曾</u>病我以旱？曾不知为政所失而致此害。（汉郑玄《毛诗传笺》卷第十八）

先秦、两汉时期，"何"与"曾"连用的文献用例较少，二者连用也尚未凝固成词，是代词"何"与副词"曾"的组合，义为"为什么竟然"。"何曾"前面可以出现主语，如例（1）、（2）、（4）和（5）；也可以不出现主语，如例（3）。

（二）反诘语气副词"何曾"

"何曾"作为反诘语气副词，在曹魏时期开始出现。如：

（1）昔日游处，行则连舆，止则接席，<u>何曾</u>须臾相失。（三国魏曹丕《与吴质书》）

（2）文筵讲席，朝游夕宴，<u>何曾</u>不同兹胜赏，共此言寄。（《梁书·张缅传》）

魏晋时期，反诘语气副词"何曾"虽已出现，但其文献用例却很少见。从唐朝开始，"何曾"即以反诘语气副词的用法为常，表"不曾、未曾"之义，文献用例也迅速增加，一直沿用至今。如：

（1）刺鼻<u>何曾</u>嚏，踏面不知瞋。高生两个齿，自谓得胜人。（唐张鷟《朝野佥载》卷四）

（2）但知莫作江西意，风景<u>何曾</u>异帝乡。（唐白居易《代春赠》）

（3）夜深寒不彻，凝恨<u>何曾</u>歇。（唐冯延巳《醉花间》）

（4）净秽两处不生心，壅决<u>何曾</u>有二意？（南唐静、筠二禅师《祖堂集》卷三）

（5）大师把政上座耳拽，上座作忍痛声，大师云："犹在这里，<u>何曾</u>飞过？"政上座豁然大悟。（南唐静、筠二禅师《祖堂集》卷十五）

(7) 妻儿尚未厌糟糠，僮仆岂免遭饥冻？赎解不曾休，吃酒、吃肉<u>何曾</u>梦？（宋沈括《梦溪笔谈》卷二十三）

(7) 我入董家为妇，一世<u>何曾</u>有针尖大小破绽？（元白朴《董秀英花月东墙记》第三折）

(8) 他每爷饭娘羹，<u>何曾</u>受这般苦！（元关汉卿《包待制三勘蝴蝶梦》第二折）

(9) 我念得是紧箍经，<u>何曾</u>咒你？（明吴承恩《西游记》第十四回）

(10) 我<u>何曾</u>有这些画器？不过随手写字的笔画画罢了。（清曹雪芹、高鹗《红楼梦》第四十二回）

(11) 我<u>何曾</u>留着象游丝样的痕迹呢？（朱自清《匆匆》）

(12) 新教育<u>何曾</u>向赵姑母摆过阵！（老舍《老张的哲学》）

从文献用例来看，反诘语气副词"何曾"在唐朝就已经发展成熟。从句法层面看，"何曾"在主谓谓语句中通常位于主语与谓语核心词之间的状语位置，在非主谓句当中通常位于句首作状语；从语义的层面看，在短语"何曾"中"曾"通常表"竟然"之义，反诘语气副词"何曾"中"曾"通常表"曾经"之义；从语用的层面看，反诘语气副词"何曾"通常用在反诘疑问句或感叹句当中来增强语气。

二 反诘语气副词"何曾"的形成机制

"何曾"从短语到复合词的词汇化过程中，"何"与"曾"所处的句法位置、"何"与"曾"的语素搭配、"何曾"连用所处的语境以及"何曾"连用当中"曾"语义的迁移等因素，均对反诘语气副词"何曾"的形成有着一定的影响。

从句法成分上看，在表"为什么竟然"义的短语"何曾"当中，"何"虽为代词，但基本都是用作代副词，处于状语的位置作状语。与此相似，从句法功能上看，表"竟然"义的"曾"是语气副词作状语。可见，"何"与"曾"连用，二者均作状语，这种句法位置和句法功能为它们凝固成词奠定了基础。除此之外，"曾"在上古汉语也可以用作代副词，表"为什么、怎么"之义，如《论语·八佾》："呜呼，曾谓泰山不如林放乎？"此句为反诘疑问句，句中代词"曾"作状语。这种用法的"曾"与代副词"何"的用法基本一致，故而也为"何曾"连用提供了一些辅助因素。

从语义上来看，复合词"何曾"形成的关键在于"曾"。在上古以及中古前期，"曾"用作"已经、曾经"义的副词并不是其典型用法。从中古晚期、近代前期开始，"曾"的"已经、曾经"义副词用法逐渐发展成为典型用法，而反诘语气副词"何曾"中语素"曾"的语义来源于"已经、曾经"。由是推之，反诘语气副词"何曾"的成熟时间也必然不早于中古晚期、近代前期。与反诘语气副词"何曾"中"曾"用法相关的一些词语，如表示"从前经历过或有过某种行为或情况"的"曾经"，其较为可靠的早期例证有南朝陈徐陵《走笔戏书应令》："曾经新代故，那恶故迎新。"包括后来的"曾经沧海"①皆其例，这些用法都是在中古晚期、近代前期出现。又如"不曾"②、"也曾"③、"几曾"④、"可曾"⑤、"多曾"⑥、"惯曾"⑦、"无曾"⑧等大多也是在中古晚期、近代前期产

---

①　义出《孟子·尽心上》："故观于海者难为水。"例如唐元稹《离思》："曾经沧海难为水，除却巫山不是云。"后多以比喻曾经历过很大的场面，眼界开阔，经验丰富。

②　早期文献用例如：南朝宋刘义庆《世说新语·文学》："后至都见简文返命，宣武问：'见相王何如？'答云：'一生不曾见此人。'"

③　早期文献用例如：唐元稹《赠崔元儒》："最爱轻欺杏园客，也曾辜负酒家胡。"

④　早期文献用例如：南唐李煜《破阵子》："凤阁龙楼连霄汉，玉树琼枝作烟萝。几曾识干戈？"

⑤　早期文献用例如：元无名氏《看钱奴》第四折："满口假悲慈，可曾有半文儿布施。"

⑥　早期文献用例如：元唐毅夫《一枝花·怨雪》："你几曾见贵公子锦裀绣褥；你多曾伴老渔翁箬笠蓑衣。"

⑦　早期文献用例如：明施耐庵《水浒传》第十三回："我有一匹惯曾上阵的战马。"

⑧　早期文献用例如：清华广生《白雪遗音·马头调·醉打山门》："自从削发来到五台，酒肉无曾开。"

生。不过，"曾"的"已经、曾经"义早在上古时期就已经出现了，如《墨子·亲士》："缓贤忘事，而能以其国存者，未曾有也。"这里的"未曾"即"不曾、没有"之义。然而，这种用法的"曾"在上古及中古前期的文献用例比较少见，并非其在当时的典型用法，故而还不能对反诘语气副词"何曾"的形成起到决定性作用。

从语气、语境上来看，早期"何曾"连用，均用于疑问句当中，表达之意多与说话人原来的观点相违，且全句传达的语气也较为强烈，整个句子的功能与反诘疑问句相类似。由此可见，"为什么竟然"义的"何"与"曾"连用，虽未凝固成反诘语气副词，但由于疑问语气"何"与"竟然"义"曾"的语气均较为强烈，从而使得"何曾"连用有着较为强烈的语气，这为"何曾"最终凝固成为反诘语气副词奠定了一定的基础。

总之，反诘语气副词"何曾"的形成有其特定的句法、语义和语境因素，是多种因素共同制约的结果。

第五节　反诘语气副词"何尝"的来源及发展

《现代汉语词典》（第 7 版）"何尝"条的释义为"用反问的语气表示未曾或并非"。[①] 本节从"尝"的本义及其发展入手，探讨反诘语气副词"何尝"的来源及发展情况。

一　"尝"的本义及其发展

《说文·旨部》："尝，口味之也。""尝"最初是动词，表示"辨别滋味"义，引申为"试、试探"义，再引申为"经历、经受"义，进而语法化为时间副词，表示"曾经"义。"尝"用作副词，

---

① 中国社会科学院语言研究所词典编辑室编：《现代汉语词典》，商务印书馆 2016 年版，第 525 页。

几乎都是表示"曾经"义。大概从西汉时期开始，"尝"的副词用法逐渐增多。"尝"的意义衍生路径大致如下：

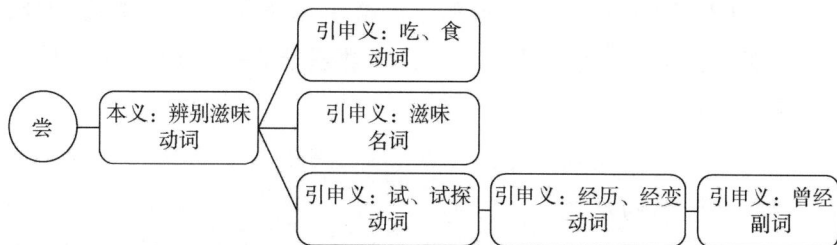

图4-4 "尝"意义衍生路径图

从"尝"的意义衍生路径可以看出，"辨别滋味"义的动词"尝"，从辨别滋味的方式来讲，衍生出了动词义"吃、食"；从辨别滋味的对象来讲，衍生出了名词义"滋味"；从辨别滋味的特征来讲，衍生出了动词义"试、试探"。动词义"试、试探"从试探食物的滋味扩展到试探其他事物后，又衍生出了动词义"经历、经受"，之后又从"经历、经受"这种空间感比较强的意义拓展到时间，从而又衍生出表示时间的副词义"曾经"。反诘语气副词"何尝"中语素"尝"的意义就直接来源于"曾经"义的副词"尝"。

二 "何"与"尝"连用的句法呈现

"何"与"尝"本是两个词，二者连用上古时期已有用例，表示"吃什么"之义，如《诗经·唐风·鸨羽》中有："王事靡盬，不能艺稻粱，父母何尝。"即"何（代名词）＋尝（动词）"，疑问代词"何"作动词"尝"的前置宾语。

从汉朝开始，"何尝"词汇化为一个双音节反诘语气副词，"何"与"尝"的语义凝固，表示"不曾、未曾"之义，其句法位置更为灵活。例如：

（1）自古受命而王。王者之兴，<u>何尝</u>不以卜筮决于天命哉！（《史记·日者列传》）

（2）是故乐道者道来聚，乐德者德来聚，乐武者武来聚，乐正者正来聚，乐邪者邪来聚，<u>何尝</u>不若此乎？（《太平经》卷之一百一十六）

（3）臣每读张禹传，<u>何尝</u>不愤恚乎！（晋袁宏《后汉纪·孝灵皇帝纪》）

（4）昔河右分崩，群豪竞起，吾以寡德为众贤所推，<u>何尝</u>不忘寝与食，思济黎庶。（《晋书·凉武昭王李玄盛传》）

（5）<u>何尝</u>见明镜疲于屡照，清流惮于惠风。（南朝宋刘义庆《世说新语·言语》）

（6）吾之文章，体亦何异，<u>何尝</u>颠温凉而错寒暑，综哀乐而横歌哭哉？（《南齐书·张融传》）

（7）降逮魏晋，<u>何尝</u>不殷勤于篇籍，笃学于戎伍？（《魏书·郑羲传》）

（8）七十里百里，彼亦<u>何尝</u>争。（唐杜牧《感怀》）

（9）人之饮食药饵，但自咽入肠胃，<u>何尝</u>能至五脏？（宋沈括《梦溪笔谈》卷二十六）

（10）小子太医出身，也不知道医死多人。<u>何尝</u>怕人告发，关了一日店门？（元关汉卿《感天动地窦娥冤》第二折）

（11）郎君，你差怪我了，我<u>何尝</u>有甚书去？（明吴承恩《西游记》第三十回）

（12）<u>何尝</u>不是忘了，方才想起来，再迟一步，也领不成了。（清曹雪芹、高鹗《红楼梦》第十四回）

（13）我<u>何尝</u>不要睡，只是睡不着。（清曹雪芹、高鹗《红楼梦》第八十二回）

（14）而这个小小的车站，它也<u>何尝</u>不是十足西班牙底呢？（戴望舒《在一个边境的站上》）

（15）鸡贩子养鸡不见得他准爱鸡，英国人把房子租给中国

人又<u>何尝</u>是爱中国人呢。(老舍《二马》)

从文献用例来看,反诘语气副词"何尝"在汉朝已经出现,但其文献用例并不多见。到了南北朝时期,反诘语气副词"何尝"的用例逐渐增多。隋唐以后一直到清朝乃至现代,反诘语气副词"何尝"的文献用例都较为常见。

三　反诘语气副词"何尝"的形成机制

虽然"何"与"尝"凝固成为反诘语气副词的过渡阶段并不明显,但是反诘语气副词"何尝"的形成过程似乎却并不复杂。

通过查检文献发现,"何(代名词)+尝(动词)"这种用法是"何"与"尝"在表示"吃什么"义上的偶然连用,还不足以说明这是"何尝"凝固成词的必经之路。不过,"何"作疑问代词宾语置于动词"尝"之前,类似这种句法位置似乎也能够为"何"与"尝"连用提供一定的认知基础,从而使得人们比较能够接受这种语素搭配关系。

由上文可知,"何"本身就可以用来加强反诘语气,当"何"为代副词、"尝"为时间副词时,它们的句法功能一致,即在句子中均作状语。在这种情况下,"何"与"尝"二者连用,"何尝"分析为词与短语之间的界限就更加模糊了。也许正是因为如此,在复音词大量产生的汉朝,"何尝"很快词汇化为双音节副词。

总体来看,反诘语气副词"何尝"的形成过程相对简单,它是在"尝"由动词用法衍生出副词用法,且副词用法变为其较为典型的用法之后,与代词"何"连用并迅速凝固成为双音节反诘语气副词。

第六节　反诘语气副词"何曾"的来源及发展

反诘语气副词"何曾"在现代汉语并不常见,《现代汉语词典》（第 7 版）也将其标注为书语词，释义为："用反问的语气表示不止。"①

一 "啻"的本义及其用法

《说文·口部》："啻，语时，不啻也。""时"当为"词"之误。根据许慎的说解，"啻"最初就用作副词，表示"止、只"义，字或作"翅"、"适"。它常用在表示疑问或否定的词语后面，组成"不啻"、"匪啻"、"何啻"、"奚啻"等，在句中起连接或比况作用，一般不单独使用，这一点从许慎对"啻"意义的说解中也可以看出来。许慎的说解是以字为单位的，而在说解"啻"时，他用了"不啻也"，我们可以初步判断"啻"在当时可能并不单用（或极少单用），许慎用经常与之连用的"不啻"来说解，这样不仅不会造成误解，反而使"啻"的意义更加明了。因此，"啻"的"止、只"义，在很大程度上是语素义。例如：

（1）尔不克敬，尔不啻不有尔土，予亦致天之罚于尔躬！（《尚书·多士》）

（2）人之彦圣，其心好之，不啻若自其口出。（《尚书·秦誓》）

（3）臣以死奋笔，奚啻其闻之也！（《国语·鲁语上》）

（4）奚啻其有道也？（《吕氏春秋·当务》）

（5）于是江湖之上，海岱之滨，风腾波涌，更相骈藉，四垂之人，肝脑涂地，死亡之数，不啻太半，殃咎之毒，痛入骨髓，匹夫僮妇，咸怀怨怒。（《东观汉记·冯衍传》）

（6）假称珍怪，以为润色，若斯之类，匪啻于兹。（西晋左思《三都赋·序》）

---

① 中国社会科学院语言研究所词典编辑室编：《现代汉语词典》，商务印书馆 2016 年版，第 525 页。

（7）人但不知其年寿，信能近千年**不啻**耳。（东晋葛洪《抱朴子·内篇·祛惑》）

（8）若使新妇得配参军，生儿故可**不啻**如此！（南朝宋刘义庆《世说新语·排调》）

（9）上初遣冠先，示尚书令王俭，俭答上曰："此人**不啻**堪行。"乃再衔命。（《南齐书·河南传》）

（10）承昔有道闻佛法而敛者，必**不啻**作蒲城之死士可矣。（南朝梁僧祐《弘明集》卷第三）

（11）此人直以晓算术，解阴阳，故著太玄经，数子为所惑耳；其遗言余行，孙卿、屈原之不及，安敢望大圣之清尘？且太玄今竟何用乎？**不啻**覆酱瓿而已。（北齐颜之推《颜氏家训·文章》）

相对而言，隋唐之前，"不啻"的文献用例较为常见，"奚啻"和"匪啻"的文献用例都较为少见。"啻"为"止、只"义，"不"是常见的否定词，故而"不"与"啻"连用表示"不止、不只"义较为正常。"匪啻"与"不啻"义同，均为"不止、不只"义，例（6）左思《三都赋》中的"若斯之类，匪啻于兹"，李善注曰"若斯之流，不啻於此多"，即是用"不啻"解释"匪啻"。从句类方面看，"不啻"和"匪啻"通常用于陈述句当中，而"奚啻"则通常用于疑问句或感叹句当中。

二　反诘语气副词"何啻"的产生及用法

"何啻"连用的较早用例应该是在唐朝。《晋书·华谭传》中有："昔许由、巢父让天子之贵，市道小人争半钱之利，此之相去，何啻九牛毛也！"此例中"何啻"用作反诘语气副词，不过《晋书》为唐人编撰，又加上仅此一例，故而不足以说明反诘语气副词"何啻"在晋朝已经出现。从唐朝开始，"何啻"连用表"不止"义的文献用例不断出现，并逐渐多了起来。例如：

（1）故园何啻三千里，新雁才闻一两声。（唐杜荀鹤《旅中卧病》）

（2）珠翠无非二八人，盘筵何啻三千客。（唐白居易《劝酒》）

（3）遂将匪石之心，冀伸藻镜之用，壅遏末俗，荡涤讹风，刘楚于庭，得人之举，而腾口易唱，长舌莫箝，吹毛岂惜其一言，指颊何啻于十手！（五代王定保《唐摭言》卷十四）

（4）今之典刑，轻重无准，吏得以侮，何啻大暑耶？公当深究狱弊。（宋文莹《玉壶清话》卷六）

（5）计其土工，何啻百万！（宋司马光《涑水记闻》卷第十二）

（6）衲僧家著草鞋住院，何啻如伶蛇恋窟乎？（宋普济《五灯会元》卷二十）

（7）计其所称诉，何啻桀纣乱。（宋苏轼《诅楚文》）

（8）好月尚寻当日约，故人何啻三秋。（宋叶梦得《临江仙》）

（9）较之后妃辈失节者，何啻霄壤。（金刘祁《归潜志》卷五）

（10）山茶花树隔东风，何啻云山万万重。销金帐暖贪春梦，人在月明风露中。（明凌濛初《初刻拍案惊奇》卷二十九）

（11）今以区区小关之众，欲抗五十万雄兵，何啻以孤羊投群虎哉！（明余邵鱼《列国志传》第八回）

（12）以视李都尉兵尽矢穷，委身降敌，韦鞲椎结，对子卿泣下沾襟，相去何啻天壤哉！（清屈大均《广东新语》卷十二）

（13）今者，敝亲家新任江右总戎，甫得下车，先求隽彦，好贤之念，何啻望霖。（清墨憨斋《醒名花》第九回）

（14）诸君试买一本读读，比吃红色补丸、参茸卫生丸，功

效何啻万倍！（李宗吾《厚黑学》）

（15）那种老大自居、急功近利、精明而不高明的"衰弱巨人综合症"相差何啻万里！（《人民日报》1994 年）

从文献用例来看，从唐朝开始，"何"与"啻"连用即表"何止、不止"义，只是似乎早期二者的结合并不紧密，比如例（1）中"何啻"与"才闻"对举，例（3）中"何啻"与"岂惜"对举，"才闻"与"岂惜"均为短语，故而此时"何啻"的词汇化程度应该不是特别高。唐五代以后，"何啻"的词汇化程度越来越高，逐渐凝固成为典型的反诘语气副词。

三　反诘语气副词"何啻"的形成机制

反诘语气副词"何啻"的形成有着独特的机制，其中语言发展过程中内部因素的相互制约是其形成的重要机制。

从上文的例证可以看出，先秦时期就有"奚啻"连用表示反诘语气，如《国语·鲁语上》："奚啻其闻之也！"《吕氏春秋·当务》："奚啻其有道也？"在上古汉语，"奚"与"何"是同义词，二者的用法较为接近："何"通常用来指物，以用作宾语为常，但也可以作状语；"奚"也通常用来指物，其应用范围虽然比"何"窄一些，主要是用作状语，但有时也可以用作宾语。同时，指物的"奚"与"何"又都可以兼指处所。这些因素都使得"奚"与"何"二者有了较多的相似之处，给它们的混用提供了可能。

"奚"与"何"两个词的功能相似，在语言经济性原则的支配下，二者必然不会长久共存。最终，疑问代词"何"完全战胜了疑问代词"奚"。此外，唐朝以及后代，随着疑问代词"奚"与否定词"匪"的式微，早期出现的"奚啻"与"匪啻"两种组合方式也逐渐退出了历史的舞台。因此，能够以"啻"作为语素（或者词语）构成的词语（或者短语），几乎仅剩下"何啻"和"不啻"两种形式，且以"不啻"更为常见。从所处的句类来看，"不啻"主要用于陈述句当中，而"何啻"主要用于疑问句（反诘疑问句）和感叹句当中，二者均表示"不止"之义，但使用在不同的句类，这就使得它们分工明确、功能分明，能够较长时间地和谐共存与发展。

可见，"啻"最初是与疑问代词"奚"连用表示反诘语气，当疑问代词"奚"在口语中逐渐消失之后，"何啻"便开始连用以加强反诘语气。总体来看，反诘语气副词"何啻"在诗、词等韵文中相对较为多见，其口语性并不强烈，似乎一直都是作为书面语而存在。

第七节　反诘语气副词"何妨"的来源及发展

反诘语气副词"何妨"在现代汉语具有一定的书面语色彩，《现代汉语词典》（第7版）也将其标注为书语词，释义为："用反问的语气表示不妨。"①"何妨"一词由"何"与"妨"两个语素构成，这两个语素的意义与用法对反诘语气副词"何妨"的形成起到了关键性的作用。其中"何"的意义及用法见本章第一节，而"妨"在现代汉语已经成为不成词语素，只能与其他语素结合而成词，如"妨碍"、"妨害"、"无妨"、"不妨"等。"妨"的本义及其意义衍生脉络较为清晰，《说文·女部》释其本义为"害也"，可见它最初是个动词，表示"伤害、损害"之义，后又由此衍生出更为抽象的"阻碍、妨碍"义，反诘语气副词"何妨"中"妨"的意义即与此二义有着密切的关系。

一　"何"与"妨"连用的句法呈现

"何"与"妨"连用最初是个短语，后来才逐渐凝固成词。从

---

① 中国社会科学院语言研究所词典编辑室编：《现代汉语词典》，商务印书馆2016年版，第526页。

文献用例来看,"何妨"连用主要出现在如下三种句法环境:

(一)短语"何(代词)+妨(动词)"

"何"与"妨"连用较早出现在西汉前后,最初是个短语,表示"妨什么"之义。在短语"何妨"当中,"妨"是谓语动词,疑问代词宾语"何"前置。例如:

(1)幸以赐妾,何妨于处女?(《战国策·秦策二》)

(2)有不知之性,何妨为仁之行?(汉王充《论衡·问孔》)

(3)因与俱出,若鸟卵之有壳,何妨谓之恶?(汉王充《论衡·言毒》)

(4)况今寇难未除,州郡沦败,民物凋零,军国用少,别铸小钱,可以当富益,何损于政,何妨于人也?(《魏书·高崇传》)

(5)无情之卉,尚得还生,含灵之物,何妨再造。(《北齐书·杜弼传》)

(6)门人或进曰:"鄱阳王待以师友,非关爵位,市朝之间,何妨静默。"(《陈书·马枢传》)

(7)后美容仪,少言笑,年数岁,父母异之,指示诸亲曰:"生女何妨也。若此者,实胜男。"(《北史·文帝文皇后乙弗氏传》)

(8)莫道烟波一水隔,何妨气候两乡殊。(唐白居易《雪中即事答微之》)

(9)市隐何妨道,禅栖不废诗。(唐皎然《酬崔侍御见赠》)

(10)空何妨色在,妙岂废身存。(唐皎然《禅思》)

(11)卿但知南衙事,我北门小小营造,何妨卿事?(唐刘肃《大唐新语》卷二)

(12)沙弥问:"前程如何?"老人曰:"法公何用忙,这里有肉身菩萨出世,兼是罗汉僧造院主,何妨上山礼拜?"沙弥才得个消息,便到药山,换衣服直上法堂,礼拜和尚。(南唐静、筠二禅师《祖堂集》卷四)

（13）雪峰一日议日："备头陂未曾经历诸方，<u>何妨</u>看一转乎？"如是得四度。（南唐静、筠二禅师《祖堂集》卷十）

（14）病即病矣，死即未也。既此奉烦，<u>何妨</u>申报。（宋孙光宪《北梦琐言》卷十）

（15）千里相思，况无百里，<u>何妨</u>暮往朝还。（宋晁补之《凤凰台上忆吹箫》）

（16）我把这窗儿润开，觑一觑<u>何妨</u>何碍。（元白朴《董秀英花月东墙记》第三折）

（17）你尽孝<u>何妨</u>尽忠，这虎将门中无犬踪，端的是结束威风。（元无名氏《小尉迟将斗将认父归朝》第一折）

以上例句中，例（1）、（2）、（4）、（6）、（7）、（8）（9）、（10）、（11）、（16）和（17）当中的"何妨"均为较为明显的短语用法，也就是说"妨"的动词用法显而易见。其中例（1）和（4）均为"何妨＋于＋N"，且例（4）"何妨"与"何损"对举，"妨"很明显是个动词；例（2）当中"不知之性"与"为人之行"均为名词性短语，"不知之性"前有动词"有"，"为人之行"前当为动词"妨"；例（6）"何妨"与"非关"对举，它们后面的"静默"与"爵位"也都是名词，可以说明"妨"为动词，"何"与"妨"是两个词；例（7）"生女"是一个事件作主语，"何妨"作谓语，表"有什么妨碍"之义；例（8）当中的"莫道"与"何妨"相对成文，可以看出"妨"为动词；例（9）和（10）当中的"何妨"分别与"不废"、"岂废"对举，这里的"妨"与"废"同义，即"何妨"、"不废"与"岂废"三者同义，可以推断出"妨"当为动词；例（11）当中"卿事"也是一个名词性短语，其前面的"妨"为动词；例（16）中"何妨"与"何碍"同义连用，可以证明"妨"为动词；例（17）中的"尽孝何妨尽忠"即谓忠孝可以两全，尽孝的同时亦不妨碍尽忠。

以上例句中，例（3）、（5）、（12）、（13）、（14）和（15）当

中的"何妨"短语用法不明显，可以作短语和反诘语气副词两种解释，但似乎作为短语来理解更为恰当。以上"何妨"作为短语理解更为恰当的原因在于：这些例句都用在反诘疑问句当中，"何妨"后面也出现了动词或动词性短语"VP"，不过这些例句当中的"何妨"均用于句首，前后也再没有其他副词出现了，且"何妨"后一般紧接谓语核心动词，故而其反诘语气副词的特征并不典型。

短语"何妨"是疑问代词"何"与动词"妨"的自然组合，疑问代词"何"作"妨"的前置宾语，这就奠定了"何妨"组合的句法基础，为"何妨"凝固成为反诘语气副词提供了有利的句法条件。随着话题标记"何妨"与反诘语气副词"何妨"的产生及发展，短语"何妨"的用法在明清之际逐渐消失。

（二）话题标记"何妨"

以动词性短语"何妨"为语义基础，"何妨"在后代文献又可以位于句末，成为类似于表示反诘语气的话题标记。话题标记"何妨"的形成大致经历了如下两个阶段：

第一，位于句末的"X何妨"。"X何妨"位于句末，表示"没有什么妨碍"之义，其中的"X"可以是动词"有"，也可以是副词"亦"、"又"、"也"等。这种用法在晚唐五代时期已经出现，例如：

（1）还似远行装束了，迟回且住亦何妨。（唐白居易《老病相仍以诗自解》）

（2）黄金如化得，相寄亦何妨。（唐姚合《寄杜师义》）

（3）东门因送客，相访也何妨。（唐贾岛《寄胡遇》）

（4）云大师云："横眠直卧有何妨？"（南唐静、筠二禅师《祖堂集》卷二）

（5）问："大人相逢，则道个丑陋。未审和尚相逢，道个什摩？"师云："未有藏深拙，言话又何妨？"僧曰："不妨之事，乞师方便。"师云："不触当今讳，无因断截舌。"（南唐静、筠二禅师《祖堂集》卷十二）

（6）以今观之，亦何须如此劳攘？将见任者皆与改定<u>又何妨</u>？（宋黎靖德《朱子语类》卷一百二十八）

（7）既杀襄公，则两家之事已了，两边方平，自与桓公为会<u>亦何妨</u>？（宋黎靖德《朱子语类》卷一百三十三）

（8）我若是与你相会呵，我便认了<u>有何妨</u>？难道小官直如此忘魂？（元戴善甫《陶学士醉写风光好》第三折）

（9）我便索荆州<u>有何妨</u>？（元关汉卿《关大王独赴单刀会》第二折）

（10）小弟放筹，料想大官人不亏小弟，赊筹<u>又何妨</u>哉？（明西湖伏雌教主《醋葫芦》第十一回）

（11）我们不过也是底下的人，伏侍的着大爷就伏侍的着二爷，这<u>有何妨</u>呢。（清曹雪芹、高鹗《红楼梦》第九十回）

（12）再说也不全是卖乖，蒋丽莉已经认了输，让她气势上占个先，<u>又有何妨</u>？（王安忆《长恨歌》）

在句末"X何妨"当中，"何妨"的动词性较为明显。从这些例句可以发现，实际上"有＋何妨"和"亦/又/也＋何妨"中的"何妨"用法并不一样：动词"有"后的"何妨"义为"什么妨碍"，是个名词性短语；副词"亦/又/也"后的"何妨"义为"妨碍什么"，是个动词性短语。句末的"X何妨"中"有何妨"相对更为常见，例（12）甚至还出现了"又"和"有"共现的"又有何妨"的说法，这是副词"又"修饰动词"有"的正常用法。值得注意的是，"X何妨"后面还可以出现"哉"或"呢"等语气助词，如例（10）中的"哉"和例（11）中的"呢"。

在南北朝时期，同义语素"妨"与"碍"凝固成为复合词"妨碍"。大概在元朝前后开始，"何"又可以与"妨碍"连用，这也可以间接证明早期"何"与"妨"的独立性。例如：

（1）知音三五人，痛饮<u>何妨碍</u>？（元贯云石《双调·清江

引·赠曹绣莲》)

（2）便撞见<u>何妨碍</u>？（元贾仲明《李素兰风月玉壶春》第三折）

（3）是谁人便道姓呼名自疑猜，我索与你探行藏问端的<u>何妨碍</u>。（元李文蔚《张子房圯桥进履》第二折）

（4）只小官在此饮酒，有<u>何妨碍</u>？（元吴昌龄《花间四友东坡梦》第三折）

（5）你便近着我些，有<u>何妨碍</u>？（元无名氏《锦云堂暗定连环计》第三折）

（6）这个有<u>何妨碍</u>，圣上那里也不少娘娘一个人。（明冯梦龙《醒世恒言》第十三卷）

（7）中途被劫，非关足下之事，何不以此情诉知吏部，重给告身，有<u>何妨碍</u>？（明冯梦龙《喻世明言》第九卷）

（8）何不拼个老脸，双双去见他一面？有<u>何妨碍</u>？（明凌濛初《初刻拍案惊奇》卷二十三）

（9）等事体尽完，崔生终无下落，那时任凭再净了发，还归尼院，有<u>何妨碍</u>？（明凌濛初《初刻拍案惊奇》卷二十七）

（10）不然！今且先遣聘礼，待禀过林爷，然后完亲，又<u>何妨碍</u>？（明方汝浩《禅真逸史》第三十一回）

（11）夫人不比别个，就住在我官中一宵，亦<u>何妨碍</u>？（清褚人获《隋唐演义》第三十回）

（12）实实的办不起束修，我又不曾使了本钱，便白教也成器，有<u>何妨碍</u>？（清西周生《醒世姻缘传》第三十五回）

（13）"老者安之"，我与你抬一抬，有<u>何妨碍</u>？（清西周生《醒世姻缘传》第六十二回）

（14）只要下场时留得本来面目，上场显得自己性格，涂朱画墨，有<u>何妨碍</u>？（许地山《无法投递之邮件（续）》）

（15）晚辈以少林派的龙爪手胜了大师，于少林威名有<u>何妨碍</u>？（金庸《倚天屠龙记》）

在"何妨碍"的早期例证中，它可以直接置于句末，其前面可以不出现动词"有"或者副词"亦"、"又"等，其动词性意味更加明显，后来"何妨碍"前以加"有"、"亦"、"又"等为常。尤其在"有＋何妨碍"中，"何妨碍"的动词性意味有所减弱。

以上位于句末的"X何妨"还不能算作是话题标记，因为它的实在意义较为明显且去掉后句子意义不完整。

第二，话题标记"何妨"。大概从元朝开始，在有些句子当中，"何妨"直接置于句末，并不表示实在的意义，而是演化成了话题标记。例如：

（1）学士便娶了秦弱兰何妨？论此女聪明，不玷辱了你。（元戴善甫《陶学士醉写风光好》第三折）

（2）先生若肯赴席呵，就与关公一会何妨？（元关汉卿《关大王独赴单刀会》第二折）

（3）相公，试说与何妨？（元高明《琵琶记》第三十出）

（4）若果是老大王，莫说今日不吃，明日不吃，便迟个月何妨！（明吴承恩《西游记》第四十二回）

（5）若果然成就，便迟几日何妨。（明冯梦龙《喻世明言》第一卷）

（6）你怎生这等小器，就多给他些何妨！（清文康《儿女英雄传》第三十八回）

（7）若没有人不放心，便晚了进城何妨？（清曹雪芹、高鹗《红楼梦》第四十三回）

这些例句一般都是一句话说完，用"何妨"表示说话人的主观态度。用作话题标记的"何妨"前面本身就是一个意义自足、相对完整的句子，去掉"何妨"之后不会影响句子的整体语义表达，只是加上"何妨"之后在语气上略有加强。

（三）反诘语气副词"何妨"

大概从唐朝开始，"何妨"衍生出了反诘语气副词的用法。到了清朝前后，反诘语气副词"何妨"所处的句法位置就已经非常灵活了，其反诘语气副词的用法更为典型。例如：

（1）嘶风重诉牵盐耻，伯乐何妨转眼看。（唐李咸用《投知》）

（2）万里丹霄，何妨携手同归去。（宋柳永《佳人醉》）

（3）光景如梭，人生浮脆。百岁何妨尽沉醉。（宋胡仔《苕溪渔隐丛话》卷二）

（4）清风不用一钱买，醉客何妨倒载。（宋洪适《番禺调笑》）

（5）鬓短何妨花插帽，身强不厌布为衣。（明俞弁《逸老堂诗话》卷上）

（6）贱质何妨轻一死，岂承浪语污君子？（明凌濛初《二刻拍案惊奇》卷十二）

（7）虽我未学，下笔无文，又何妨用假语村言，敷演出一段故事来，亦可使闺阁昭传，复可悦世之目，破人愁闷，不亦宜乎？（清曹雪芹、高鹗《红楼梦》第一回）

（8）你没有陈设，何妨和你姨娘要些。（清曹雪芹、高鹗《红楼梦》第四十回）

（9）古人作诗，本来有个比体，我何妨借件别事，也作个比体诗呢。（清吴趼人《二十年目睹之怪现状》第八回）

（10）既然说是住在前门里头，你何妨去找找，有了这条门路，也省得东奔西波。（清李伯元《官场现形记》第二十四回）

（11）袁先生在这一方面有很大的成绩，傅先生您亦何妨来一下？（钱锺书《猫》）

（12）我们何妨把百货商店特聘的儿童心理学专家请来解围呢？（梁实秋《孩子》）

"何妨"位于句中状语的位置，前面或后面还可以出现其他副词或状语，其前面的副词一般为"又"、"亦"等，如例（7）中的"又"，例（11）中的"亦"；其后面出现其他状语，如例（2）中的状语"携手"和"同",例（4）中的状语"倒",例（8）中的状语"和你姨娘",例（12）中的状语"把百货商店特聘的儿童心理学专家";"何妨"后还可以再出现其他副词,如例（3）中的"尽"。"何妨"可以位于句首（或分句的句首）,如例（2）和（8）;也可以位于主语（或分句的主语）之后,如例（1）、（3）、（4）、（5）、（6）、（9）、（10）、（11）和（12）。

二 反诘语气副词"何妨"的形成机制

"何"与"妨"连用最初是两个词,是一个由代词"何"与动词"妨"组合而成的表"有什么妨碍"义的动词性短语,后来这个组合分别从不用的角度衍生出用作话题标记的"何妨"以及用作反诘语气副词的"何妨"。总体来看,"何"与"妨"的组合大致经历了如下主要演化过程:

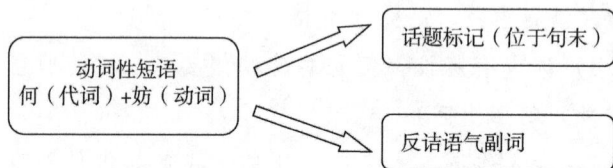

图4-5 "何"与"妨"组合演化过程图

简而言之,从语义上来看,无论是话题标记"何妨"的形成以及反诘语气副词"何妨"的形成,都与"妨"的动词义"伤害、损害"以及"妨碍、阻碍"相关。除了"有何妨"这一环节之外,典型的话题标记"何妨"以及反诘语气副词"何妨"中"何"基本都来自代副词"何"。从句法位置上来看,话题标记"何妨"的形成是其前面出现"VP",即"何妨"前面出现了新的主要谓语动词,从而使得它的动词性地位下降,进而演化为话题标记;反诘语气副词"何妨"的形成是其后面出现"VP",即"何妨"后面出现了新的主要谓语动词,从而使得它的动词性地位下降,进而演化为反诘语气副词。

　　具体而言，话题标记"何妨"的形成路径如图4-6。

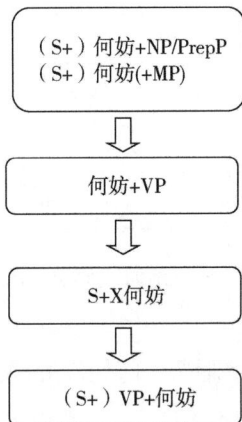

图4-6　话题标记"何妨"的形成路径图

　　位于句末的"X何妨"这种情况的出现，大概是"何妨"语法化不彻底的表现，副词主要修饰谓词性成分。通常情况下，副词不会用于一句话的末尾。"妨"本为动词，"何妨"位于句末给人的感觉就像是一个完整的句子。因此，在句末的"X何妨"中，"妨"还具有一定的动词义，至少在人们的认知中它还是一个动词。当位于句末的"X何妨"之前再出现其他动词或动词性短语之后，这个新出现的动词性成分成为句子的谓语核心动词，"妨"的动词地位下降，逐渐与"何"凝固成话题标记"何妨"，前面的"X"也随之脱落。

　　具体而言，反诘语气副词"何妨"的形成路径如图4-7。

　　从晚唐五代开始，"何妨"反诘语气副词的用法逐渐增多，"何妨"词汇化为副词。到了明清时期，反诘语气副词"何妨"发展成熟，其表现是它的句法位置以及与其他词语的组合能力与典型的副词更加一致。关于"何妨"反诘语气的来源，实际上最初主要体现在疑问代词"何"上，后来"何妨"逐渐凝固成词，其反诘语气就由新产生的复音词"何妨"来承担了。

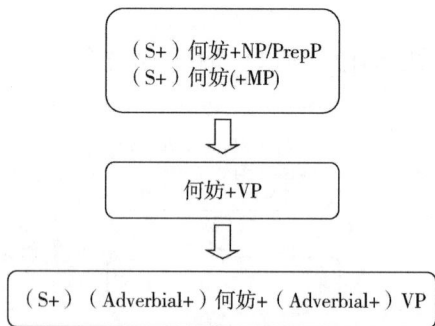

图 4 - 7 反诘语气副词"何妨"的形成路径图

综上所述，反诘语气副词"何妨"的来源及发展经历了一个较为复杂的过程，它的形成是句法、语义以及语用等方面因素共同作用的结果。

第八节　反诘语气副词"何苦"的来源及发展

反诘语气副词"何苦"在现代汉语较为常见，《现代汉语词典》（第 7 版）"何苦"条释义为："何必自寻苦恼，用反问的语气表示不值得。"① 其中"苦"对反诘语气副词"何苦"的产生及发展有着举足轻重的作用。《说文·艸部》："苦，大苦，苓也。""苦"最初是一个名词，指一种植物，即苦菜。由于这种植物味苦，从而衍生出表示味道的形容词"苦"，后由味道的"苦"隐喻抽象出其他与"苦"相关的形容词意义，如"痛苦"、"愁苦"等。与此同时，做一些不希望做的事情或者损人不利己的事情也可以用"苦"，由此即衍生出了"困苦"、"劳苦"等动词用法，这些意义及用法与反诘语气副词"何苦"的形成都有着密切的关系。

---

① 中国社会科学院语言研究所词典编辑室编：《现代汉语词典》，商务印书馆 2016 年版，第 526 页。

一 "何"与"苦"连用的句法呈现

"何"与"苦"连用，在先秦时期比较少见，从汉朝开始逐渐多了起来，自唐朝前后开始用例极夥。"何"与"苦"二者连用最初是个短语，后来才逐渐凝固成词。从文献用例来看，"何"与"苦"连用主要有如下三种情况：

（一）短语"何（代词）+苦（动词）"

短语"何（代词）+苦（动词）"在文献当中主要有如下两种用法：第一，表示"有什么劳苦、有什么困苦"之义。例如：

（1）因圆之自转，使不得止；因方之自止，使不得转。<u>何苦</u>物之失分？（《尹文子·大道上》）

（2）贤良曰："……若斯，则民<u>何苦</u>而怨，何求而讥？"（汉桓宽《盐铁论·取下》）

（3）至于守身教子，皆妾分内之事，又何劳<u>何苦</u>，而过蒙垂念？（明天然痴叟《石点头》第一回）

在这些例句当中，例（1）"何苦"后为名词性短语，是代词"何"与动词"苦"的组合。实际上，"苦"与其后"物之失分"的结合更为紧密，它们构成述宾短语后再与主语"何"构成句子。例（2）"苦而怨"与"求而饥"对举，"怨"、"求"、"饥"均为动词，"苦"亦为动词。例（3）"何劳"与"何苦"对举连文，"劳"和"苦"均为动词。由此可见，在这种组合当中，可以明显地看出"何"、"苦"是两个词，只是这种用法在文献当中并不常见。

第二，表示"又有何妨、又有什么"之义。这种用法与用于句末的"何妨"用法相似，不过这里的"何苦"其实际意义相对更为明显一些，尚未衍生出话题标记的用法。例如：

（1）正使祸至，共死何苦！（《三国志·魏书·武宣卞皇后传》）

（2）卿非丈夫，小败何苦。贼势既衰，台兵垂至，但令卿还，何忧于贼。（《宋书·刘粹传》）

（3）轻重由人，非鼎在德，苟能忠信，虽弱必强，殷忧启圣，处危何苦。（《北齐书·文襄帝纪》）

（4）君稻幸多，取一担何苦。（《南史·陈伯之传》）

（5）冯京曰："府界既淤田，又行免役，作保甲，人极劳弊。"帝曰："淤田于百姓何苦？闻土细如面。"（《宋史·河渠志》）

这种用法的"何苦"通常用于反诘疑问句当中，表示"又有何妨、又有什么"之义，中古时期存在少量文献用例，后来随着"何苦"其他用法的产生、丰富和成熟，这种用法逐渐退出了历史的舞台。

总体来看，短语"何（代词）＋苦（动词）"在历代文献当中都比较少见，并非"何苦"连用的典型用法。

（二）短语"何（代词）＋苦（形容词）"

短语"何（代词）＋苦（形容词）"在文献当中主要有如下三种用法：第一，表示"有什么愁苦、有什么痛苦"之义。例如：

（1）百姓何苦尔，而文学何忧也？"（汉桓宽《盐铁论·非鞅》）

（2）此则百姓何苦？而农夫何疾？"（汉桓宽《盐铁论·水旱》）

（3）今时和岁丰，何苦而不乐耶？（《晋书·周处传》）

（4）尝与左右饮酒，曰："快哉大乐。"纮曰："亦有大苦。"帝曰："何苦？"纮曰："长夜荒饮，不悟国破，是谓大苦。"（《北史·王纮传》）

（5）他人如何欢，我意又何苦。（唐邵谒《寒女行》）

（6）劳生彼何苦，遂性我何优。（唐白居易《新沐浴》）

（7）哭何苦而救楚，笑何夸而却秦。（唐李白《鸣皋歌送岑征君》）

（8）猩猩曰："象有难，知我能言，故负吾而相投耳。"武曰："汝有何苦？请话其由。"（《太平广记》卷四四一）

例（1）和（6）"何苦"与"何忧"、"何优"对举，这里的"苦"与"忧"、"优"均为形容词用法，义为"愁苦"；例（2）"何苦"与"何疾"对举，"苦"与"疾"均为形容词用法，义为"痛苦"；例（3）"苦"与"乐"反义对举，二者都是形容词；例（4）上文言明"有大苦"，下文"何苦"即问"有什么苦"；例（5）"苦"与"欢"反义对举，二者都是形容词；例（7）"苦"与"浮夸"义的"夸"对举，二者都是形容词；例（8）根据上下文的文意，可以判断"何苦"义为"有什么愁苦"。由此可见，这种用法是代词"何"与形容词"苦"的自然组合，是一个短语。

第二，表示"有什么苦衷、有什么不得已的理由"之义，一般用于疑问句当中。这种用法的文献用例汉朝偶见，魏晋六朝时有所增多。例如：

（1）与布相望见，遥谓布曰："何苦而反？"（《史记·黥布传》）

（2）舍人有少孺子者，欲谏不敢，则怀丸操弹，游于后园，露沾其衣，如是者三旦，吴王曰："子来何苦沾衣如此？"（汉刘向《说苑》卷第九）

（3）战败，湝、孝珩俱被擒。宪曰："任城王何苦至此？"湝曰："下官神武帝子，兄弟十五人，幸而独存，逢宗社颠覆，今日得死，无愧坟陵。"宪壮之，归其妻子。（《北齐书·任城王湝传》）

（4）从珂遣人谓彦温曰："我遇汝厚，何苦而反邪？"（《新五代史·安重诲传》）

　　此用法当由第一种用法"有什么愁苦、有什么痛苦"义的"何苦"抽象、泛化而来，进一步扩大了"何苦"的使用领域和使用范围。表"有什么苦衷、有什么不得已的理由"义的"何苦"在文献当中也并不常见，当反诘语气副词"何苦"逐渐发展成熟之后，这种用法就更难得见了。

　　第三，表示"多么苦"之义。例如：

　　　　（1）猿攀树立啼何苦，雁点湖飞渡亦难。（唐白居易《题岳阳楼》）

　　　　（2）诗听越客吟何苦，酒被吴娃劝不休。（唐白居易《城上夜宴》）

　　　　（3）更枉新诗思何苦，离骚愁处亦无如。（唐李嘉祐《酬皇甫十六侍御曾见寄》）

　　　　（4）开士行何苦，双瓶胝两肩。（唐顾况《归阳萧寺有丁行者能修无生忍担水施僧况归命稽首作诗》）

　　　　（5）璘枕情何苦，同舟道岂殊。（唐温庭筠《病中书怀呈友人》）

　　　　（6）他人如何欢，我意又何苦。（唐邵谒《寒女行》）

　　这种用法在唐诗中较为常见，在其他朝代以及其他文体当中鲜见用例。在唐朝，除了"何苦"可以表示"多么苦"之外，更多的是用"一何苦"来表示"多么苦"。例如：

　　　　（1）猿吟一何苦，愁朝复悲夕。（唐王维《闻裴秀才迪吟诗因戏赠》）

　　　　（2）吴牛喘月时，拖船一何苦。（唐李白《丁督护歌》）

　　　　（3）吏呼一何怒，妇啼一何苦。（唐杜甫《石壕吏》）

　　　　（4）昨日南邻哭，哭声一何苦。（唐白居易《闻哭者》）

　　　　（5）双鹤分离一何苦，连阴雨夜不堪闻。（唐白居易《雨中听琴者弹别鹤操》）

（6）此生<u>一何苦</u>，前事安可忘。（唐孟云卿《伤情》）

（7）今来流落<u>一何苦</u>，江南江北九寒暑。（唐吴融《赠李长史歌》）

"一何苦"也是主要用于唐诗，在其他朝代以及其他文体当中鲜见用例，且文献用例较"何苦"而言相对会更加多一些。

表"多么苦"义的"何苦"的出现有如下两种原因：其一，"何"有"多么"义，其后可以加形容词，而"苦"正有形容词的用法；其二，与"一何苦"相互配合，互为补充，在讲求押韵、注重字数的诗歌当中，两个音节的"何苦"与三个音节的"一何苦"各有优势。

（三）反诘语气副词"何苦"

反诘语气副词"何苦"用来表示"何必自寻烦恼"，用反问的语气表示不值得。这种用法在汉朝已经出现，从明朝开始大量出现，一直沿用至今。例如：

（1）吾以义兵从诸侯诛残贼，使刑余罪人击杀项羽，<u>何苦</u>乃与公挑战！（《史记·高祖本纪》）

（2）魏使以马求易珠玑、翡翠、玳瑁，权曰："此皆孤所不用，而可得马。<u>何苦</u>而不听其交易？"（《三国志·吴书》）

（3）凌若有罪，公当折简召凌，<u>何苦</u>自来邪！（《晋书·高祖宣帝纪》）

（4）自古有羁旅，我<u>何苦</u>哀伤？（唐杜甫《成都府》）

（5）家国兴亡自有时，吴人<u>何苦</u>怨西施？（唐罗隐《西施》）

（6）朕待钦若至厚，钦若欲银，当就朕求之，<u>何苦</u>受举人赂邪？（宋司马光《涑水记闻》卷七）

（7）师到处为家，<u>何苦</u>独爱姑苏乎？（宋惠洪《禅林僧宝传》卷二十九）

（8）士乃儒门俊秀，艺苑菁华，<u>何苦</u>屈节于芸窗？（元官天

挺《死生交范张鸡黍》第二折)

(9) 你家的富贵,不是你祖上遗留的,便是你自家挣起来的,<u>何苦</u>又要逃遁他去,这也太过了。(元刘君锡《庞居士误放来生债》第一折)

(10) 徒弟息怒,我们是出家人,休打诳语,莫吃昧心食,果然吃了他的,陪他个礼罢,<u>何苦</u>这般抵赖?(明吴承恩《西游记》第二十五回)

(11) 似你有无量神通,<u>何苦</u>打死许多草寇!(明吴承恩《西游记》第五十七回)

(12) 你须不比罗家,原是干净的门户,<u>何苦</u>争此闲气?(明凌濛初《初刻拍案惊奇》卷二十九)

(13) 有一日老太太高兴了,又尽着他吃,什么日子又不许他吃,<u>何苦</u>我白赔在里面。(清曹雪芹、高鹗《红楼梦》第八回)

(14) 你放着病不保养,<u>何苦</u>说这些不吉利的话。(清曹雪芹、高鹗《红楼梦》第九十八回)

(15) 你这孩子又发傻劲,<u>何苦</u>去损她的先生?(钱锺书《围城》)

(16) 不写字鬼子兵也认可,咱<u>何苦</u>自己往上立那亡国奴的字据!(邓友梅《烟壶》)

(17) 我一定听话,我<u>何苦</u>不听话,我这人与世无争。(王朔《痴人》)

从文献用例来看,大概从明朝开始,“何苦”连用在口语当中几乎仅存反诘语气副词这一种用法,“何”与“苦”的凝固性越来越强,反诘语气副词用法也越来越成熟、典型。

除了典型的副词用法外,反诘语气副词“何苦”还可以放在句末或者单独成句(主要是小句),其后也可以再出现语气助词。例如:

（1）光就谓曰："天子弟杀一汉，<u>何苦</u>?"执其手，强引以前。（《北史·齐宗室诸王列传》）

（2）虬至见颙，颙求以己女妻虬。云："先以结婚，不当再娶。"颙曰："人神殊道，<u>何苦</u>也!"（唐戴孚《广异记·裴虬》）

（3）张某，唐天宝中为御史判官，奉使淮南推覆，将渡淮。有黄衫人自后奔走来渡，谓有急事，特驻舟，泊至，乃云："附载渡淮耳。"御船者欲驱击之，兼责让："何以欲济而辄停留判官?"某云："无击。"反责所由云："载一百姓渡淮，亦<u>何苦</u>也?（唐戴孚《广异记·张御史》）

（4）这是<u>何苦</u>，都是你们撺弄我干出这没天理的事来。（明李清《明珠缘》第三十四回）

（5）俺却罢了，你须无辜，<u>何苦何苦</u>!（明清溪道人《禅真逸史》第十回）

（6）汉室冤仇，汝<u>何苦</u>乎?（明谢诏《东汉秘史》第十五回）

（7）倘然没戏，空走这多路途<u>何苦</u>!（明西湖渔隐主人《欢喜冤家》第一回）

（8）这是<u>何苦</u>!一个未清，你又这样起来。（清曹雪芹、高鹗《红楼梦》第七十七回）

（9）他这又<u>何苦</u>呢!正项之外，还要多帖一百银子。（清李伯元《官场现形记》第四十八回）

（10）夫人，你这又<u>何苦</u>!（清吴趼人《二十年目睹之怪现状》第八十三回）

（11）况且争回来，又不是你的产业，<u>何苦</u>呢!（清吴趼人《二十年目睹之怪现状》第八十五回）

以上例句当中，例（3）、（4）、（6）、（7）、（8）、（9）和（10）是"何苦"位于句末，例（1）、（2）、（5）和（11）是"何苦"单独成句（主要是小句）。"何苦"后面还可以再加语气助词"也"、"乎"、"呢"等，如例（2）和（3）的"也"、例（6）的"乎"以及例（9）和（11）的"呢"。这种用法的出现，应该是受到了短语"何苦"的影响，是它词汇化程度不够高的体现。"何苦"之所以可以放到句末或者单独成句（尤其是单独成句），是人们在认知中还是保留了"何"与"苦"的一些更加实在的意义在其中。

二 反诘语气副词"何苦"的形成机制

"何"与"苦"连用的句法环境虽较为复杂，但反诘语气副词"何苦"的形成与短语"何（代词）＋苦（形容词）"的第二种用法关系更为密切。短语"何苦"与反诘语气副词"何苦"的大致关系如下表所示：

表4－3　　　短语"何苦"与反诘语气副词"何苦"关系表

短语组合模式	基本意义	与反诘语气副词"何苦"的关系
何（代词）＋苦（动词）	表示"有什么劳苦、有什么困苦"之义	与反诘语气副词"何苦"的关系并不密切。"苦"通常作主要谓语动词，其动词性较强
	表示"又有何妨、又有什么"之义	与反诘语气副词"何苦"的关系并不密切。"何苦"放在句末，它前面的部分通常可以看作"NP"，即名词性短语，故而"苦"实际上还承担着谓语核心词的作用，其动词的实在意义也较为明显
何（代词）＋苦（形容词）	表示"有什么愁苦、有什么痛苦"之义	与反诘语气副词"何苦"有一定的关系。"苦"是形容词作谓语，其实在意义较为强烈
何（代词）＋苦（形容词）	表示"有什么苦衷、有什么不得已的理由"之义	与反诘语气副词"何苦"有密切的关系。"苦"作为形容词已经基本不作句子的谓语了，其实在意义更为泛化
	表示"多么苦"之义	与反诘语气副词"何苦"的关系并不密切。这种用法只是在句法结构（即组合关系）上与反诘语气副词"何苦"有相似之处

简言之，表"有什么苦衷、有什么不得已的理由"义的短语"何（代词）＋苦（形容词）"与反诘语气副词"何苦"有着直接的关联。这种用法的短语"何苦"与反诘语气副词"何苦"很相似，不

过二者还是存在着一定的差别,最主要的差别如下:短语"何(代词)+苦(形容词)"用在疑问句中,整个句子从主观上来看,说话者心中存疑,没有确切的答案;而反诘语气副词"何苦"用在疑问句中,整个句子从主观上来看,说话者有确切的答案,是无疑而问。

反诘语气副词"何苦"的形成具备了句法、语义以及语用等诸多条件:从句法上看,"何"与"苦"二者紧密相连,为其凝固成词奠定了组合基础;从语义上看,"苦"意义的不断泛化,为其凝固成词提供了必要的语义条件;从语用上看,"何"的反诘语气以及所在的反诘疑问句,使得"何"与"苦"连用经常出现在反诘疑问句当中,最终使二者凝固成为反诘语气副词。

在现代汉语,"何"虽较为书面,但"苦"是一个常用词,故而反诘语气副词"何苦"尚存在较强的生命力。

第九节 反诘语气副词"何苦来"的来源及发展

"何苦来"是近些年才纳入到现代汉语普通话的反诘语气副词。2012年《现代汉语词典》(第6版)① 将"何苦来"列为词条收录,词性标注为副词,释义为"何苦",此前各版《现代汉语词典》均未收录,此后2016年《现代汉语词典》(第7版)② 承2012年版将其收录,词性及释义亦沿用不替。

一 "来"的本义及其发展

在反诘语气副词"何苦来"中,"何苦"的意义较为明确,"来"

① 中国社会科学院语言研究所词典编辑室编:《现代汉语词典》,商务印书馆2012年版,第523页。

② 中国社会科学院语言研究所词典编辑室编:《现代汉语词典》,商务印书馆2016年版,第526页。

的意义相对较为弱化，或者说它已经并没有什么实在意义了。本章第八节已对"何苦"做了较为细致的讨论，如果要深入理解反诘语气副词"何苦来"，就需要进一步明确"来"的意义及其发展演变脉络，以及语素"来"如何与"何苦"一起凝固成词。

（一）"来"的本义及其典型的动词用法

《说文·来部》："来，周所受瑞麦来麰，一来二缝。象芒束之形。""来"的本义是农作物"小麦"，是一个名词，后假借为动词"行来"之"来"。上古时期，"来"的典型用法是作动词，表示"行来"之"来"。提到动词"来"，它一般用来表示一个由彼至此的路径，并且以位移的目的地为基本参照点。

动词"来"既可以用于表示将然的事件，如：

（1）世论行善者福至，为恶者祸来。（汉王充《论衡·福虚》）

（2）锭光佛今日当来，施设供养。（汉竺大力、康孟详《修行本起经·现变品》）

（3）又常日西域杂胡欲来贡献，而诸豪族多逆断绝；既与贸迁，欺诈侮易，多不得分明。（《三国志·魏书·仓慈传》）

也可以用于表示已然的事件，且这个已然的事件是新近发生、对现在造成了一定影响的事件，如：

（1）吾自无数劫来。（三国吴康僧会译《六度集经·布施度无极章》）

（2）卿东来，故应有此物，可以一领及我。（南朝宋刘义庆《世说新语·德行》）

（3）举家无食，汝何处来？（北齐颜之推《颜氏家训·治家》）

此外，动词"来"既然表示一个路径，如果"来而未至"，以动作的出发点为参照点,"来"是一个已然的动作;如果以目的地为参照点,"来"就是一个将然的动作。动词"来"的路径如下图所示:

图 4 - 8　动词"来"的路径图

由此可以推断,这可能是动词"来"既可以表已然又可以表将然的原因之一。

在现代汉语中,如果句子凸显的成分是"来"的目的地,那么动词"来"后可以带宾语,这个宾语一般是地点宾语,如:

（1）岁数挺年轻的就<u>来</u>北京。（何秀珍《1982 年北京话调查资料》）

（2）这是咱们伟大首都北京的春天,是我<u>来</u>北京后所经历的第一个春天。（卞庆奎《中国北漂艺人生存实录》）

这样的用法在现代汉语比较少见。在上古、中古汉语中,动词"来"是个不及物动词,一般不带宾语。"来"的目的地通常可以在语境中获得,而不会出现在句子当中。也正因为如此,如果"来"独用作句子的主要动词,则一般位于句子的末尾。

（二）"来"意义的衍生及用法的拓展

通过对动词"来"用法的分析,我们知道它是一个典型的动词,这种用法和"何苦来"的"来"距离有一点远。从文献用例来看,"来"的发展大致经历了如下几个阶段:

1. "（S）+ V + NP + 来$_1$"式

"来$_1$"表示动作性极强的"行来"之义。如:

（1）释睹王<u>来</u>，欣迎之曰："数服高名，久欲相见，翔兹快乎？"执手共坐。（三国吴康僧会译《六度集经·戒度无极章》）

（2）贼闻大军<u>来</u>，骑断其后，必震怖遁走，不战自破贼矣。（《三国志·魏书·刘劭传》）

（3）我临陈使琐奴往，闻使君<u>来</u>，即便引军退。（《三国志·魏书·鲜卑传》）

（4）国中人民闻阿恕伽<u>来</u>，自然归伏。（晋安法钦译《阿育王传·本施土缘》）

（5）彼家母人见迦罗<u>来</u>，即出来迎，恭敬问讯。（晋佛陀跋陀罗、法显译《摩诃僧祇律·明僧残戒》）

（6）常祈心安养而欲栖神彼国，微疾，乃于禅中见一人<u>来</u>，形甚端严，语通言："良时至矣。"（南朝梁僧慧皎《高僧传·释慧通传》）

（7）年三十许，病笃，大见牛<u>来</u>，举体如被刀刺，叫呼而终。（北齐颜之推《颜氏家训·归心》）

"（S）+V+NP+来₁"式中的"NP"都是有生命的人或动物，是"来₁"的主语。"NP+来₁"构成主谓短语充当"V"的宾语。可见，"来₁"没有作整个句子的主要谓语动词，而仅作了主谓短语的谓语动词，其动词的功能从某种程度上说已经有所弱化。不管有没有到达目的地，在"（S）+V+NP+来₁"式中，"来₁"这一动作已经发出，"来₁"位于句末，表示一个已经发出的动作。"（S）+V+NP+来₁"式的句法结构以及"来"的指向如下图所示：

2."（S）+V+（O）+来₁"式

"（S）+V+（O）+来₁"式一般出现在陈述句当中。在这种句式中，"V"与"来₁"之间的名词性成分由有生命的人或动物扩展到了无生命的物体，且由名词或名词性短语作主语或宾语更加具体到了作整个句子的宾语，即它不再作"来₁"的主语，而是作了"来₁"前面动词"V"的宾语。如：

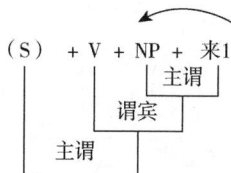

图 4 – 9 "（S）＋V＋NP＋来₁"式的句法结构
以及"来"的指向图

（1）帝释持刀<u>来</u>，天神受发去，遂复前行。（汉竺大力、康孟详译《修行本起经·出家品》）

（2）王安期作东海郡，吏录一犯夜人<u>来</u>。王问："何处来？"（南朝宋刘义庆《世说新语·政事》）

（3）昔有一长者，遣人持钱至他园中，买菴婆罗果而欲食之，而勅之言："好甜美者，汝当买<u>来</u>。"（南朝齐求那毗地译《百喻经·尝菴婆罗果喻》）

（4）我马已死，遂持尾<u>来</u>。（南朝齐求那毗地译《百喻经·诈言马死喻》）

（5）先恒称弟婆罗陀义让恭顺，今日将兵<u>来</u>，欲诛伐我之兄弟？（北魏吉迦夜、昙曜译《杂宝藏经·十奢王缘》）

这种用法的"来"依然是动词，这种句式实际上就是连动式。"来"的主语与其前"V"的主语一致，即整个句子的主语。"来"的意义指向主语，是主语所发出的动作。这种句式中的宾语有时可以省略，如例（3）。能够进入这种句式的"V"一般是"持夺"义动词，如"取"、"将"等。"买"和"录"虽然没有明显的"持夺"义，但"买"的目的是要把东西据为己有，"录"的结果是把人"据为己有"，它们都与"持夺"义动词在语义上有着一定的相似性。在"（S）＋V＋（O）＋来₁"式中，"来"都是已经发生的动作。"（S）＋V＋（O）＋来₁"式的句法结构以及"来"的指向如下图所示：

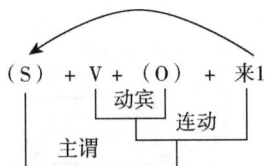

图 4 - 10 "（S）+V+（O）+来₁"式的句法结构

以及"来"的指向图

3. "（S）+V+（O）+来₂"式

"（S）+V+（O）+来₂"式一般出现在祈使句当中，这种句式又可以分为以下三种情况：

第一，"来₂"为趋向动词，宾语为无生命的物体。如：

（1）当夏五月，有披裘而薪者曰："取彼地金来！"（汉王充《论衡·书虚》）

（2）舅寻还曰："今以少珠惠汝，取属盘来。"（三国吴康僧会译《六度集经·戒度无极章》）

（3）尔时世尊告阿难："持我衣来。"阿难持衣授与如来。（晋佛陀跋陀罗、法显译《摩诃僧祇律·盗戒》）

（4）若王言："汝不知地中宝物应属我耶？汝何以用？尽还我来。"比丘尔时应以塔物还。（晋佛陀跋陀罗、法显译《摩诃僧祇律·明单提九十二事法》）

（5）佛语阿难："往索水来。"（北魏吉迦夜、昙曜译《杂宝藏经·佛说往昔母迦旦遮罗缘》）

以上例句中"V"的宾语都是无生命的物体，"来"虽仍旧为动词，但它的语义指向与"（S）+V+（O）+来₁"式相比，发生了明显的变化，它的语义不再指向主语"S"，而是指向句中的前一个动词"V"。进入这种句式的"V"也一般为"持夺"义动词，如"取"、"将"、"持"、"还"、"索"等。此外，"给予"类动词也可以进入这种句式，与"持夺"义动词不同的是"给予"义动词一般构成双宾句，如《百喻经·索无物喻》："与我物来。"在此例证当中，"我"为间接宾语，"物"为直接宾语。"持夺"义动词还可以构成双宾句的同义说法，如《摩诃僧祇律·明单提九十二事法》："一切尽还我来。"在此例证当中，宾语"一切"位于句首。就目前的调查情况来看，"来"用于双宾句以及双宾句的同义形式的句子都较为少见，但似乎在这两种用法中，"来"的虚化程度要比在独宾句更高一些。

与"（S）+V+（O）+来₁"式相比，"（S）+V+O+来₂"式中的"来"虽然也是动词，但句子谓语的重心已经转移到了前一个动词上，"来"的动作性减弱，趋向性增强。这时的"来"已经不能作谓语动词了，它降格为作趋向补语。从某种意义上说，"来"在一定程度上有所虚化。"（S）+V+O+来₂"式中的"来"都用于将然的动作，但这个动作一般都要马上执行，事件要在离现在不远的未来的某一时刻发生。

第二，"来₂"为趋向动词，宾语为生命度等级极高的人。如：

（1）梵志故在乎？疾呼之<u>来</u>！（三国吴康僧会译《六度集经·忍辱度无极章》）

（2）呼比丘<u>来</u>。（晋竺法护译《生经·佛说弟子过命经》）

（3）诸比丘以是事具白世尊："某甲比丘妄语，自称得过人法。"佛言："呼<u>来</u>。"（晋佛陀跋陀罗、法显译《摩诃僧祇律·明四波罗夷法》）

（4）唤彼比丘<u>来</u>。（晋佛陀跋陀罗、法显译《摩诃僧祇律·明四波罗夷法》）

（5）可令二子<u>来</u>！（南朝宋刘义庆《世说新语·言语》）

在这种用法中，"来"依然是趋向动词，作句子的补语。但与前面由生命度等级较低的事物作宾语相比，人作宾语（O）可以发出"来"的动作，而不是由句子的主语代行发出。进入这种句式的

"V"一般是"令呼"义动词,如"呼"、"令"、"唤"等。此类用法在汉译佛经文献(尤其是律部文献)中极为常见,这大概与汉译佛经文献的文体以及表义的需要有一定的关系。据我们所调查的文献来看,此类用法在东汉译经中就已经出现,此后在译经中频繁出现。而本土文献直到南朝《世说新语》中也出现了一例这样的用法,即例(5)。汉语史中这种用法的出现有可能是受到了翻译佛经的影响,由汉译佛经文献扩展到了本土文献。但在扩展中又有发展,汉译佛经文献一般用"呼"、"唤"等动词,扩展到本土文献后,还可以用"令"、"叫"等其他动词。

第三,宾语已经不是具体的某个无生命的物体或者是有生命的人了,它可以是抽象名词或事件,以《摩诃僧祇律》为例:

(1)时魔眷属常作方便,于行正法人伺求其短,变为人形端正无比,种种花香璎珞以严其身,于难提前住,谓难提言:"比丘,共相娱乐,行婬事来。"时难提言:"恶邪速灭!恶邪速灭!"口作此言而目不视。(《明四波罗夷法》)

(2)有一黄门谓比丘言:"可前,大德,共作如是事来。"比丘言:"世尊制戒,不得行婬。"(《明四波罗夷法》)

(3)呼跋陀利言:"长老,共入聚落乞食去来。"答言:"汝等自去,我不能去。"(《明单提九十二事法》)

(4)若语唤妇人来取酒来。(《明杂诵跋渠法》)

(5)长老,共作布萨来。(《明杂诵跋渠法》)

(6)若言唤彼女来取酒来,应软语言。(《明杂诵跋渠法》)

(7)次行乞食至一家,有一女人,语比丘言:"作是事来。"答言:"我比丘法不得作是事。"(《明杂诵跋渠法》)

(8)有比丘尼呼言:"某甲乞食去来。"答言:"阿梨耶,待我取僧伽梨。"(《明一百四十一波夜提法》)

这种用法的"来"可以出现的句法环境更为宽泛,谓语动词突破了"持夺"义与"令呼"义动词,扩展到了"行"、"为"、"作"等表示的动作非常泛化的词语。随着"来"存在的句法环境的不断扩展,它的实在意义更加虚化了。这种用法的"来"虽然也表示一种动作的趋向,但明显比前两类的趋向性更弱,虚化程度更高。正因为如此,龙国富(2004:271)[①]认为它是"将出现变化的助词",认为其来源于趋向动词"来"。这种说法有一定的道理,但我们认为"来"在此虽然偏离了趋向动词的用法,但并未完全虚化,且"抽象名词/事件 + 来"式用于将然的事件,此时的"来"是一个非典型的趋向动词。这种句式当为"来"用于祈使句的进一步发展,它的形成也与"来"本身用法的复杂性以及其存在的句法环境不断扩展有着一定的关系。

要之,用于祈使句的"(S) + V + (O) + 来$_2$"式均表示将然的事件,且集中出现在汉译佛经文献当中,而在本土文献当中较为少见。此类句式的句法结构以及"来"的指向如下图所示:

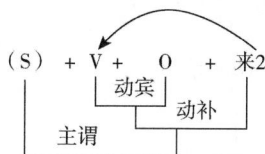

图 4 – 11 "(S) + V + (O) + 来$_2$"式的句法
结构以及"来"的指向图

4. "(S) + VP + (O) + 来$_3$"式

"来$_3$"为事态助词。"来"的用法一再扩展,其前面的动词可以是其他类型的动词,"来"的语义由以前的指向动词变成了指向整个句子,即它由管着一个动词成为管着一个句子,从而虚化为事态助词。这种用法的"来"较早出现于西晋。如:

(1)汝为偷<u>来</u>?何边多得是好香耶?(晋安法钦译《阿育

---

① 龙国富:《姚秦译经助词研究》,湖南师范大学出版社 2004 年版,第 271 页。

王传·商那和修因缘》)

（2）我加趺坐<u>来</u>，默然无言，何时唤汝？（晋安法钦译《阿育王传·优波毱多因缘》）

（3）汝从何处得此钱<u>来</u>？（晋安法钦译《阿育王传·阿育王现报因缘》）

以上三例均来自西晋译经《阿育王传》，"来"表示事件曾经发生，而且是新近发生，并对现在造成了影响，这时的"来"已经虚化为事态助词。例（1）和（3）中的"VP"可以看作是"动词＋宾语"，而例（2）中的"VP"则是"方式＋动词"，但它们都是表示一种事态。"来"的作用由以前的指向谓语动词到了指向整个句子，具有成句的作用，正如曹广顺（1995：98）所说："在句子里使用它，是给句子所陈述的事件、过程加上了一个'曾经'的标志。"① "（S）＋VP＋（O）＋来₃"式的句法结构以及"来"的指向如下图所示：

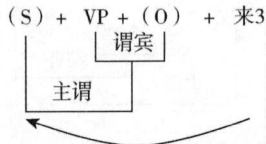

图4-12 "（S）＋VP＋（O）＋来₃"式的
句法结构以及"来"的指向图

二 "何"、"苦"与"来"连用的句法呈现

"何苦来"连用出现的时间比较晚，大约在明朝时才出现，那时只是个短语。到了清朝，"何苦来"迅速凝结为反诘语气副词，一直沿用至今。

———————

① 曹广顺：《近代汉语助词》，语文出版社1995年版，第98页。

（一）短语及跨层结构"何苦来"

"何苦来"连用可以是短语，也可以是跨层结构。例如：

（1）杜景山道："老客说的话太悬虚了些，贼若明日送还我，今夜又<u>何苦来</u>偷去？"（明抱瓮老人《今古奇观》第六十九卷）

（2）窦线娘道："你既知我名，<u>何苦来</u>寻死？"（清褚人获《隋唐演义》第六十五回）

（3）苦心斡旋却两头受气，真是<u>何苦来</u>着？（余秋雨《小人》）

（4）他平白无故拉你去干坏事？他<u>何苦来</u>着！（张抗抗《白罂粟》）

（5）你又上哪儿去喝酒了？搞成这样，<u>何苦来</u>着？（王朔《我是你爸爸》）

以上例证当中，例（1）和（2）是反诘语气副词"何苦"与动词"来"的组合，"何苦来"是一个短语；例（3）—（5）是反诘语气副词"何苦"与助词"来着"的组合，"何苦来"是一个跨层结构。从文献用例来看，用作短语和跨层结构的"何苦来"都比较少见。

（二）反诘语气副词"何苦来"

从清朝开始，反诘语气副词"何苦来"出现并迅速发展成熟，其意义及用法与反诘语气副词"何苦"有相似之处。例如：

（1）公差说道："这个却不敢受，只说是师爷看了众位相公的情面，不曾戒饬就是了。"学师道："瞒上不瞒下的，你<u>何苦来</u>？等他不谢你一两银，凭你怎么回话，我也不好怪你了。"（清西周生《醒世姻缘传》第三十五回）

（2）<u>何苦来</u>，为我一个人，娘儿两个天天操心！（清曹雪芹、高鹗《红楼梦》第三十五回）

（3）如今三姑娘正要拿人扎筏子呢，连他屋里的事都驳了两三件，如今正要寻我们屋里的事没寻着，<u>何苦来</u>往网里碰去。（清曹雪芹、高鹗《红楼梦》第六十回）

（4）凤姐笑道："这又是<u>何苦来</u>呢！常时我见你不像今儿回来的快，问你一声，也没什么生气的。"（清曹雪芹、高鹗《红楼梦》第一零一回）

（5）小爷，让我们舒舒服服的喝一杯罢，<u>何苦来</u>又来搅什么。（清曹雪芹、高鹗《红楼梦》第一零八回）

（6）姑奶奶，你这是<u>何苦来</u>！（清文康《儿女英雄传》第四十回）

（7）老残扶他坐下，说："这是<u>何苦来</u>呢！"（清刘鹗《老残游记》第十四回）

（8）我辛辛苦苦做了这几年官，连个奴才还不如，我又<u>何苦来</u>呢！（清李伯元《官场现形记》第五回）

（9）老兄这么固执，又<u>何苦来</u>？（苏雪林《棘心》）

（10）罗兰，你也是做着损人不利己的事，你也<u>何苦来</u>呢？（茅盾《蚀》）

（11）我们总得感物序之无常，怨山河之辽廓，这<u>何苦来</u>？（俞平伯《春来》）

（12）我真不懂你了，<u>何苦来</u>呢，约了人家来，又让人白跑一趟。（张爱玲《红玫瑰与白玫瑰》）

以上例证当中的"何苦来"均为表"何必自寻苦恼，用反问的语气表示不值得"义的反诘语气副词用法。反诘语气副词"何苦来"一般用于句子末尾，如例（1）、（2）、（4）、（6）、（7）、（8）、（9）、（10）、（11）和（12），其后可以再出现"呢"等语气助词，如例（4）、（7）、（8）、（10）和（12）。反诘语气副词"何苦来"也可以用在句中（即主谓之间，有时主语可以省略），但用例相对较少，如例（3）和（5）。

总之，"何苦来"连用较早出现在明朝，但用例极少。到了清朝，"何苦来"的用例大量出现。

三 反诘语气副词"何苦来"的形成机制

反诘语气副词"何苦来"由"何"、"苦"和"来"三个语素构成，这三个语素也并非处于同一个层面，而是"何"与"苦"组合成"何苦"之后，再与"来"组合构成"［（何苦）来］"模式。"来"意义的不断虚化，再加上其用法逐渐多样，为反诘语气副词"何苦来"的形成提供了有利的条件。关于"来"，其发展演变的主要流程见图 4－13。

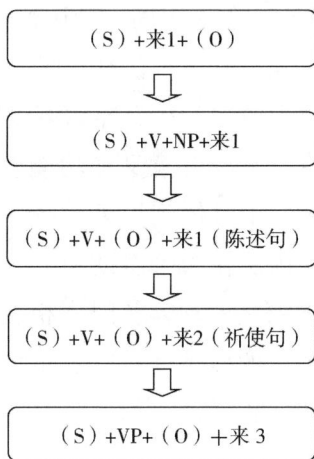

```
（S）+来1+（O）
    ↓
（S）+V+NP+来1
    ↓
（S）+V+（O）+来1（陈述句）
    ↓
（S）+V+（O）+来2（祈使句）
    ↓
（S）+VP+（O）+来3
```

图 4－13 "来"的发展演变流程图

"来"用法的复杂性在于，在有些情况下，句法成分之间的顺序没有改变，而深层的语义关系却发生了变化。"来"的词性由动作动词到趋向动词再到事态助词，这是其词性的变化过程，这是表面的现象。在深层的句法关系上，"来"所作的句子成分不断地发生变化，由在"（S）+来$_1$+（O）"式中作句子的主要动词，到"（S）+V+NP+来$_1$"式中作主谓短语的主要动词，到"（S）+V+（O）+来$_1$

（陈述句）"式作连动式的后一动词，再到"（S）+V+（O）+来₂（祈使句）"式作动趋式中的补语，最后到"（S）+VP+（O）+来₃"式不作句子成分，成为事态助词。在这个过程中，"来"的意义指向也在发生变化。"来"受到所处的句法位置的变化以及可以搭配的词语范围的扩展等因素的影响，最终导致其语法功能以及语法意义的变化。就现有文献来看，在中古时期，"（S）+VP+（O）+来₃"式不见于本土文献，仅见于汉译佛经文献。"（S）+V+（O）+来₂"式也多见于汉译佛经文献。可见，翻译佛经活动对事态助词"来"的产生起到了一定的促进作用。唐朝以后事态助词"来"的用例逐渐多了起来，且扩展到本土文献，事态助词"来"发展成熟。

"来"从古至今都是一个常用词，且用法多而灵活。由于常用，人们对它非常熟悉，因此对其出现的环境的要求就会有所降低，可以与它连用的词语就越来越多，从而导致可以进入"来"的句法的词语不断拓展，进而使"来"的意义和功能发生了变化。"来"演化的路径就是由实到虚，由具体到抽象，最终使它成为一个表示已然的标记，由实义动词语法化为事态助词。语言中的每一个因素的变动都会导致其他因素随之变动，各因素相互制约，互相影响，周而复始，事态助词"来"的形成过程也是如此。然而不管"来"前面的动词的语义范畴如何扩展，它都一定是持续动词。这就说是受"来"的常用义的影响，它要表示一个过程，必然要求它前面的动词是持续动词。事态助词"来"来源于动词"来"，即使它的实在意义再虚化，用法再灵活，都会受到其原来实在意义的影响，继续保留着实义动词"来"的某些特征。

反诘语气副词"何苦来"凝固成词与"来"的发展演变以及不断虚化有着密不可分的关系，"何苦"之所以和"来"组合成"何苦来"，与"来"的意义与功能等有着直接的关联。首先，从语义方面来看，"来"虚化为事态助词后，其实在意义已经消失殆尽，用它来构成"何苦来"后，其中的语素"来"也没有什么实在意义。其次，从句法方面来看，"何苦"本为副词，"来"无论是作为动词还是事态助词，其句法位置均位于副词之后。最后，从语用方面来看，事态助词"来"没有实在意义，只是给句子加上一个已然的标记，而"何苦来"实际上也是对一个已然事件的评述。在反诘语气副词"何苦来"中，语素"何苦"承担的是何必自寻烦恼（用反问的语气表示不值得），而"来"在这里的功能依然是一个已然的标记。因为对"何苦来"之事提出反问，是由于这件事已经发生或者某个想法已经产生。与此同时，"何苦来"表示的已然事件或想法，也是新近发生且对现在造成了一定的影响，与事态助词"来"的用法一脉相承。

　　由此可见，反诘语气副词"何苦"与"何苦来"的本质区别在于："何苦"可以用于已然或将然的事件，而"何苦来"一般用于已然的事件。也就是说，"何苦"的用法要比"何苦来"更为宽泛一些。如：

　　（1）吾以义兵从诸侯诛残贼，使刑余罪人击杀项羽，<u>何苦</u>乃与公挑战！（《史记·高祖本纪》）

　　（2）魏使以马求易珠玑、翡翠、玳瑁。权曰："此皆孤所不用，而可得马。<u>何苦</u>而不听其交易？"（《三国志·吴书·孙权传》）

　　（3）自古有羁旅，我<u>何苦</u>哀伤？（唐杜甫《成都府》）

　　（4）师到处为家，<u>何苦</u>独爱姑苏乎？（宋惠洪《禅林僧宝传》卷二十九）

　　（5）小爷，让我们舒舒服服的喝一杯罢，<u>何苦来</u>又来搅什么。（清曹雪芹、高鹗《红楼梦》第一零八回）

　　（6）我真不懂你了，<u>何苦来</u>呢，约了人家来，又让人白跑一趟。（张爱玲《红玫瑰与白玫瑰》）

　　以上例证当中，例（1）和（4）中的"何苦"用于已然的事件，例（1）"与公挑战"已经发生，例（4）"独爱姑苏"也是既定的事实；例（2）和（3）中的"何苦"用于将然的事件，例（2）

"交易"尚未进行，例（3）"哀伤"尚未发生；例（5）和（6）中的"何苦来"用于已然的事件，例（5）已经"来搅什么"了，例（6）已经发生了"约了人家来，又让人白跑一趟"，而且这两例也都是新近发生并且对现在造成了一定的影响。可见，反诘语气副词"何苦"与"何苦来"虽为同义词，但二者还存在着一些差别，而差别出现的本质就在于语素"来"。

第十节　反诘语气副词"何须"的来源及发展

反诘语气副词"何须"在现代汉语相对常见，具有一定的书面语的色彩。《现代汉语词典》（第7版）"何须"条释义为："用反问的语气表示不须要。"① 反诘语气副词"何须"由"何"和"须"两个语素构成，语素"须"的加入使"何须"有了区别于其他"何X"类反诘语气副词的特征。《说文·须部》："须，面毛也。""须"是"胡须"的"须"的本字，后来假借为表示"须要、一定要"义的动词，反诘语气副词"何须"的形成即与其假借义"须要、一定要"相关联。

一　"何"与"须"连用的句法呈现

"何"与"须"连用不见于先秦，汉朝以后逐渐增多，二者连用有些用作短语，但更多的是用作反诘语气副词。

（一）短语"何（代名词）+须（动词）"

"何"与"须"连用，可以表示"须要什么"之义，"何"为疑问句中置于动词"须"之前的代词宾语。例如：

---

① 中国社会科学院语言研究所词典编辑室编：《现代汉语词典》，商务印书馆2016年版，第526页。

（1）吴杀忠臣伍子胥，今不伐吴人**何须**？（汉赵晔《吴越春秋·勾践伐吴外传第十》）

（2）人生何事须聚蓄，一身之外，亦复**何须**？子孙若不才，我聚彼散；若能自立，则不如一经。（《南齐书·裴昭明传》）

（3）纸钱即冥吏所籍，我又**何须**。（宋孙光宪《北梦琐言》卷十二）

这种用法的"何须"是个短语，在文献当中很少见，其中"须"用法与"需"大体一致，可能是"须"与"需"混用的偶然用例。

（二）短语"何（代副词）＋须（动词）"

"何"与"须"连用，还可以表示"为什么一定要"之义，"何"为代副词，作动词"须"的状语。例如：

（1）诚者不能匿其辞，大夫既在，**何须**言哉！（汉袁康、吴平《越绝书》卷第九）

（2）上天苍苍，若存若亡。**何须**军士，断子之颈，挫子之骸，不亦缪乎？（汉袁康、吴平《越绝书》卷第十）

（3）此事小，**何须**关大将军。（《汉书·元后传》）

（4）公卿豪右若袁氏儿辈，从事自辨之，**何须**校尉邪？（晋袁宏《后汉纪·孝灵皇帝纪》中卷第二十四）

（5）今公主早薨，伉俪已绝，既无礼数致疑，**何须**驸马之授？（《陈书·袁敬传》）

（6）我亦不知柴明处，但握此状，**何须**柴明？（唐刘肃《大唐新语》卷四）

（7）俺姐姐念旧盟，想旧情，**何须**媒证，不用你半星儿绛罗为定。（元白朴《董秀英花月东墙记》第二折）

（8）明心不把幽花拈，见性**何须**贝叶传。（元范康《陈季卿误上竹叶舟》楔子）

短语"何（代副词）＋须（动词）"后面紧接名词或名词性短语，句子或者小句的末尾还可以出现语气助词"哉"、"乎"、"邪"等。在通常情况下，副词不会直接修饰名词或名词性短语。可见，在这种用法中，"须"的动词性还较为明显，作句子的主要谓语动词，后面加名词性宾语，"何须"尚未凝固成词。

（三）反诘语气副词"何须"

反诘语气副词的形成时间较早，几乎在"何"与"须"早期连用阶段就出现了反诘语气副词的用法，后来用例逐渐增多且用法日趋成熟。例如：

（1）乐能乱阴阳，则亦能调阴阳也，王者何须修身正行，扩施善政？使鼓调阴阳之曲，和气自至，太平自立矣。（汉王充《论衡·异虚篇》）

（2）武王梦帝予其九龄，其天已予之矣，武王已得之矣，何须复请？（汉王充《论衡·感类篇》）

（3）何须私备剑士，以捐先王之德？（汉赵晔《吴越春秋·王僚使公子光传第三》）

（4）夫凡事信不信，何须必当考问之也？（《太平经》卷三十九）

（5）同闻上自有之，何须复上邪？（《太平经》卷一百八）

（6）子应不晓之生，人之所常有，重皆厌之，何须复上之邪？（《太平经》卷一百八）

（7）利剑不在掌，结友何须多？（三国魏曹植《野田黄雀行》）

（8）安闻诸侯有道，守在四邻，明公何须壁后置人邪？（《晋书·谢安传》）

（9）小儿惯去，放使作心腹，何须干啼湿哭不听打耶！（《北齐书·尉景传》）

（10）羌笛何须怨杨柳，春风不度玉门关。（唐王之涣《凉

州词》)

（11）卿好谏似直，其心实诈，岂不知此殿是吾所造，<u>何须</u>诡疑是炀帝乎？（唐刘肃《大唐新语》卷二）

（12）是佛<u>何须</u>更求佛，只因从此便忘言。（南唐静、筠二禅师《祖堂集》卷十七）

（13）人情好，<u>何须</u>更忆，泽畔东篱。（宋李清照《多丽·咏白菊》）

（14）<u>何须</u>你簸扬我贪杯酒浸头，则你那闲言语说念的春风树点头。（元高茂卿《翠红乡儿女两团圆》楔子）

（15）也是你慈悲生患害，俺哥哥除死无大灾。<u>何须</u>你畅叫厮花白。（元马致远《邯郸道省悟黄粱梦》第二折）

（16）咱既然结姻缘，又<u>何须</u>置酒张筵？（元石君宝《李亚仙花酒曲江池》第一折）

（17）你则是风流不在着衣多，你这般浪子<u>何须</u>自开呵？（元石君宝《诸宫调风月紫云庭》第三折）

（18）龙王再勿多心，既讲开饶了你便罢，又<u>何须</u>办酒？（明吴承恩《西游记》第四十三回）

（19）好一似，无瑕白玉遭泥陷，又<u>何须</u>，王孙公子叹无缘。（清曹雪芹、高鹗《红楼梦》第五回）

（20）王阿毛尽够做老师了，<u>何须</u>远学莫斯科呢？（胡适《名教》）

（21）我不能判别，又<u>何须</u>判别。（王统照《"血梯"》）

（22）汝非妇人女子，<u>何须</u>置镜？（钱锺书《围城》）

（23）如果他能生存得很好，又<u>何须</u>高中文凭，又<u>何须</u>走考大学这座独木桥。（韩仁均《杂文》）

从文献用例来看，从"何"与"须"连用之初，就出现了反诘语气副词的用法，只是早期有些用法并不典型。在现代汉语，反诘语气副词"何须"一般出现在书面语当中，口语中已经消失殆尽。

二 反诘语气副词"何须"的形成机制

反诘语气副词"何须"是由"何"（疑问代词）+"须"（表示"须要、一定要"义的能愿动词）词汇化而来。从句法结构上来看，"何"与"须"连用的主要有如下三种模式：

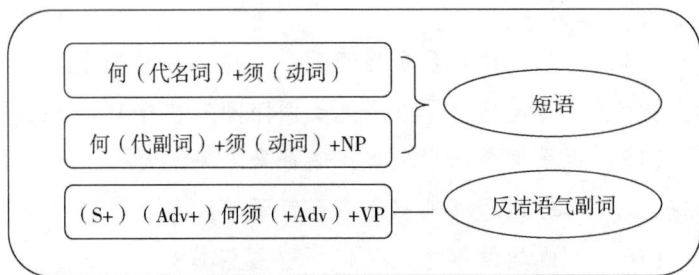

图 4-14 "何"与"须"连用的句法模式图

由于"何"与"须"连用，从汉朝产生之初开始，就形成了短语和反诘语气副词并存的局面，也就是说在同一时间平面诸多用法共存，这为厘清反诘语气副词"何须"的形成过程及机制带来了一定的困难，不过也并非完全无迹可寻。

从句法位置上看，在短语"何（代名词）+须（动词）"模式中，疑问代词"何"作宾语，置于谓语核心动词"须"前，形成"何须"这种连用方式，从认知上为其凝固成词打下了一定的基础。在短语"何（代副词）+须（动词）+NP"模式中，代副词"何"很自然地位于谓语核心动词前作状语，这也为二者凝固成词创造了必要的句法条件。从语用上来看，由于疑问代词"何"具有用于反诘疑问句的功能，而短语"何（代名词）+须（动词）"和"何（代副词）+须（动词）+NP"通常都用于反诘疑问句，这种用法为"何须"凝固成为加强反诘语气的副词提供了必要条件。此外，在人们的认知中，一个句子当中一般只出现一个动词，"须"为能愿动词，可置于其他动词前充当状语。当"何须"后再出现其他动词时，"须"就由谓语核心动词退居为次要动词，为它与同为状语的"何"凝固成为副词创造了条件。

在"（S+）（Adv+）何须（+Adv）+VP"模式中，"何须"虽为反诘语气副词，但其词汇化程度却存在着一定的差别。例如有些"何须"位于句首，其后再出现实义动词，实义动词后面还可以带宾语，如上文"反诘语气副词'何须'"部分的例（2）、（3）、（4）、（5）、（6）、（9）、（11）、（13）、（20）和（22），这种用法相对更多地是出现在南北朝以前，它似乎可以存在两种分析的可能，既可以认为它是反诘语气副词，也可以认为它是短语，二者的界限并不严格和清晰，或者说此时"何须"的反诘语气副词用法并不典型。然而，当反诘语气副词"何须"的用例越来越多、用法也越来越典型之后，后代这种位于句首的反诘语气副词"何须"便成为其在不同语境下的用法之一，在人们的认知当中更多地把它看成是一个词，而不再将其看作是一个短语。值得一提的是，在上文"反诘语气副词'何须'"部分的例（14）和（15）当中，"何须"虽然也位于句首，但其后均紧接主语"你"，故而它们明显是副词。当"何须"前出现主语或者其他副词，其后也可以再出现副词等情况后，其反诘语气副词的用法就表现得更加典型了，如上文"反诘语气副词'何须'"部分的例（1）、（7）、（8）、（10）、（12）、（16）、（17）、（18）、（19）、（21）和（23），这种用法的"何须"从唐朝开始，文献用例相对大量出现。

总体来说，从文献用例来看，反诘语气副词"何须"的形成过程并不明晰，但还是能够根据具体的例证及其出现的句法环境等因素做出大致的判断。

第五章 岂（X）

　　现代汉语"岂（X）"类反诘语气副词包括"岂"、"岂非"和"岂止"三个。与其他反诘语气副词相比，"岂（X）"类反诘语气副词的形成过程并不复杂。从上古汉语到现代汉语，"岂"的主要用法都是反诘语气副词，由它作语素构成的双音节语气副词"岂非"和"岂止"也主要用来加强反诘语气。反诘语气副词"岂非"和"岂止"虽均含有语素"岂"，但它们的产生时间、形成过程以及形成机制等却各有差异。

第一节 反诘语气副词"岂"的来源及发展

　　《现代汉语词典》（第7版）①"岂"条将其标注为书语词，释义为："表示反问，相当于'哪、难道、怎么'。"诚然，在现代汉语中，"岂"主要用作反诘语气副词，且通常出现在书面语当中。

一　"岂"的本义及其分化

　　《说文·岂部》："岂，还师振旅乐也。一曰欲也，登也。""岂"

---

　　①　中国社会科学院语言研究所词典编辑室编：《现代汉语词典》，商务印书馆2016年版，第1027页。

本来是个名词,义为"军队得胜归来所奏的乐曲",即"凯"的本字。由"军队得胜归来所奏的乐曲"之义引申,又有"希冀、盼望"义的动词用法,以及"和乐"义的形容词用法。"岂"被假借为语气副词后,本义及其引申义又另造了后起分化字,而"岂"则依旧主要用作语气副词。

"岂"亦为"觊"的本字,用作动词,表"希冀、盼望"之义,即《说文》"岂"条下"一曰欲也"之义,如汉东方朔《七谏·沉江》:"追悔过之无及兮,岂尽忠而有功。"即其例。清朱骏声《说文通训定声·履部》:"岂,假借为觊。"实际上,"岂"的"希冀、盼望"义恐怕并非是假借,而是引申。"国之大事,在祀与戎",在古人心目中,祭祀和战争是非常重要的两件事情。军队能够凯旋必然是大家都非常期待之事,故而"岂"由"军队得胜归来所奏的乐曲"义的名词用法引申出了"希冀、盼望"义的动词用法。"岂"分化出"希冀、盼望"义的"觊"之后,又衍生出"觊觎、企图"之义,如若想要得到的事物合乎情理则是"希冀、盼望"(合理之想),如若想要得到的事物不合情理则是"觊觎、企图"(非分之图)。

"岂"还为"恺"的本字,用作形容词,表示"和乐"之义。军队得胜归来,从形式上来看是奏乐庆祝,从心理上来看则是拥有"和乐"之感,故而"岂"由"军队得胜归来所奏的乐曲"义的名词用法又引申出了"和乐"义的形容词用法。清徐灏《说文解字注笺》:"岂即古恺字。"《集韵》:"恺,《说文》:'乐也。'或省。"《诗经·小雅·鱼藻》:"王在在镐,岂乐饮酒。"汉郑玄《毛诗传笺》:"岂,亦乐也。"唐陆德明《经典释文》:"岂,本亦作恺。""恺"字从"忄",正是表明其与心理活动相关,表示了一种心理和乐的状态。

在早期文献当中,"凯"与"恺"有时可以混用。"凯"主要为"军队得胜归来所奏的乐曲"义,如《史记·平津侯主父列传》:"天下既平,天子大凯。""凯""也可以用作"和乐"义,如《诗经·邶风·凯风》："凯风自南，吹彼棘薪。""恺"主要为"和乐"义，如《庄子·天道》："中心物恺，兼爱无私。""恺"也可以用作"军队得胜归来所奏的乐曲"义，如《左传·僖公二十八年》："振旅，恺以入于晋。"值得注意的是，在经传当中，"恺"经常用来表示"军队得胜归来所奏的乐曲"之义。此外，文献当中既有"凯歌"、"恺歌"，又有"凯乐"、"恺乐"，亦可以证明"凯"与"恺"的同源关系。

由此可见，"岂"为"凯"、"觊"和"恺"的本字，"凯"、"觊"和"恺"为"岂"的后起分化字。"岂"之所以会分化出"凯"、"觊"与"恺"，重要原因之一就是它在上古时期就已经被假借为语气副词了，其语气副词的用法还较为常用，而且语气副词用法也未再另造新字。"岂"、"凯"、"觊"、"恺"的关系如下图所示：

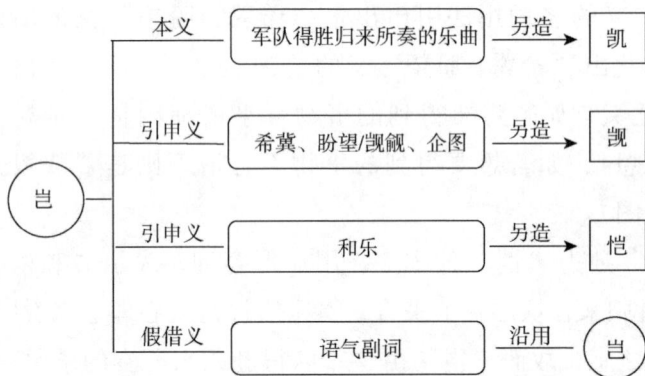

图 5-1 "岂"、"凯"、"觊"、"恺"关系图

可见，"凯"、"觊"和"恺"同源，均来自"岂"。用作语气副词的"岂"最初是假借用法，后来久借不还，一直沿用至今。

二 语气副词"岂"的用法

当"岂"分化为"凯"、"觊"和"恺"之后，"岂"的基本用法就成了语气副词。语气副词"岂"用在动词前主要表示反诘语气，也可以表示揣测、询问或祈使等语气。

第一，表示反诘语气。例如：

（1）予迓续乃命于天，予岂汝威，用奉畜汝众。（《尚书·盘庚中》）

（2）子惠思我，褰裳涉溱；子不我思，岂无他人？（《诗经·郑风·褰裳》）

（3）吾岂匏瓜也哉？焉能系而不食？（《论语·阳货》）

（4）民欲与之偕亡，虽有台池鸟兽，岂能独乐哉？（《孟子·梁惠王上》）

（5）虽体解吾犹未变兮，岂余心之可惩。（战国楚屈原《离骚》）

（6）故子胥善谋而吴戮之，仲尼善说而匡围之，管夷吾实贤而鲁囚之。故此三大夫岂不贤哉？而三君不明也。（《韩非子·难言》）

（7）今臣虽弃逐之楚，岂能无秦声哉！（《史记·张仪传》）

（8）诚爱结于心，仁厚之至也，岂能违之哉！（《汉书·宣帝纪》）

（9）三公论道之官，无其人则缺，岂可以老病忝之哉？（《三国志·魏书·徐邈传》）

（10）如有吉凶，岂改易所能救乎？（《晋书·康帝纪》）

（11）驽马虽精速，能致一人耳。驽牛一日行百里，所致岂一人哉？（南朝宋刘义庆《世说新语·赏誉》）

（12）非理之事，岂如来本意哉！（唐张鷟《朝野佥载》卷五）

（13）水与食同咽，岂能就口中遂分入二喉？（宋沈括《梦溪笔谈》卷二十六）

（14）自传考之，称国者未必无道，称臣者岂皆有道？（金王若虚《五经辨惑》）

（15）我实不曾有子，所以求算，<u>岂</u>有哄汝之理？（明凌濛初《初刻拍案惊奇》卷三十八）

（16）这人既是如此通达谙练，<u>岂</u>有连个送礼的轻重过节儿他也不明白的理？（清文康《儿女英雄传》第二回）

（17）老太太既要给他成家，这也是该当的，<u>岂</u>有逆着老太太不疼他的理。（清曹雪芹、高鹗《红楼梦》第九十六回）

（18）其实我<u>岂</u>不知道这老头子是刽子手扮的！（鲁迅《狂人日记》）

表示反诘语气是"岂"最常见、最典型的用法，从产生初期的先秦一直到现在，这种用法都占有显著优势。

第二，表示揣测、询问语气。例如：

（1）其然，<u>岂</u>其然乎？（《论语·宪问》）

（2）子为恭也，仲尼<u>岂</u>贤於子乎？（《论语·子张》）

（3）仲父已语我其善，而不语我其恶，吾<u>岂</u>知善之为善也？（《管子·四称》）

（4）事其不济乎？寡人大惑，今者寡人见人，长尺而人物具焉，冠右袪衣，走马前疾，事其不济乎？寡人大惑，<u>岂</u>有人若此者乎？（《管子·小问》）

（5）我东海之波臣也，君<u>岂</u>有斗升之水而活我哉？（《庄子·外物》）

（6）家<u>岂</u>有冤，欲言事乎？（《史记·平准书》）

（7）上即以诏书问辅曰："道<u>岂</u>有是耶？"（《东观汉记》卷七）

（8）袁公路<u>岂</u>忧国忘家者邪？冢中枯骨，何足介意。（《三国志·蜀书·刘备传》）

（9）诸葛孔明者，卧龙也，将军<u>岂</u>愿见之乎？（《三国志·蜀书·诸葛亮传》）

（10）昔朱买臣愿为本郡，卿<u>岂</u>有意乎？（《陈书·孙玚传》）

（11）汉高祖谓王濬曰："汉后五十年东南有乱，<u>岂</u>汝耶？"圣人高见远识，固不可以小智测度也。（宋赵彦卫《云麓漫钞》卷第十）

（12）尊翁去世时，弟不远千里，送足下到浙，不无微劳，足下<u>岂</u>遂忘之？（清吴趼人《二十年目睹之怪现状》第六十五回）

（13）此素园病重时特装相赠者，<u>岂</u>自以为将去耶，悲夫！（鲁迅《集外集拾遗补编·题〈外套〉》）

表示揣测或询问语气的"岂"在历代文献当中都有一定的用例，但相对于表示反诘语气的"岂"而言要少得多。

第三，表示祈使语气。例如：

（1）春秋贡献，不解于王府，天王<u>岂</u>辱裁之。（《国语·吴语》）

（2）召公言于周公，周公曰："<u>岂</u>不可。"（《礼记·曾子问》）

（3）愿将军详大议，参以蓍龟，<u>岂</u>宜褒显，先使入侍，令天下昭然知之，然后决定大策，天下幸甚！（《汉书·丙吉传》）

表示祈使语气的"岂"在文献当中较为少见，可能是受到了用作祈使语气的"其"的影响。比如例（3）中的"岂"，清王念孙《读书杂志·汉书十二》中亦有："余谓岂犹其也。言武帝曾孙病已有美材如此，其宜褒显也。"

三　反诘语气副词"岂"的主要特征

从文献用例来看，从产生之初，反诘语气副词"岂"的用法就已经相对完善了。从上文表示反诘语气的"岂"的例证来看：它前

面或后面可以出现主语，如例（1）前面的"予"，例（3）前面的
"吾"，例（5）后面的"余心"，例（6）前面的"此三大夫"，例
（11）前面的"所致"，例（14）前面的"称臣者"，例（18）前面
的"我"；后面可以出现其他副词，如例（7）和（18）后面的
"不"，例（14）后面的"皆"。其句法格式一般为"岂+VP"，如
例（1）、（2）、（4）、（6）、（7）、（8）、（9）、（10）、（11）、（12）、
（13）、（14）、（15）和（16）；也有少量句法格式为"岂+NP"，如
例（3）、（11）和（12）。

由是观之，在早期，这种用法的反诘语气副词在口语中应当就
已经发展得较为成熟了，在文字的使用过程中借用了本义为"军队
得胜归来所奏的乐曲"的"岂"字，而这种反诘语气副词的假借用
法又与其本身的用法之间并无直接的关联，这就使得反诘语气副词
"岂"用法在早期就相对简单而成熟。从语气上来看，与反诘语气副
词"岂"共现的句末语气助词一般是"哉"和"乎"，而这两个语
气助词所传达的语气相对于"邪（耶）"和"也"等更为强烈，故
而反诘语气副词"岂"所表达的语气似乎通常也更为强烈一些。

古汉语以单音节词为主，单音节反诘语气副词"岂"亦有着悠
久的历史。从上古汉语到近代汉语，语气副词"岂"一直都是个常
用词，表示反诘语气是其最常用、最典型的用法，这种用法历代文
献都不乏其例。时至今日，"岂"作为从古流传至今的古老的传承
词，其蕴含的书面语色彩明显大于口语色彩。在现代汉语当中，反
诘语气副词"岂"已经基本完成了从口语到书面语的转化。

第二节　反诘语气副词"岂非"的来源及发展

《现代汉语词典》（第7版）①"岂非"条释义为："用反问的语

---

① 中国社会科学院语言研究所词典编辑室编：《现代汉语词典》，商务印书馆2016年版，
第1027页。

气表示'难道不是'。"反诘语气副词"岂非"是语气副词"岂"与否定副词"非"的结合，它的意义和用法也受到了这两个语素的影响和制约。本节即从反诘语气副词"岂非"的构造语素"非"出发，来探讨其来源及发展情况。

一　"非"的本义及其否定副词用法的来源

《说文·非部》："非，违也。从飞下翅，取其相背。"据此，"非"的本义是"违"。然而依据我国现存较早的书面语——甲骨卜辞，"非"大致有两种用法：一是用作否定词，二是用作地名①。也就是说，卜辞中并未出现"非"作"违"义的用法。"非"用作"违"义较早出现于西周时期，如《尚书·微子》："卿士师师非度。"当然，否定词"非"与《说文》认为的本义"违也"的"非"存在着联系，正如《古代汉语虚词词典》所说："所谓'违'、'背'可以理解为两物运动的方向相反。一般说，事实跟认识相违背，即可谓之'非'。"②考察一个词的本义要从字形和文献用例两方面入手，"非"的字形在甲骨文中作"𣎴"，在金文中作"𣎴"、"𣎴"、"𣎴"等，正像两物相违背之形，似乎也是表达了"违"义。然而就现有的文献记载来看，"非"作否定副词的用法早于动词"违"，"非"的本义究竟是什么？我们认为否定副词"非"应该是从动词"非"衍生而来，原因如下：

第一，与其他否定副词如"不、弗、勿、毋、未、否"等一般只否定谓词性成分（即"VP"）不同，"非"通常用于判断句，否定谓语和主语的关系，即它用来否定整个谓语。因为判断句是以名词或名词性短语为谓语表示判断，故"非"一般用来否定名词性成分（即"NP"）。当然，"非"有时也可以用来否定"VP"。例如：

---

① 卜辞中"非"用作地名是假借用法。

② 中国社会科学院语言研究所古代汉语研究室编：《古代汉语虚词词典》，商务印书馆1999年版，第137页。

（1）可爱非君，可畏非民。（《尚书·大禹谟》）

（2）人惟求旧，器非求旧，惟新。（《尚书·盘庚上》）

（3）吾非偷①晋而有二心，将终事之，是以弗与，忠信故也。（《左传·昭公十六年》）

（4）子非鱼，安知鱼之乐？（《庄子·秋水》）

以上例证当中，例（1）、（4）"非"用来否定"NP"，例（2）、（3）"非"用来否定"VP"。造成"非"与"不、弗、勿、毋、未、否"等否定词这种差异的原因在于它们的来源："不、弗、勿、毋、未、否"等否定副词最初的用法本来（本义或假借义）就是副词，故而它们的副词用法更为典型。而"非"由动词用法衍生而来，故而它可以否定整个谓语。副词"非"还带有一定的动词性特征，这个动词性特征是从它的本义（用作"违背"义的动词）延续而来。

第二，从动词"非"到副词"非"，更符合词义演变的一般规律。王云路（1997：97）指出："人们认识事物的规律是由具体到抽象，词义的变化也遵循着这一规律，即词义由具体的行为、动作和事物转指抽象的心理活动和概念等。"② 与此类似，当实词变得越来越抽象，它也有可能向功能词（虚词）转化。动词"非"是一种相对具体的动作，而否定副词"非"就比较抽象。"非"的实词意味降低，进而向功能词偏移，这种演变方式较为符合词义发展变化的一般规律。

第三，从动词"非"到副词"非"，更符合词类发展的一般规律。语法化学说是关于词汇单位或结构式发展演变规律的学说，这种学说在词类发展方面的规律，一般指实词变成虚词或虚词变成更虚的语法成分。众多学者的研究表明，语法化具有"单向性"原则，即"较少语法的＞较多语法的"这样的演变过程。从另一个角度看，"单向性"原则又可以体现为语法化沿着"主要范畴（＞中间范畴）＞

---

① "偷"，形容词性成分，义为"薄待、轻视"。

② 王云路：《汉魏六朝诗歌语言论稿》，陕西人民教育出版社1997年版，第97页。

次要范畴"的顺序演化。因此，由动词"非"到否定副词"非"这样的演变路径更符合语法化的一般原理。

第四，书面语是口语的加工形式，从某种程度上说，书面语可以反映口语。然而在现实当中，书面语又会受到语体等众多因素的制约。卜辞的内容较为单一，并不能完全反映当时的口语，它所用到的大多与占卜、祭祀等相关的词语。因此，卜辞中有没有出现"非"的实义动词"违"义的用法，这也可能是由卜辞本身的性质所决定。况且书面语还要滞后于口语，没有反映在书面语中的现象也并不等于在口语中不存在。

种种迹象表明，否定副词"非"由动词"非"演化而来更加符合语言发展演变的基本规律。反诘语气副词"岂非"就是语气副词"岂"与否定副词"非"的结合，否定副词"非"是其产生和发展的基础以及必要条件之一。

二　"岂"与"非"连用的早期用例

由于"岂"在上古时期已经是一个常用的语气副词了，再加上否定副词"非"在先秦时期也已经产生，故而语气副词"岂"与否定副词"非"连用在先秦时期已经出现。例如：

（1）孤始愿不及此，虽及此，岂非天乎？（《左传·成公十八年》）

（2）今絜为酒醴粢盛，以敬慎祭祀，若使鬼神请有，是得其父母姒兄而饮食之也，岂非厚利哉？（《墨子》卷八）

（3）今吾为祭祀也，非直注之污壑而弃之也，上以交鬼之福，下以合欢聚众，取亲乎乡里。若神有，则是得吾父母弟兄而食之也。则此岂非天下利事也哉！（《墨子》卷八）

（4）夫忧妻子以大负累，有曰"所以重亲也"，为欲厚所至私，轻所至重，岂非大奸也哉！（《墨子》卷九）

(5) 如是者，岂非人之情，固可与如此，可与如彼也哉！（《荀子·荣辱篇》）

(6) 今妻子有饥色矣，君过而遗先生食，先生又弗受也，岂非命也哉！（《吕氏春秋·观世》）

(7) 令张孟谈逾城潜行，与魏桓、韩康期而击智伯，断其头以为觞，遂定三家，岂非用赏罚当邪？（《吕氏春秋·义赏》）

(8) 任卓齿而信公玉丹，岂非以自雠邪？（《吕氏春秋·正名》）

(9) 公叔岂非长者哉！既为寡人胜强敌矣，又不遗贤者之后，不揜能士之迹，公叔何可无益乎？（《战国策·魏策一》）

(10) 已行，非弗思也，祭祀必祝之，祝曰："必勿使反。"岂非计久长，有子孙相继为王也哉？（《战国策·赵策四》）

(11) 拙则罢之，不肖则弃之，使人有弃逐，不相与处，而来害相报者，岂非世之立教首也哉！（《战国策·齐策三》）

(12) 非夫孤寡者，人之困贱下位也，而侯王以自谓，岂非下人而尊贵士与？（《战国策·齐策四》）

(13) 夫人生手足坚强，耳目聪明圣知，岂非士之所愿与？（《战国策·秦策三》）

(14) 岂非道之符，而圣人所谓吉祥善事与？（《战国策·秦策三》）

从早期例证可以看出，这些"岂非"全部用于反诘疑问句当中。其中例（1）、（2）、（3）、（4）、（5）、（6）、（9）、（11）、（13）和（14），用于"岂非+NP"；例（7）、（8）、（10）和（12）用于"岂非+VP"。

到了西汉时期，"岂非"连用开始逐渐增多，比如它在司马迁的《史记》当中就出现了18次，亦全部用于反诘疑问句，具体用例情况如下：

（1）及据国争权，卒相灭亡，何乡者相慕用之诚，后相倍之戾也！<u>岂非</u>以利哉？（《张耳陈余列传》）

（2）今东向争权天下，<u>岂非</u>项王邪？（《淮阴侯传》）

（3）吾悔不用蒯通之计，乃为儿女子所诈，<u>岂非</u>天哉！（《淮阴侯传》）

（4）以十年之间，不出长安城门而至丞相，<u>岂非</u>遇时而命也哉！（《张丞相传》）

（5）田横之高节，宾客慕义而从横死，<u>岂非</u>至贤！（《田儋传》）

（6）夫人生百体坚强，手足便利，耳目聪明而心圣智，<u>岂非</u>士之愿与？（《蔡泽列传》）

（7）然社稷血食者八九百岁，于姬姓独后亡，<u>岂非</u>召公之烈耶！（《燕召公世家》）

（8）<u>岂非</u>命也哉？（《外戚世家》）

（9）此<u>岂非</u>天邪？非天命孰能当之？（《外戚世家》）

（10）已行，非不思也，祭祀则祝之日"必勿使反"，<u>岂非</u>计长久，为子孙相继为王也哉？（《赵世家》）

（11）广结发与匈奴大小七十余战，今幸从大将军出接单于兵，而大将军又徙广部行回远，而又迷失道，<u>岂非</u>天哉！（《李将军传》）

（12）《尚书》有唐、虞之侯伯，历三代千有余载，自全以蕃卫天子，<u>岂非</u>笃于仁义，奉上法哉？（《高祖功臣侯者年表》）

（13）<u>岂非</u>道之所符，而自然之验邪？（《货殖列传》）

（14）夫倮鄙人牧长，清穷乡寡妇，礼抗万乘，名显天下，<u>岂非</u>以富邪？（《货殖列传》）

（15）故士穷窘而得委命，此<u>岂非</u>人之所谓贤豪间者邪？（《游侠列传》）

（16）及高皇帝诛项籍，举兵围鲁，鲁中诸儒尚讲诵习礼乐，弦歌之音不绝，<u>岂非</u>圣人之遗化，好礼乐之国哉？（《儒林

列传》)

（17）岂非天哉！岂非天哉！非大圣孰能当此受命而帝者
乎？（《秦楚之际月表》）

以上例证当中，例（2）、（3）、（5）、（6）、（7）、（8）、（9）、
（11）、（16）和（17），用于"岂非 + NP"；例（1）、（4）、（10）、
（12）、（13）、（14）和（15），用于"岂非 + VP"①。

以上即为上古时期"岂"与"非"连用的主要情况。可以看
出，反诘语气副词"岂非"虽然在上古时期已经产生，但是它更多
地是用于"岂非 + NP"模式，其词汇化的程度可能还并不够高。

三　反诘语气副词"岂非"的形成机制

由于语气副词"岂"和否定副词"非"的用法均较为简单，故
而由二者构成的反诘语气副词"岂非"的形成过程也并不复杂。从
"岂"与"非"连用的句法呈现来看，从上古到现代，都存在如下
两种模式：

第一，"岂非 + NP"模式。除了先秦和西汉《史记》中的用例
外，这种模式在历代其他文献当中也都不乏其例。例如：

（1）及高皇帝诛项籍，引兵围鲁，鲁中诸儒尚讲诵习礼，
弦歌之音不绝，岂非圣人遗化好学之国哉？（《汉书·儒林列
传》）

（2）既蒙不死之诏，复加归命之宠，岂非旷荡之恩，过厚
之泽也哉！（《三国志·吴书·三嗣主传》）

（3）开朱门而待宾，扬声名于竹帛，岂非大丈夫哉！（《梁
书·陈庆之传》）

---

① 其中例（1）、（13）、（14）后是介宾结构，介词一般由动词语法化而来，故而将它们
也归入"岂非 + VP"类。

（4）将军击鼓钟鼎食，贵宠当代，<u>岂非</u>大帝之恩。（唐刘肃《大唐新语》卷五）

（5）昨日通衢遇一辎軿车，载极重，而羸牛甚苦，<u>岂非</u>足下"肥妻子"乎？（宋欧阳修《六一诗话》）

（6）世间有这等女子，<u>岂非</u>天姿国色乎？（元王实甫《崔莺莺待月西厢记》第一折）

（7）又犬属火，一嘴瓜红，红亦火也，<u>岂非</u>主兵主火者与？（元陶宗仪《南村辍耕录》卷十九）

（8）到得你家，当了你妹子，官事也好完了，<u>岂非</u>万全之算？（明凌濛初《初刻拍案惊奇》卷二）

（9）十九日乃黄道之期，兄可即买舟西上，待雄飞高举，明冬再晤，<u>岂非</u>大快之事耶！（清曹雪芹、高鹗《红楼梦》第一回）

（10）没人管你生，没人管你死，<u>岂非</u>一篇绝妙的人口限制论！（老舍《老张的哲学》）

（11）人生如梦幻，这<u>岂非</u>梦中的另一场恶梦吗？（袁昌英《巴黎的一夜》）

从文献用例来看，早期"岂非＋NP"模式中的"岂非"可以有两种分析的可能，既可以将其分析为短语，也可以将其分析为反诘语气副词。不过到了后期，这种模式的"岂非"就不一定需要分析为短语了，可以直接将其看作反诘语气副词，只是并非其最为典型的用法。副词直接修饰名词性成分，这在汉语史（尤其是现代汉语）当中并非典型用法。"岂非"后加"NP"这种句法结构的出现同"莫非＋NP"一样，都是受上古汉语判断句以及否定副词"非"的影响。也正是因为如此，当反诘语气副词"岂非"发展成熟之后，"岂非＋NP"这种模式也并未完全消失。

第二，"岂非＋VP"模式。当"岂非"后出现"VP"的时候，其反诘语气副词的用法才更为典型、成熟。这种模式虽然在上古时期已经出现，但大概在唐朝前后，反诘语气副词"岂非"才以加

"VP"为常。例如：

（1）是以三年之间，化行如神，嘉瑞叠累，岂非陛下知人之效，得贤之致哉！（《汉书·王莽传上》）

（2）岂非所谓顺天知时，通于权变者哉！（《三国志·魏书·王朗传》）

（3）岂非否泰相倾，盈缩递运，而汩之以人？（《梁书·刘峻传》）

（4）终日如此，岂非不和乎？（唐封演《封氏闻见记》卷十）

（5）汝既作色见我，岂非入邪道乎？（南唐静、筠二禅师《祖堂集》卷第三）

（6）比闻有黥卒得此术，间或鬻之，岂非此人所为乎？（宋张师正《括异志》卷二）

（7）六三将出险，乃有负乘致寇之咎，岂非上承九四、六五又为《坎》乎？（宋洪迈《容斋随笔》卷十四）

（8）这一把无情毒火，岂非是没毛大虫？（元无名氏《风雨像生货郎旦》第一折）

（9）内中一尼，仔细看了李公佐一回，问师道："此官人岂非是洪州判官李二十三郎？"师点头道："正是。你如何认得？"（明凌濛初《初刻拍案惊奇》卷十九）

（10）愚哉！愚哉！这样弄法，岂非误会吾夫子"攻乎异端，斯害也已"两句话的本旨了！（清文康《儿女英雄传》第四十回）

（11）鸿渐盘算一下，想爱尔兰人无疑在捣鬼，自己买张假文凭回去哄人，岂非也成了骗子？（钱锺书《围城》）

（12）这岂非绝了他的生计？（汪曾祺《异秉》）

作为反诘语气副词，"岂非"经常位于句首，它的前面很少出现主语，以上例证中仅例（9）和（12）前面分别出现了主语"此官人"和"这"。与此同时，主语也很少出现在反诘语气副词"岂非"的后面，以上例证当中没有一例"岂非"之后出现主语的例证，例（6）后面出现了"此人"，看似是主语，实则是名词性短语"所为"的定语。从句末可以共现的语气助词来看，早期可以与反诘语气副词"岂非"共现的语气助词要比"岂"更加丰富一些，除了"哉"和"乎"之外，也可以是"邪（耶）"和"与"等，还可以与"也哉"这样的复合语气助词共现。

综上所述，反诘语气副词"岂非"的形成过程，可能最初就是反诘语气副词"岂"与否定副词"非"二者的自然组合。反诘语气副词"岂"后面需要对"NP"进行否定，就在其后加上了可以否定"NP"的否定副词"非"，这种用法在古代文献当中并不少见。久而久之，反诘语气副词"岂"与否定副词"非"逐渐凝固成词，且词汇化程度越来越高，用法也越来越典型。时至今日，反诘语气副词"岂非"在现代汉语书面语当中虽仍不乏其例，但在口语当中通常已经很少使用了。

第三节　反诘语气副词"岂止"的来源及发展

《现代汉语词典》（第7版）①"岂止"条释义为："用反问的语气表示'不止'。"反诘语气副词"岂止"的来源及用法虽然较为简单，但其中涉及的问题却较为复杂。在汉语史上，以语气副词"岂"为前一语素，以"仅"义的范围副词为后一语素，形成了若干"不止、不仅"义的"岂X"类双音节复合反诘语气副词。这些反诘语气副词不仅与"岂止"同义，而且与其有着一定的关联。这种情况的出现，一方面体现了语言的系统性，另一方面也体现了语言内部相互制约、相互影响的关系。

---

① 中国社会科学院语言研究所词典编辑室编：《现代汉语词典》，商务印书馆2016年版，第1027页。

一 反诘语气副词"岂止"的产生及用法

就现有文献来看,"岂"与"止"连用较早出现在汉朝,但用例很少见。大概从南北朝时期开始,"岂"与"止"连用多了起来,并一直沿用到现代汉语。例如:

（1）肠痛,误耳,人各有气,<u>岂止</u>我母。（汉应劭《风俗通义》①)

（2）水德迁谢,其来久矣,<u>岂止</u>于区区汝阴揖禅而已哉!（《宋书·顺帝本纪》）

（3）于卿数士,意同家人,<u>岂止</u>于君臣邪?（《南齐书·陈显达传》）

（4）乱离永久,群盗孔多,浙左凶渠,连兵构逆,<u>岂止</u>千兵、五校、白雀、黄龙而已哉!（《陈书·高祖本纪上》）

（5）此人用兵,<u>岂止</u>万夫之望而已哉!（北齐颜之推《颜氏家训·慕贤》）

（6）<u>岂止</u>消时暑,应能保岁寒。（唐白居易《题卢秘书夏日新栽竹二十韵》）

（7）惟德被生民而功施社稷,勒之金石,播之声诗,以耀后世而垂无穷。此公之志而士亦以此望于公也,<u>岂止</u>夸一时而荣一乡哉!（宋欧阳修《相州昼锦堂记》）

（8）春秋朝会无节,<u>岂止</u>废一时祭而已哉!（宋黎靖德《朱子语类》卷第八十七）

（9）君家<u>岂止</u>八桂而已耶?（金刘祁《归潜志》卷十）

（10）然往往阅公所画马及人物山水花竹禽鸟等图,无虑数十百轴,又<u>岂止</u>龙眠并驱而已哉!（元陶宗仪《南村辍耕

---

① 据宋李昉、李穆、徐铉等《太平御览》（卷八百四十六）辑佚。

录》卷七)

(11) 子弟每来俺家里，<u>岂止</u>不容易，还有那些着伤哩。(元乔吉《玉箫女两世姻缘》第一折)

(12) 教我越思量俺、思量俺完颜小哥，他端的所为儿有谁过，<u>岂止</u>这模样儿俊俏，则那些举止儿忒谦和。(元石君宝《诸宫调风月紫云庭》第三折)

(13) 此等宝物，<u>岂止</u>此价钱！(明凌濛初《初刻拍案惊奇》卷一)

(14) 我数年来寄居门下，深受您的恩惠慈爱，<u>岂止</u>待我如宾客，实在是把我当作儿子一样，恩施深厚如同使死者复生、白骨长肉，真是刻骨铭心。(明李昌祺《剪灯余话》卷五)

(15) 所赔的又<u>岂止</u>那五千余两！(清文康《儿女英雄传》第三十九回)

(16) 你连你干娘都欺倒了。<u>岂止</u>别人！(清曹雪芹、高鹗《红楼梦》第七十七回)

(17) 不然，<u>岂止</u>于是一位哲学家呢！(老舍《老张的哲学》)

(18) 神秘的生活，又<u>岂止</u>演剧家？(冰心《介绍一位艺术家》)

(19) 她怎么不明白，她能把我拉扯大，<u>岂止</u>"含辛茹苦"一类的字眼所能容括？(张洁《世界上最疼我的那个人去了》)

(20) <u>岂止</u>是轻蔑，简直还包含有毫不掩饰的憎恶意味儿。(梁晓声《表弟》)

从上面的例证可以看出，"岂"与"止"连用大概从中古早期才开始出现文献用例，且均用于反诘疑问句当中。可见，从产生之初一直到现在，"岂止"都是个反诘语气副词，它由反诘语气副词"岂"和范围副词"止"凝固而成。以上例证当中，例(1)、(4)、(5)、(9)、(13)、(15)、(16)和(18)是"岂止＋NP"，例(6)、(7)、(8)、(10)、(11)、(12)、(13)、(19)、(20)是"岂止＋

VP"，例（2）、（3）和（17）是"岂止＋PrepP"。

从形式上来看，"岂止＋NP"模式并不是副词的典型用法，而这种用法在它产生的早期（唐朝以前）更常见一些。唐朝以后，即便是"岂止＋NP"模式，"岂止"的副词特征也更加明晰了：它前面既可以出现主语，如例（15）前面出现了主语"所赔的"；还可以出现其他副词，如例（15）和（18）前面出现了副词"又"。"岂止＋VP"模式是语气副词的典型用法，副词的主要功能就是充当状语来修饰谓语核心词。"岂止"的前后都可以出现其他副词，如例（10）前面出现了副词"又"，例（11）后面出现了副词"不"。"岂止＋PrepP"模式从古至今用例都很少，且其中的介词仅限于"于"，是一种比较特殊的用法。值得注意的是，无论是哪种模式，反诘语气副词"岂止"的前后都以不出现主语为常。

从可以共现的句末语气助词来看，"岂止"除了与"哉"、"邪（耶）"等常见的句末语气助词共现外，还可以与句末语气助词"而已"共现。"而已"用作句末语气助词上古时期就已经出现且较为常见，相当于现代汉语的"罢了"，表示"仅止于此"。反诘语气副词"岂止"与语气助词"而已"共现后，除了可以传达反诘语气之外，还对整个句子的语气起到了一定的冲淡作用，使得原本语气较为强烈的反诘疑问句的语气有所缓和，这是"岂止"和"而已"共同作用的结果。此外，"而已"后通常还可以再出现"哉"、"耶"等其他句末语气助词，如例（2）、（4）、（5）、（8）、（9）和（10）。

二 反诘语气副词"岂止"的同义词

与其他反诘语气副词不同，"岂止"在汉语史上还有一些其他"岂X"类同义词，主要有"岂只"、"岂直"、"岂特"、"岂独"、"岂但"①、"岂徒"、"岂惟"、"岂唯"和"岂维"等。"不止、不

---

① 这里的"岂但"是"不止、不仅"义的反诘语气副词，与《现代汉语词典》（第7版，第1027页）收录的"用反问的语气表示'不但'"的连词"岂但"并不相同。

仅"义"岂 X"类反诘语气副词中的"X"，通常含有"仅"之义，文献用例如下表所示：

表 5 - 1　　　　　　"X"表"仅"义的文献用例表

"X"		文献用例
"仅"义	止	(1) 仁义，先王之蘧庐也，止可以一宿而不可久处。(《庄子·天运》) (2) 不求千涧水，止要两株松。(五代大愚《乞荆浩画》)
	只	(1) 忆作儿童随伯氏，南来今只一身存。(唐韩愈《过始兴江口感怀》) (2) 只这两句言语，道尽世人情态。(明凌濛初《初刻拍案惊奇》卷二十)
	直	(1) 寡人非能好先王之乐也，直好世俗之乐耳。(《孟子·梁惠王下》) (2) 夫阴阳、儒、墨、名、法、道德，此务为治者也，直所从言之异路，有省不省耳。(《汉书·司马迁传》)
	特	(1) 特与婴儿戏耳！(《韩非子·外储说左上》) (2) 故先王之制礼乐也，非特以欢耳目极口腹之欲也。(《吕氏春秋·适音》)
	独	(1) 大夫不均，我从事独贤。(《诗经·小雅·北山》) (2) 子所言者，其人与骨皆已朽矣，独其言在耳。(《史记·老子传》)
	但	(1) 天子所以贵者，但以闻声，群臣莫得见其面，故号曰"朕"。(《史记·李斯传》) (2) 寂寞天宝后，园庐但蒿藜。(唐杜甫《无家别》)
	徒	(1) 徒善不足以为政，徒法不能以自行。(《孟子·公孙丑下》) (2) 徒英而不雄，则雄材不服也；徒雄而不英，则智者不归往也。(三国魏刘劭《人物志·英雄》)
	惟	(1) 用之则行，舍之则藏，惟我与尔有是夫！(《论语·述而》) (2) 逮江左群谈，惟玄是务。(南朝梁刘勰《文心雕龙·论说》)
	唯	(1) 知进退存亡而不失其正者，其唯圣人乎！(《周易·乾》) (2) 宇宙可臻其极，情性不知其穷，唯在少欲知足，为立涯限尔。(北齐颜之推《颜氏家训·止足》)
	维	(1) 非维下流水多邪？(《荀子·子道》) (2) 夫人维能务其生，所以使其子能安于幼学而成。(宋曾巩《永兴尉章佑妻夫人张氏墓志铭》)

从上表可以看出，以上词语当中，除了"只"表"仅"义的副词用法产生时间相对较晚之外，其余九个词语表"仅"义的副词用法均在上古时期已经产生，这是它们与语气副词"岂"结合的语义及功能基础。也就是说，"不止、不仅"义"岂 X"类反诘语气副词

均在"X"的"仅"义的基础上衍生而来，这是它们的主要共性。

"不止、不仅"义"岂X"类反诘语气副词当中，除了"岂维"和"岂只"在历代文献中的用例相对较少之外，其他几个词语的用例都不少见。例如：

（1）君唯不遗德刑，以伯诸侯，<u>岂独</u>遗诸敝邑，敢私布之。（《左传·成公十六年》）

（2）吾子之请，诸侯之福也，<u>岂唯</u>寡君赖之。（《左传·襄公二年》）

（3）今之君子，<u>岂徒</u>顺之，又从为之辞。（《孟子·公孙丑下》）

（4）<u>岂惟</u>形骸有聋盲哉！（《庄子·逍遥游》）

（5）夫生者，<u>岂特</u>随侯之重哉？"（《庄子·让王》）

（6）然而田成子一旦杀齐君而盗其国，所盗者<u>岂独</u>其国邪？（《庄子·胠箧》）

（7）杂申椒与菌桂兮，<u>岂维</u>纫夫蕙茝。（《楚辞·离骚》）

（8）臣死且不辞，<u>岂特</u>卮酒乎！（《史记·樊哙传》）

（9）今明公位尊任重，责深负大，上当匡正纲纪，下当济安元元，<u>岂但</u>空空无违而已哉！（《后汉书·何敞传》）

（10）立言践行，<u>岂徒</u>徇名安己而已哉。（《后汉书·杜乔传》）

（11）夫情胜其性，流遁忘反，<u>岂唯</u>不肖，中才皆然。（《后汉书·张衡传》）

（12）<u>岂直</u>取美当时，亦敬慎来叶矣。（南朝梁刘勰《文心雕龙·诏策》）

（13）杏一种，尚可赈贫穷，救饥馑；而况五果蓏菜之饶，<u>岂直</u>助粮而已矣！（北魏贾思勰《齐民要术·种梅杏》）

（14）纷然不适口，<u>岂只</u>存其皮。（唐杜甫《病橘》）

（15）<u>岂但</u>江曾决，还思雾一披。（唐杜甫《赠崔十三评事公辅》）

（16）<u>岂只</u>朝宗国，惟闻有越裳。（唐李沛《海水不扬波》）

（17）<u>岂惟</u>舞独鹤，便可蹑飞鸾。（宋苏轼《和东方有一士》）

（18）<u>岂惟</u>大人，虽小人之心亦莫不然。（明王阳明《传习录》）

可见，在汉语史上，语气副词"岂"可以与多个"仅"义的范围副词结合，凝固成为反诘语气副词。值得注意的是，与反诘语气副词"岂止"相比，其他几个"不止、不仅"义"岂X"类反诘语气副词的词汇化程度要相对低一些，而且这些词语之间的词汇化程度也并不相同，有些可能还存在短语或者词语两种分析的可能，如例（15）"岂但"和"还思"对举，例（16）"岂只"和"惟闻"对举，其中"还思"和"惟闻"均为短语，故而这里的"岂但"和"岂只"实际上既可以分析为语气副词，也可以将它们分析为短语。

语言具有经济性原则，虽然这十个"不止、不仅"义"岂X"类反诘语气副词并不完全在同一个历时平面内共现，但存在众多类似功能的词语必然会影响人们的学习和认知。发展到现代汉语，这些词语大多数已经被淘汰了，几乎只留下了"岂止"一个词语。除此之外，在现代汉语文献当中，"岂只"的用例数量位列第二，具体例证如下：

（1）梁先生说"他们要报复！"其实<u>岂只</u>"他们"，这样的人在"封建余孽"中也很有的。（鲁迅《二心集》）

（2）其实战前的公务员和教育界人员，小的薪水可以养活全家，大的薪水可以积起来买小汽车和大洋房，<u>岂只</u>买薪买水而已？（王了一《领薪水》）

（3）想一想吧，他<u>岂只</u>是工贼？（欧阳山《三家巷》）

（4）但这种情况，又<u>岂只</u>出现在这本诗选中？（曾卓《诗人的两翼》）

（5）"黑吃黑"，小巫见大巫，北方倒爷在海南受骗上当的

比比皆是，<u>岂只</u>你王喜一个？（陈建功、赵大年《皇城根》）

"岂只"在古代汉语不多见，但是在现代汉语中却存在相对较多的一些用例。这种现象的出现并不能说明古代的"岂只"在现代得到了发展，而是由于在现代汉语"止"、"只"语音（二者同音）及语义（均具有"仅"义）上的关系导致的，也就是说可能是受到了"岂止"的影响。因为在现代汉语，"止"在人们的认知中多是动词义，而"只"在人们的认知中多是副词义，与"岂"结合需要一个副词，有时人们就很自然地联想到了"只"，从而导致"岂只"文献用例的出现。实际上，在口语当中，"岂止"与"岂只"读音完全相同，用法也是完全一致的，因此也无从去区分到底是"岂止"还是"岂只"。

除了"岂只"外，其余几个"不止、不仅"义"岂 X"类反诘语气副词在现代汉语几乎都销声匿迹了。检索北京大学中国语言学研究中心"CCL 语料库"①（现代汉语），"岂直"、"岂唯"和"岂维"三个词语没有找到用例，"岂特"、"岂独"、"岂但"、"岂徒"和"岂惟"有少量书面语用例。其中"岂但"的用例相对多一些，不过有一些是用作"用反问的语气表示'不但'"的连词。现代汉语反诘语气副词"岂特"、"岂独"、"岂但"、"岂徒"和"岂惟"的文献用例，如：

（1）家中无长物，<u>岂独</u>少黄羊。（鲁迅《庚子送灶即事》）

（2）<u>岂但</u>他呢，说起来也惭愧，这一群里，还有后来在安徽战死的陈伯平烈士，被害的马宗汉烈士；被囚在黑狱里，到革命后才见天日而身上永带着匪刑的伤痕的也还有一两人。（鲁迅《朝花夕拾》）

（3）他<u>岂但</u>是不慕荣利而已，简直是忘了世事，忘了家事

---

① 北京大学中国语言学研究中心：http：//ccl. pku. edu. cn：8080/ccl_ corpus/。

的。(茅盾《蚀》)

(4) 两年以前，她对于爱情，岂惟毫不理会，而且还视之为极端的无聊。(苏雪林《棘心》)

(5) 醒秋在伯克莱宿舍，白朗像母亲一样的爱她，而她思家之念，岂惟不能消灭，反而日益深固。(苏雪林《棘心》)

(6) 朦胧的岂独月呢；岂独鸟呢？但是，咫尺天涯，教我如何耐得？(朱自清《温州的踪迹》)

(7) 从这无独有偶的史实中，我们更可以了解到妇女们的手怕，对于男子们有何等样的魅力，她岂特是一种用以抹拭涕的东西而已哉？(施蛰存《手帕》)

(8) 凡所考论，颇采二西之书，以供三隅之反。盖取资异国，岂徒色乐器用；流布四方，可征气泽芳臭。(钱锺书《谈艺录·序》)

(9) 几年以来，我们自然不断地变革，挣扎，然而还是革不掉，挣不开，岂特没有革掉，如果我们不自欺，鲁迅先生的文章一直到现在，还不折不扣地可以拿来查照的。(秦似《〈立此存照〉以后》)

(10) 自今以前，无有若是之详尽，岂徒关注李卫公生平、政绩、著作者须案置一册，亦读宪宗至宣宗六朝史者必备之参考书也。(《读书》vol-083)

从这些例证可以看出，使用这些反诘语气副词的一般是现代的一些作家，当代作家几乎已经不再使用，这些词语在现代汉语几乎已经失去了活力。当然，这些词语失去活力的原因除了受到语言经济性原则的制约外，它们的使用频率、构成语素"X"的生命力、"岂X"的词汇化程度等因素也起到了重要的作用。由是观之，在现代汉语，"不止、不仅"义"岂X"类反诘语气副词已经完成了自然选择与淘汰的工作，"岂止"作为唯一"合法"的成员被收录到《现代汉语词典》，成为规范用法。

第六章 讵、可、其

反诘语气副词"讵"、"可"和"其"都是单音节词语，它们的历史也都相对较为悠久。在现代汉语，"讵"、"可"和"其"的反诘语气副词用法都并不常见，"可"通常用于口语或方言，"讵"和"其"则主要用于书面语。

第一节　反诘语气副词"讵"的来源及发展

《现代汉语词典》（第7版）① 副词"讵"条标注为书语词，释义为："岂，表示反问。""讵"不像"莫"、"何"、"岂"、"可"和"其"等古代汉语常见的单音节词语，它从古至今都不能算作是常用词。现代汉语反诘语气副词"讵"只在书面语中偶然使用，在口语中已经丧失了生命力。

一　反诘语气副词"讵"的产生及用法

"讵"字不见于甲骨文、金文等早期古文字，它应该是一个后起

---

① 中国社会科学院语言研究所词典编辑室编：《现代汉语词典》，商务印书馆2016年版，第707页。

的形声字。《说文新附·言部》："讵，犹岂也。从言，巨声。"《广韵·语韵》："讵，岂也。""讵"字从"言"，大概在造字之时便反映了它语气副词的特征。从现有的文献记载来看，"讵"在早期文献中就主要用作反诘语气副词，后来其用法虽有扩展（这种扩展有些是同音或音近之间的借用），但反诘语气副词一直都是它的典型用法。

反诘语气副词"讵"在上古时期已经产生，相当于现代汉语的"难道、怎么"，后代沿用。例如：

（1）庸讵知吾所谓知之非不知邪？庸讵知吾所谓不知之非知邪？（《庄子·齐物论》）

（2）其所持者不明，庸讵知吾所谓知之非不知欤？（《淮南子·俶真》）

（3）故子从父命，奚讵为孝？臣从君命，奚讵为贞？（《孔子家语·三恕》）

（4）愿舒志而抽冯兮，庸讵知其吉凶？（汉庄忌《哀时命》）

（5）彼之蔚蔚，皆匈訾腹诅，幸我之不成，而以奋其前志，讵肯用此为终死之分邪？（《后汉书·仲长统传》）

（6）徒设在昔心，良辰讵可待？（晋陶渊明《读〈山海经〉》）

（7）滔滔不可测，一苇讵能航？（南朝梁阴铿《渡青草湖》）

（8）如闻岭北王侯又皆鼎沸，河东、桂阳相次屠戮，邵陵、开建亲寻干戈，李迁仕托身当阳，便夺马仗，以君疏外，讵可暗投？（《陈书·高祖本纪上》）

（9）华亭鹤唳讵可闻，上蔡苍鹰何足道。（唐李白《行路难》）

（10）卜不吉，神讵无知乎？我自决之。（《新唐书·突厥传上》）

（11）若杯酒间，讵可无和气以相接？（宋周辉《清波杂志》卷十）

（12）万众在是，犹不可施力，汝一僧讵能撒也？（宋蔡絛

《铁围山丛谈》卷五）

（13）切惟考官实文章之司命，讵宜伪定于临期？（元陶宗仪《南村辍耕录卷》二十八）

（14）顾缓急在人，讵谓今无善政哉！（明张瀚《松窗梦语》卷四）

（15）慈帏现际晚景，又讵忍幼瘠而长肥？（清李绿园《歧路灯》第七十回）

（16）伊、吕讵愚于夏、殷而知于汤、武？（清魏源《默觚下·治篇十五》）

从文献用例来看，反诘语气副词"讵"的早期用法已经相对较为成熟了。在反诘疑问句中，它通常是用在动词或动词性短语前面，用来加强反诘语气。"讵"还可以与"庸"、"奚"等构成有"庸讵"、"奚讵"等同义连言的用法，如例（1）、（2）和（4）的"庸讵"，例（3）的"奚讵"，这些用法使得反诘疑问句的反诘语气更加明确、强烈。

反诘语气副词"讵"在现代汉语中还有少量用例，且基本都用于书面语，是一个典型的书语词。例如：

（1）惊扰讵言妄？（鲁迅《学生和玉佛》）

（2）我推想这类种子当年必不能开花的了，讵知大不然，下种在四月，当初确实很细弱，但到六月以后，他们就加工赶长，竟能长到一丈多高与插枝一样。（孙福熙《清华园之菊》）

（3）它们真是我的忠仆，我的护卫。讵料它们居心不良，渐渐变坏。（丰子恺《口中剿匪记》）

（4）我的故乡僻处海滨，正是西洋传教士最初到达的地方，所谓"得风气之先"，早该有耶稣的教义了，讵知事实并不如此，穷村小邑，直到如今，依旧还是和尚道士们的天下，打醮拜忏，招魂接煞，总少不了此辈的踪迹。（唐弢《化城寺》）

（5）友情所系，<u>讵</u>不大哉！（张爱玲《到底是上海人》）

（6）<u>讵</u>料四女绮霞，近为自由平等所惑，竟自私奔，不知去向。（毕万闻《赵四小姐私奔内幕》）

要之，在现代汉语口语中，反诘语气副词"讵"已经退出了历史舞台，只有在书面作品中偶然出现，而且这样的说法似乎也已经不能被普通的读者所接受了。

二　与反诘语气副词"讵"相通的词语

反诘语气副词"讵"可以与"巨"、"渠"、"钜"和"遽"等词语通用。例如：

（1）此志也，岂<u>遽</u>忘于诸侯之耳乎？（《国语·吴语》）

（2）夫威强未足以殆邻敌也，名声未足以县天下也，则是国未能独立也，岂<u>渠</u>得免夫累乎？（《荀子·王制》）

（3）今俳优侏儒狎徒，詈侮而不斗者，是岂<u>钜</u>知见侮之为不辱哉？（《荀子·正论》）

（4）虽子不得福，吾言何<u>遽</u>不善？而鬼神何<u>遽</u>不明？（《墨子·公孟》）

（5）其父虽善游，其子岂<u>遽</u>善游哉？（《吕氏春秋·察今》）

（6）岂<u>遽</u>必哉？（《吕氏春秋·具备》）

（7）今王以用之于越矣，而忘之于秦，臣以为王<u>钜</u>速忘矣！（《战国策·楚策一》）

（8）且苏君在，仪宁<u>渠</u>能乎？（《史记·张仪传》）

（9）使我居中国，何<u>渠</u>不若汉？（《史记·陆贾传》）

（10）沛公不先破关中兵，公<u>巨</u>能入乎？（《汉书·高祖纪上》）

（11）今日鹰隼始击，当顺天气取奸恶，以成严霜之诛，掾部<u>渠</u>有其人乎？（《汉书·孙宝传》）

（12）夫浴者，将使表里洁也，内苟含瑕，何<u>遽</u>浴耶？（南朝梁元帝《金楼子·立言》）

（13）可谓仁人也哉！议者谓过汉于张，<u>渠</u>不信夫！（《新唐书·徐有功传赞》）

（14）向使能世其业如唐季时，则诸葛氏门户岂<u>遽</u>灭息哉！（宋蔡絛《铁围山丛谈》卷五）

（15）昨日院使将上马，以体少不安而入。岂<u>遽</u>至此乎？（元陶宗仪《南村辍耕录》卷十五）

（16）念臣身非叛逆，家属非逆孽，何<u>渠</u>被祸如此？（明朱长祚《玉镜新谭》卷五）

（17）况其时齐桓公始霸，管仲之功尚未见于天下，岂<u>遽</u>勤诸侯，以城其私邑哉。（清顾炎武《日知录》卷四）

从字形上看，"讵"、"渠"和"钜"都是直接或间接从"巨"得声的字。从语音上来看，"遽"、"渠"、"钜"、"巨"和"讵"它们的上古音相通，都是群母鱼部字。以上例证当中，"岂遽"、"岂渠"、"岂钜"、"宁渠"和"何渠"，包括上文的"庸讵"和"奚讵"等都是同义连用的并列式反诘语气副词，"遽"、"渠"、"钜"和"讵"都位于复音词的后一语素。这种情况的出现有如下原因：

第一，"岂"、"何"、"奚"、"宁"、"庸"等（尤其是"岂"和"何"）的反诘语气或者疑问语气的用法更加成熟、典型，用它们作为复音词的前一语素可以很好地提示句子的主要功能，也可以提示后面语素"遽"、"渠"、"钜"、"讵"的意义及功能。苏宝荣（2000：110）指出："古汉语是以单音词为主的语言，一词多义的现象非常突出，给人们理解语义造成困难。汉语由单音词为主向双音词为主发展，双音词中的两个语素相互作用，形成一定的语境，强化了词义的显示功能。"① 进而指出这种"显示功能"有两种：一种是相互

---

① 苏宝荣：《词义研究与辞书释义》，商务印书馆 2000 年版，第 110 页。

训释，另一种是相互限制。①"遽"、"渠"、"钜"、"讵"和"岂"、"何"、"奚"、"宁"、"庸"等同义连用就属于相互训释的情况。由同义语素或近义语素结合而成的双音节并列式复音词，其中的两个语素往往有互相训释的作用。只是在"岂遽"、"岂渠"、"岂钜"、"宁渠"、"何渠"、"庸讵"和"奚讵"等词语当中，"岂"、"何"、"奚"、"宁"、"庸"等对后面的"遽"、"渠"、"钜"、"讵"意义的提示和说明作用更为显著，从而使得整个复音词的词义更加单一、明确。

第二，从韵律的角度来看，用来加强反诘语气用法的"遽"、"渠"、"钜"、"讵"在上古和中古均为仄声字，而仄声字在构成并列式复音词时，通常处于后一语素。王云路（2007/2011：104、124－125）②指出："并列式中最有可能影响构词词序的是声调，即按照平上去入的顺序。"王先生又在此文"补记"中提到周祖谟先生曾在《汉语骈列的词语和四声》（此文曾在1984年日本京都大学文学部作过演讲）一文，举古代人名、国名、地理名称、动植物名以及现代汉语的例子，分析探讨了双音词按照四声平仄排列的规律，且周先生文中还指出："这一条规律，最初指出的是余嘉锡先生。他在一九三八年撰写《世说新语笺疏》，在解释前面所举的《排调》那篇一节的时候，曾说：'凡以二名同言者，如其字平仄不同，……则必以平声居先，仄声居后，此乃顺乎声音之自然，在未有四声之前固已如此。'"可见，形成"岂遽"、"岂渠"、"岂钜"、"宁渠"、"何渠"、"庸讵"和"奚讵"等并列式复音词并非偶然。

此外，"讵"作反诘语气副词，最初可能是受到方言或者口语的影响，与其读音、用法相同的词语数量较多，如"巨"、"遽"、"渠"、"钜"等，可以看出最初可能只是为了记录当时方言或口语的语音。从上古至今，"讵"都不是典型的反诘语气副词，可能由最

---

① 苏宝荣：《词义研究与辞书释义》，商务印书馆2000年版，第110—111页。
② 王云路：《论四声调序与复音词的语素排列》，载《中古汉语论稿》，中华书局2011年版，第104、124—125页。

初的方俗语词转而成为后来的书面语词。经常与其他同义反诘语气
副词连用，也是反诘语气副词"讵"不常用的体现之一，这不仅仅
是汉语词汇复音化的趋势在起作用，同时还明确了"讵"的词义和
功能。

第二节　反诘语气副词"可"的来源及发展

《现代汉语词典》（第7版）① 副词"可"条释义为："用在反问
句里加强反问的语气。"在现代汉语，反诘语气副词"可"一般用于
口语或方言，书面语或者普通话已经几乎不再使用了。

一　反诘语气副词"可"的产生及用法

《说文·可部》："可，肯也。从口、丂，丂亦声。"苏宝荣《〈说
文解字〉今注》"可"条下有："许云'肯也'，当为后起之义。……
'可'当为'呵''诃'之本字。累增意符（从口与从言同）而已。
本为'怒斥'之义。后音义均发生变化，作'可否'之'可'。"②
从汉字构形的角度来看，"可"为"呵"或"诃"的本字可能有一
定的道理。不过，在上古汉语中，"可"是个常用词，通常用作"许
可、肯定"义的动词，而且暂时没有发现"可"与"呵"或"诃"
相通的文献用例。此外，人们的"许可、肯定"大多也是由口而发，
因此"可"字从"口"、"丂"，"口"是气息或话语传出之源，"丂"
是气息或话语从口中舒出之貌。由此可见，"可"确实是个亦声（形
声兼会意）字，其本义应该就是许慎所说的"肯也"，在文献中用作
"许可、肯定"义的动词，这种用法在文献当中很常见。

---

① 中国社会科学院语言研究所词典编辑室编：《现代汉语词典》，商务印书馆2016年版，
第737页。
② 苏宝荣：《〈说文解字〉今注》，陕西人民出版社2000年版，第180页。

上古时期，"可"就出现了加强反诘语气的副词用法，后代沿用。例如：

（1）今罪无所，而民皆尽忠以死君命，又<u>可</u>以为京观乎？（《左传·宣公十二年》）

（2）夫为人臣者，言<u>可</u>必用？尽忠而已矣。（《战国策·韩策一》）

（3）齐鲁接境，赏罚同时。设齐赏鲁罚，所致宜殊，当时<u>可</u>齐国温鲁地寒乎？（汉王充《论衡·寒温》）

（4）如以上世人民，侗长佼好，坚强老寿，下世反此；则天地初立，始为人时，长<u>可</u>如防风之君、色如宋朝、寿如彭祖乎？（汉王充《论衡·齐世》）

（5）君侈每思谏其恶，将死不忘忧社稷，正辞动于昏主，明戒验于身后，謇谔足以励物，德音没而弥彰，<u>可</u>不谓忠且智乎！（晋习凿齿《汉晋春秋》卷二）

（6）毒被宗社，身婴戮辱，为天下笑，<u>可</u>不痛乎！（《陈书·后主本纪》）

（7）幸自枝条能树立，<u>可</u>烦萝蔓作交加？（唐韩愈《楸树》）

（8）唯将直道信苍苍，<u>可</u>料无名抵宪章。（唐李涉《谴谪康州先寄弟渤》）

（9）纵使有花兼有月，<u>可</u>堪无酒又无人。（唐李商隐《春日寄怀》）

（10）潜夫自有孤云侣，<u>可</u>要王侯知姓名？（唐方干《中山言志》）

（11）<u>可</u>不闻道："成谋不说，覆水难收？"（王重民等《敦煌变文集·伍子胥变文》）

（12）疲甿惫矣<u>可</u>更病？我作此诗当感神！（宋范成大《民病春疫作诗悯之》）

（13）幽僻处<u>可</u>有人行，点苍苔白露泠泠。（元王实甫《崔

莺莺待月西厢记》第三折)

（14）齐邦为使有风尘，今日驱车又入秦。人道此中狼虎地，<u>可</u>能容易出关门？（元高文秀《须贾大夫谇范叔》第三折）

（15）是个甚么孙行者。我<u>可</u>怕他？他若来，我剥了他皮，抽了他筋！（明吴承恩《西游记》第三十一回）

（16）才往姥姥家去，在家里<u>可</u>不叫他见狄爷么？（清西周生《醒世姻缘传》第五十四回）

（17）领，我<u>可</u>怎么能知道呢？（鲁迅《二心集》）

（18）反正你常到我家里来玩儿，<u>可</u>不是一样？要是你老不来，我也不答应的。（钱锺书《围城》）

（19）马伯乐翻了一个身，他又仔细思索了一会，觉得不行，不怎样妥当，一看就会看出来，这是我瞎说。上海还并未开火，我<u>可</u>怎么去投的军？往哪里投，去投谁，这简直是笑话，说给小孩子，小孩子也不会信，何况太太都让我骗怕了。（萧红《马伯乐》）

从反诘疑问副词"可"的文献用例来看，它通常放在动词或动词性短语前面作状语，即所处的句法环境通常是"可（反诘语气副词）＋VP"模式。就现有的文献来看，还没有发现"可（反诘语气副词）＋NP"模式的用例。从早期例证开始，反诘语气副词"可"前面就可以出现主语，如例（2）前面的"言"，例（4）前面的"长"，例（13）前面的"幽僻处"，例（15）、（17）和（18）前面的"我"；反诘语气副词"可"前面也可以出现副词状语或其他状语，如例（2）前面的副词"又"，例（3）前面的状语"当时"，例（16）前面的状语"在家里"；反诘语气副词"可"后面还可以出现副词状语或其他状语，如例（2）后面的副词"必"，例（5）、（6）、（11）、（16）和（18）后面的副词"不"，例（12）后面的副词"更"，例（17）和（19）后面的状语"怎么"。由此可见，反诘语气副词"可"从产生之初，它的用法就相对成熟了。

二　反诘语气副词"可"的来源以及与"何"的关系

从上文可以看出，反诘语气副词"可"的用法从产生之初就比较典型了，而"可"的本义及其引申义与其反诘语气副词用法之间的关系似乎并不明朗，那它的反诘语气副词用法又从何而来呢？我们可以从反诘语气副词"可"与"何"的关系来寻找答案。

关于"可"的用法的发展演变，江蓝生（1992/2000：65－94）[①]曾经指出：（1）疑问副词"可"在出现早期跟"岂"和"宁"有着几乎完全相同的语法意义和用法。"可"既表反诘又表推度，跟"岂"和"宁"是同一类语法现象，是受了"岂"和"宁"的类化。（2）"宁"与"可"都是表示反诘在先，表示推度在后，也就是说，作推度副词的用法是从反诘副词的用法引申而来的。其引申的理据是：反诘是用疑问的形式表示否定，疑问是虚，否定是实，当这种疑问形式不表示否定时，疑问就成了真性的，这样就由反诘引申为推度。（3）"岂、宁、可"这三个意义和用法几乎完全相同的疑问副词不可能长久不变地并存下去，因为语言发展要求分工明确，避免重复。其结果，"宁"逐渐被淘汰，"岂"由兼任反诘与推度而向专司反诘之职发展，"可"则经历了专表反诘→兼表反诘与推度→主要表示推度的演变过程，最后形成了今天分工明确、互不干扰的合理布局。

江先生的分析十分细致、全面，为全面了解"可"提供了重要参考。不过我们认为"可"作反诘语气副词的用法可能是受到了"何"的影响。原因如下：从语音方面看，在上古时期，"可"属溪母歌部，"何"属匣母歌部，这两个字的韵部相同；"可"与"何"声母的发音部位也相同，二者都是喉部。可见，"可"与"何"的发音非常接近。从字形方面看，苏宝荣《〈说文解字〉今注》"可"

---

① 江蓝生：《疑问副词"颇、可、还"》，载《近代汉语探源》，商务印书馆2000年版，第65—94页。

条下有："或曰：……'可'为'何'之省形。"①。这说明，"可"与"何"在字形上也有一定的关联。从意义方面看，"可"与"何"均可作反诘语气副词，意义与"岂"大致相同。从用法方面看，在古代汉语，"可"与"何"可以通用，如《晏子春秋·外篇上二》："自是观之，茀又将出，天之变，彗星之出，庸可悲乎？"清朝王念孙《读书杂志·晏子春秋二》"天之变"条指出："'可'，读曰'何'。'何'、'可'古字通。"除此之外，"何"也可以用作"可以"义，例如：

（1）区区之宋，犹有不数之臣，何以楚国而无乎？吾是以告之也。（《韩诗外传》卷二）

（2）若何吊也，其非惟我贺，将天下是贺。（《左传·昭公八年》）

（3）何事非君，何使非民。（《孟子·公孙丑上》）

由是观之，在上古时期，"可"与"何"可以互相通转。"何"的主要用法是代词，"可以"义用例较少，并未形成"何"的一个义位。"可"受"何"的影响，产生了反诘语气副词的用法，并且用例较多，已经成了它的一个义位。

当然，"可"作反诘语气副词还有其自身的原因。在上古时期，"可"除了用作反诘语气副词外，还有表"可以、能够"义的能愿动词和表"约略、大概"义的语气副词用法。例如：

（1）彼苍者天，歼我良人！如可赎兮，人百其身！（《诗经·秦风·黄鸟》）

（2）温故而知新，可以为师矣。（《论语·为政》）

（3）人之性，善可变为恶，恶可变为善。（《论语·率性》）

---

① 苏宝荣：《〈说文解字〉今注》，陕西人民出版社 2000 年版，第 180 页。

（4）御<u>可</u>数百步，以马为不进，尽释车而走。（《韩非子·外储说左上》）

（5）行<u>可</u>数百里，匈奴左贤王将四万骑围广。（《史记·李将军传》）

（6）其属邑大小七十余城，众<u>可</u>数十万。（《史记·大宛传》）

例（1）—（3）为"可以、能够"义的能愿动词用法，例（4）—（6）为"约略、大概"义的语气副词用法。在能愿动词用法中，"可"降级为次要动词作状语，后面有其他动词作谓语核心词。在语气副词用法中，副词"可"用于数词前表示约数。在这两种用法当中，"可"都位于状语的位置，与反诘语气副词所处的句法位置一致，这为"可"用作反诘语气副词提供了句法环境的认知基础。

综上所述，反诘语气副词"可"的形成主要是受到"何"以及其自身用法的影响。与其他反诘语气副词相比，反诘语气副词"可"的用例从古至今都不是特别多，可能它一直都是个口语词或者方言词。

第三节　反诘语气副词"其"的来源及发展

《现代汉语词典》（第7版）① 副词"其"条标注为书语词，释义为："表示揣测、反诘。"据此，语气副词"其"在现代汉语一般出现在书面语当中，且不仅可以表示反诘语气，还可以表示揣测语气。

---

① 中国社会科学院语言研究所词典编辑室编：《现代汉语词典》，商务印书馆2016年版，第1023页。

一 "其"的本义及其发展

"其"在古代汉语也是一个常用词，它的常见用法是作副词和代词，也有一些作结构助词的用法。

"其"的字形在殷商卜辞中作"🮲"、"🮳"等，在两周铭文中作"🮴"、"🮵"等。"其"字在许慎的《说文解字》中没有收录，不过《说文·箕部》有："箕，簸也。……其，籀文箕。"实际上，"其"是"箕"的本字。许慎依据小篆形体"🮶"对其进行训释曰："箕，簸也，从竹、🮷象形，下其丌也。🮸，古文箕省。🮹，亦古文箕。🮺，亦古文箕。其，籀文箕。🮻，籀文箕。"徐同柏《从古堂款识学·周丕箕敦》："其，箕本字。"《甲骨金文字典》"箕"字下曰："甲骨文与《说文》古文第一字形相同，象簸箕之形。金文加丌[1]，或又象人持箕之形[2]。"[3] 可见，"其"的本义当为"簸箕"，本为象形字，字形在早期文字甲骨文中作"🮲"、"🮳"、"🮴"等；在铭文中又出现加"丌"者，作"🮼"、"🮵"等。许慎说"下其丌也"，可能他认为"其"是个指事字。实际上，"丌"应该并不仅仅是个指事符号，它还可以表音。关于这一点，苏宝荣（2000：176）就已经指出："许析形有误，《说文》云'下其丌也'，不可解，当作'丌声'。"[4] 并且《说文·丌部》云："丌，下基也。荐物之丌，象形。读若箕同。"可见，"箕"与"丌"音同。在上古时期，"其"就被假借用作副词，后又为其本义造了分化字"箕"。在古代，由于簸箕常常是用竹木所为，所以"箕"字在"其"的基础上又加了义符"竹"。

张玉金（2001）指出："甲骨文中'其'都是副词，有两个意

---

① 如"🮼"、"🮵"。
② 如"🮽"、"🮾"。
③ 方述鑫等：《甲骨金文字典》，巴蜀书社1993年版，第340页。
④ 苏宝荣：《〈说文解字〉今注》，陕西人民出版社2000年版，第176页。

义，一是表示即将的意思，二是表示命令的语气。前一种意义的'其'很常见，而后一种意义的'其'很少见。"① 张先生还考察了两周金文，认为金文中的"其"与甲骨文中的"其"用法一致，并进一步指出："甲骨金文中副词'其'的两个义项是有联系的。最先出现的义项是即将；这是说动作即将发生或情况即将出现。后出现的义项是表示祈使、希望语气的义项。祈请某人做某事，那么某种动作就将要发生了；希望某种情况出现，那么某种情况或许就即将出现。"② 张玉金（2022）在全面分析了甲骨文"其"语法位置的基础之上指出："甲骨文中的'其'都是副词。以往学术界所提出的助动词说、代词说、谓词说、连词说、发语词/助词/语气词说、以及从句标记说都值得商榷。"③ 可见，在早期的甲骨文和金文中，"其"只有副词的用法，代词"其"应该是产生于春秋战国时期，且"其"的代词用法也是假借用法。如：

（1）都！亦行有九德。亦言<u>其</u>人有德，乃言曰载采采。(《尚书·皋陶谟》)

（2）之子于归，宜<u>其</u>室家。(《诗经·周南·桃夭》)

（3）曩者霸上、棘门军，若儿戏耳，<u>其</u>将固可袭而虏也。(《史记·绛侯周勃世家》)

（4）邺三老、廷掾常岁赋敛百姓，收取<u>其</u>钱得数百万，用<u>其</u>二三十万为河伯取妇，与祝巫共分<u>其</u>余钱持归。(《史记·滑稽列传》)

（5）虞常等七十余人欲发，<u>其</u>一人夜亡，告之。(《汉书·苏武传》)

（6）曹公众弱，<u>其</u>得我必喜，<u>其</u>宜从二也。(《三国志·魏志·贾诩传》)

---

① 张玉金：《甲骨金文中"其"字意义的研究》，《殷都学刊》2001 年第 1 期。
② 张玉金：《甲骨金文中"其"字意义的研究》，《殷都学刊》2001 年第 1 期。
③ 张玉金：《殷墟甲骨文"其"语法位置与词性研究》，《中国语文》2002 年第 2 期。

结构助词"其"亦当产生于春秋战国时期，或者稍晚一些。"其"作助词也还带有一定的指示性，这是"其"的代词用法在助词用法上的语义滞留。如：

(1) 苟余心其端直兮，虽僻远之何伤？（《楚辞·九章·涉江》）

(2) 溱与洧，浏其清矣。士与女，殷其盈矣。（《诗经·郑风·溱洧》）

(3) 言念君子，温其如玉。（《诗经·秦风·小戎》）

(4) 既见君子，云何其忧？（《诗经·唐风·扬之水》）

(5) 北风其凉，雨雪其雱。（《诗经·邶风·北风》）

(6) 击鼓其镗，踊跃用兵。（《诗经·邶风·击鼓》）

(7) 彼其之子，不与我戍申。（《诗经·王风·扬之水》）

(8) 彼其之子，舍命不渝。（《诗经·郑风·羔裘》）

(9) 彼其之子，不称其服。（《诗经·曹风·候人》）

(10) 彼其发短而心甚长，其或寝处我矣。（《左传·昭公三年》）

(11) 既获姻亲，又欲耻之，以召寇雠，备之若何，谁其重此？（《左传·昭公五年》）

(12) 悲夫！士何其易得而难用也！（《战国策·齐策四》）

(13) 有是哉，子之迂也！奚其正？（《论语·子路》）

以上例证中有很多是"代词+其"，这也可以帮助说明"其"的助词身份。在"代词+其"模式中，指代作用主要由"其"前面的代词（一般是"彼"，也可以是"何"、"谁"等）来承担，"其"的指代性大大削弱。"其"作助词，它的后面可以是名词性成分，构成"其助+NP"式，如例（1）、（2）、（9）、（10）、（11）；也可以是谓词性成分，构成"其助+VP"式，如例（3）、（4）、（5）、（6）、（7）、（8）、（12）、（13）、（14）、（15）。而"其"作副词用在谓词性词语的前面，构成"其_副＋VP"式；作代词用在名词性成分前面，构成"其_代＋NP"式。据此，结构助词"其"的产生可能受到了副词"其"和代词"其"的双重影响。"其"意义衍生路径如下图所示：

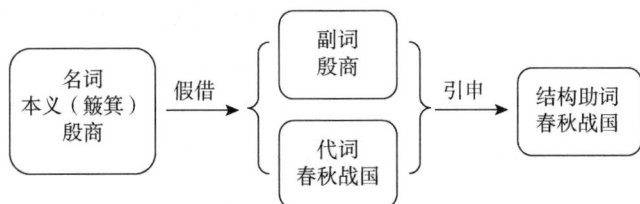

图6－1　"其"意义衍生路径图

在很多情况下，结构助词"其"的使用只是为了凑足音节以达到韵律的和谐，其作用主要体现在形式（韵律）方面，这时它就有可能在表义上成为一个可有可无的成分。因此，结构助词"其"自中古就已呈现出逐渐减少的趋势了，原因大致有如下几个方面：第一，先秦时期，结构助词"其"的广泛使用可能与以《诗经》为代表的诗歌等体裁的要求有关。例如《诗经》的句式以四言为主，且是二节拍的四字句，在韵律上极富节奏感。而《诗经》所处的上古时期以单音词为主，要凑成这种韵律和谐的四字句，就不免会需要一些助词的帮助。在这种情况下，"其"义不容辞地充当了这一角色。到了中古时期，我国的主流文学样式发生了变化，在语言方面的表现则是由四言为主发展到四言、五言、六言、七言、杂言等，句式上比较灵活多样。第二，从汉朝开始，汉语词汇复音化的趋势明显增强，词汇量大大扩展，这就有足够的单音词、复音词为语言表达提供源源不断的素材，从而冲淡了起凑足音节作用的结构助词"其"的使用频率。第三，从语体方面来看，结构助词"其"在中古时期大概就已经开始在口语中逐渐消失。而从汉朝开始，我国文学史上口语化的作品不断涌现，东汉时期还出现了口语性较强的汉译佛经，如此等等，从而降低了具有书面语色彩的结构助词"其"的使用频率。第四，在古代汉语，"其"的常见用法有两种，分别是作代词和副词。结构助词"其"减少，正好可以减轻"其"的负担，在一定程度上分化了"其"的职能，使"其"在古汉语中的作用主要集中在了代词和副词上面。

要之，上述种种原因导致了结构助词"其"的使用频率逐渐降低，从而使得语气副词和代词两种用法成为"其"的主要用法，且代词用法更为常见。尤其从上古后期开始，"其"的代词用法逐渐取得了绝对的优势地位，语气副词用法也就慢慢地被边缘化了。

二　反诘语气副词"其"的用法及主要特征

与现代汉语反诘语气副词"其"密切相关的是"其"的副词的用法。根据上文的论述，"其"在甲骨文和金文中就已经假借为副词了，且这两种早期文献当中只有副词这一种用法，反诘语气副词来源于用于疑问句中的"其"。在甲骨文当中，副词"其"目前没有发现用到反诘疑问句中的例证，但用到一般疑问句当中却很常见。例如：

（1）贞：今夕其雨？贞：今夕不雨？（《殷虚文字甲编》3404）

（2）丙辰卜，殻贞：我受黍年？丙辰卜，殻贞：我弗其受黍年？（《殷墟文字丙编》8）

（3）乙卯卜，殻贞：王比望乘伐下危，受有祐？乙卯卜，殻贞：王勿比望乘伐下危，弗其受有祐？（《殷墟文字丙编》22）

（4）戊申卜，争贞：帝其降我暵？戊申卜，争贞：帝不我降暵？（《殷墟文字丙编》67）

（5）丙辰卜，殻贞：帝唯其终兹邑？贞：帝弗终兹邑？（《殷墟文字丙编》71）

（6）戊午卜，吉贞：般往来亡祸？贞：般往来其有祸？（《殷墟文字丙编》130）

（7）己酉卜，殼贞：危方亡其祸？己酉卜，殼贞：危方其有祸？（《甲骨文合集》849）

（8）贞：方其杀我史？贞：方弗杀我史？贞：我史其杀方？我史弗其杀方？（《甲骨文合集》6771）

（9）其作兹邑祸？弗其作兹邑祸？（《甲骨文合集》7859）

（10）戊戌卜，永贞：今日其夕风？贞：今日其不夕风？（《甲骨文合集》13338）

从这些甲骨卜辞的例证可以看出，疑问句中的副词"其"通常出现在贞辞当中。因为卜辞通常是对未来事件的占卜或者描述，故而张玉金先生认为这里的"其"是表"即将"义的时间副词①。不过，在同样类型的贞辞当中，这种副词"其"可以出现也可以不出现。除此之外，值得注意的是：在正反对贞的句子当中，有的正贞用"其"，反贞不用"其"，如例（1）、（4）和（5）；也有的正贞不用"其"，反贞又用"其"，如例（2）、（3）和（6）；还有正反对贞中都用了"其"，如例（7）、（9）和（10）。其中例（8）贞辞从不同的角度进行了占卜，在前面部分的正反对贞中，正贞用了"其"，反贞不用"其"；而在后面部分的正反对贞中，正贞和反贞都用了"其"。由是观之，卜辞当中是否需要使用副词"其"没有统一的标准，即是否使用"其"为非强制性规则，使用抑或不用均不影响句子传达的主要意思。既然如此，这种用法的副词"其"似乎也可以认为它是语气副词，主要是传达一种相对委婉的语气。古人对于一些自己能力范围之外以及一些无法解释的事情，有时就会用占卜的方式去寻求答案，而占卜之时总是会让人有着一种对神鬼及大自然的敬畏之心，故而在占卜活动中加上能够传达委婉语气的副词"其"也实属正常。传达委婉语气的语气副词"其"在后代也还有用例，如：

---

① 张玉金：《甲骨金文中"其"字意义的研究》，《殷都学刊》2001 年第 1 期。

（1）知进退存亡而不失其正者，**其**唯圣人乎？（《周易·乾》）

（2）诗曰："孝子不匮，永锡尔类。"**其**是之谓乎？（《左传·隐公元年》）

（3）君子曰："善不可失，恶不可长。"**其**陈桓公之谓乎？（《左传·隐公六年》）

（4）王之好乐甚，则齐国**其**庶几乎？（《孟子·梁惠王上》）

总体来看，加上语气副词"其"，使得这些一般疑问句的语气更加缓和、委婉。实际上，语气副词"其"用在祈使句中当中，也传达了委婉的语气。例如：

（1）**其**令二侯：上丝暨仓侯，**其**（璞）周。（《甲骨文合集》23560）

（2）**其**祷，王受（祐）？（《甲骨文合集》28057）

"其"用在祈使语句，后代也还存在一些用例。例如：

（1）汝**其**敬识百辟享。（《尚书·洛诰》）

（2）吾子**其**无废先君之功。（《左传·隐公三年》）

（3）君**其**问诸水滨。（《左传·僖公四年》）

（4）难不已，将自毙。君**其**待之。（《左传·闵公元年》）

（5）君**其**且调弦，桂酒妾行酌。（南朝宋鲍照《咏采桑》）

（6）若留而饮餕，君**其**无忧，不然，寔难以济。（唐戴孚《广异记》）

（7）子**其**寝矣！余将秣马濯足，俟子小愈而去。（唐李公佐《南柯太守传》）

（8）太原既陷，吾固知亡矣。然义不忍负国家、辱父祖，原与此城终始以明吾节，诸君**其**自为谋。（《宋史·张克戬传》）

（9）众议属二君，且已白郑王矣，二君**其**无让。（《金史·

王若虚传》)

（10）今复君丞相，君<u>其</u>勿辞！（明罗贯中《三国演义》第九十九回）

（11）邻穀可，臣亟闻其言矣。说礼乐而敦诗书。诗书，义之府也。礼乐，德之则也。德义，利之本也。君<u>其</u>试之。（明赵钺《鸡林子》卷二）

（12）身虽薄德，承累世之泽，抚诸族之豪，安能迷运守常，没身沙漠？诸君<u>其</u>努力图之。（清吴广成《西夏书事》卷五）

（13）小憩而去，于事无害，郎君<u>其</u>勿辞。（清况周颐《续眉庐丛话》)

从这些例证可以看出，用于祈使句当中的语气副词"其"也传达出了较为明显的委婉语气。因此，早期文字甲骨文、金文中的"其"可以认为都是用作语气副词，它用在句中传达了一定的委婉语气。

大约到了周、秦时期，语气副词"其"的用法进一步扩大，它又可以出现在特殊的疑问句——反诘疑问句当中，后代沿用。例如：

（1）若兄考，乃有友伐厥子，民养<u>其</u>劝弗救？（《尚书·大诰》）

（2）若火之燎于原，不可向迩，<u>其</u>犹可扑灭？（《尚书·盘庚上》）

（3）岂<u>其</u>取妻，必齐之姜。（《诗经·陈风·衡门》）

（4）晋不可启，寇不可翫，一之谓甚，<u>其</u>可再乎？（《左传·僖公五年》）

（5）<u>其</u>敢干大礼以自取戾？（《左传·文公四年》）

（6）般，尔以人之母尝巧，则岂不得以？<u>其</u>母以尝巧者乎？则病者乎？（《礼记·檀弓》）

（7）有是哉！满而后渐者，<u>其</u>水乎？（汉扬雄《法言》）

（8）今陛下有成王之尊而无数子之佐，虽欲崇雍熙，致太平，<u>其</u>可得乎？（《后汉书·翟酺传》）

（9）物物各有职，怠心其敢萌？（宋陆游《晚秋农家》）

（10）若尔，君必入政府。居中闻前辈言，入紫微为舍人，首草番官诰词者号利市，必预政柄。居中当时亦是。盖数已验，君其入二府乎？（宋蔡絛《铁围山丛谈》卷三）

（11）不然使君之土地人民富且盛矣，朝廷悉取而郡县之，其谁以为不可？（明田汝成《炎徼纪闻》卷三）

（12）大汉方制万里，岂其与水争咫尺之地哉？（清刘鹗《老残游记》第十四回）

（13）就五大洲言之，宜于西洋，宜于东洋，岂其独不宜于中国？就中国言之，或云宜于边防，或云宜于腹地，岂其独不宜于臣衙门所奏准之津通？（《清史稿·交通志一》）

（14）小气的人呀！我是有朋友的，你其奈我何！（吴伯箫《话故都》）

从这些例证来看，用在反诘疑问句中的语气副词"其"同样传达了一些委婉的语气，这似乎与其他反诘语气副词用来加强反诘语气的功能有些不同。究其原因，可能语气副词"其"只是用来表达委婉语气，用在反诘疑问句当中的"其"也是如此，毕竟反诘疑问句加或者不加反诘语气副词并不是强制规则，不加反诘语气副词的反诘疑问句也很常见。

综上所述，根据现有的文献来看，"其"最先假借为副词，通常用于一般疑问句或祈使句，从周、秦时期开始可以用于反诘疑问句。无论是用在哪种句类，"其"所表达的实在意义都很微弱，它主要是用来传达委婉的语气，像"即将"、"命令"、"难道"等较为明确的意思在"其"这里的体现都没有其传达委婉语气这一功能典型。因此，是否将用于反诘疑问句中的语气副词"其"界定为"反诘语气副词"还可以再斟酌，至少它作为反诘语气副词的功能并不典型。时至今日，语气副词"其"在口语中已经失去活力，仅在一些书面作品中存在少量用例。

结　语

　　现代汉语反诘语气副词是副词中较为特殊的一个小类，它们在来源、意义以及功能等方面都显示出了自己的特色。本书以现代汉语反诘语气副词为研究对象，主要从汉语史的角度对这一类词语进行了整体观照，以期深化对它们的认识和理解，促进对它们的把握和运用。

一　现代汉语反诘语气副词系统

　　依据能够在疑问句中增强反诘语气这个主要特征，将现代汉语十九个语气副词聚合在了一起，形成了独具特色的现代汉语反诘语气副词系统。这个系统内部成员之间同中有异，它们不仅相互联系、相互作用，而且还在此基础之上展现出了各自的特性。

（一）现代汉语反诘语气副词系统的基本情况

　　现代汉语反诘语气副词总共有十九个，其中单音节反诘语气副词有"岂"、"讵"、"可"和"其"四个，复合反诘语气副词有"难道"、"难道说"、"莫非"、"莫不是"、"何必"、"何不"、"何曾"、"何尝"、"何啻"、"何妨"、"何苦"、"何苦来"、"何须"、"岂非"和"岂止"十五个。在现代汉语当中，这十九个词语的使用频率存在着较大的差异，有些词语具有较强的生命力，有些词语却面临即将消亡的境地。也就是说，现代汉语反诘语气副词系统内部呈现出典型成员与非典型成员的差别。针对这一情况，检索北京大学中国语言学研究中心"CCL语料库"①（现代汉语），对现代汉语这些反诘语气副词的典型性做出了初步判断，具体情况见下表：

表1　　　　　　　　现代汉语反诘语气副词典型性排序简表②

典型性排序	词语	产生时间	频次	备注
1	难道	近代（元朝）	14940	几乎都是反诘语气副词用法
2	岂	上古（先秦）	8852	通常出现在书面语当中，几乎都是反诘语气副词用法，有近一半（4064例）用例是与否定副词"不"（"岂不"有2506例）或否定表达"不是"（"岂不是"有1558例）连用
3	何不	上古（先秦）	4533	除了跨层结构外，几乎都是反诘语气副词用法
4	何必	上古（先秦）	4038	几乎都是反诘语气副词用法
5	何尝	上古（西汉）	1265	几乎都是反诘语气副词用法
6	岂非	上古（先秦）	768	几乎都是反诘语气副词用法
7	何苦	上古（西汉）	624	几乎都是反诘语气副词用法
8	岂止	中古（东汉）	565	几乎都是反诘语气副词用法
9	何妨	近代（晚唐五代）	474	几乎都是反诘语气副词用法
10	难道说	近代（明朝）	378	多数是反诘语气副词用法
11	何曾	中古（三国）	332	几乎都是反诘语气副词用法
12	何须	中古（东汉）	221	几乎都是反诘语气副词用法
13	莫非	近代（晚唐五代）	1686	多数是揣测语气副词用法
14	何苦来	近代（清朝）	59	几乎都是反诘语气副词用法
15	讵	上古（先秦）	58	几乎都是反诘语气副词用法

---

① 北京大学中国语言学研究中心：http://ccl.pku.edu.cn：8080/ccl_corpus/。
② 此表用来说明《现代汉语词典》（第7版）收录的十九个反诘语气副词在现代汉语语料的大致分布情况，检索频次数据当中还包含了一些辞书收录、古籍用例等情况，但整体数据并不影响这些词语在典型性排序当中的位次。

典型性排序	词语	产生时间	频次	备注
16	何甞	近代（晚唐五代）	17	几乎都是反诘语气副词用法
17	可	上古（先秦）	886015	大部分用作动词或作为构词语素使用，有一些用作转折连词，还有少量用作表示强调或一般疑问的副词，极少数用作反诘语气副词
18	其	上古（先秦）	706964	大部分用作代词或作为构词语素使用，极少数用作反诘语气副词
19	莫不是	近代（清朝）	257	几乎都是揣测语气副词用法

由上表可以看出，"难道"是现代汉语反诘语气副词系统的典型成员，"岂（X）"类反诘语气副词和"何X"类反诘语气副词也还相对较为活跃，"莫X"类语气副词主要用于揣测语气，单音节反诘语气副词（除了"岂"外）活跃程度普遍较低。这些反诘语气副词的活跃程度与其构成语素在现代汉语的活跃程度存在着一定的关联，比如在"何X"类反诘语气副词当中，"何甞"中的语素"甞"活跃程度较低，故而"何甞"的活跃程度也并不高。此外，现代汉语单音节反诘语气副词活跃程度低，大概是因为它们的反诘语气副词用法来源相对久远，使用频率又明显低于"天"、"地"、"人"等常用的单音节传承词，且后代又产生了"难道"等复合反诘语气副词与这些单音节反诘语气副词并行使用。发展到现代汉语，复合词（主要是双音节复合词）相对于普通单音节词语而言，在人们的认知及接受过程中更加占有优势，单音节词语已经明显处于劣势地位，这些因素都造成了现代汉语单音节反诘语气副词的活跃程度偏低的现状。

（二）现代汉语反诘语气副词系统的发展趋势

语言的发展演变具有一定的规律，现代汉语反诘语气副词的发展演变也不例外。了解了现代汉语反诘语气副词系统的基本情况之后，再结合各个反诘语气副词的历时演变轨迹，可以大致推断出现代汉语反诘语气副词系统的发展趋势和未来格局。

从文献用例来看，在现代汉语当中，十九个反诘语气副词呈现出的发展趋势并不一致，尤其是单音节反诘语气副词与复合反诘语气副词的发展趋势之间存在着较大的差异。在加强反诘语气方面，双音节的"难道"将在较长一段时间内占据主导地位，继续保持其反诘语气副词典型成员的地位；"何X"类和"岂X"类反诘语气副词继续在不同的语境中使用，各成员的典型程度与语素"X"在现代汉语的活跃程度存在一定的关联；相对后起的"难道说"和"何苦来"均为三音节复合词，是反诘语气副词"难道"和"何苦"降级为语素分别与语素"说"和"来"结合构成，它们的用法似乎继续朝着口语化的方向发展；"莫非"和"莫不是"主要用作揣测语气副词，它们反诘语气副词功能持续弱化，其中"莫不是"的反诘语气副词功能甚至已经消失；单音节的反诘语气副词的历史较为悠久，均在先秦时期已经产生，反诘语气副词"讵"、"可"、"其"，包括目前看上去依然较为活跃的"岂"，它们的语体色彩（"讵"、"其"和"岂"主要表现为书面语色彩，"可"主要表现为口语或方言色彩）都将不断凸显，最终这些词语可能会一步步走向衰落。现代汉语十九个反诘语气副词的发展演变关系如下图所示：

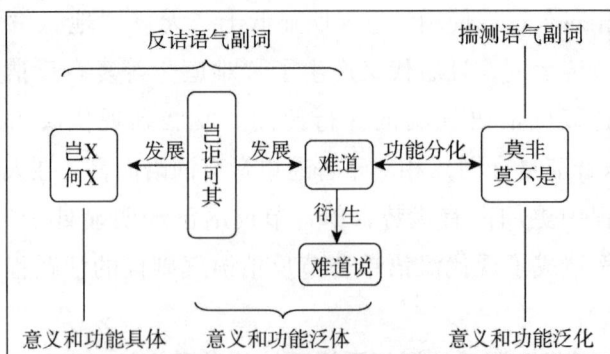

图1　现代汉语反诘语气副词发展演变关系图

由上图可以看出，现代汉语反诘语气副词系统的发展趋势简洁而清晰。在现代汉语当中，用于泛化的加强反诘语气用法的主要是"难道"一词，由"岂"以及"何"衍生而来的"岂 X"和"何 X"类反诘语气副词都用于具体的语境当中。在历时的发展过程中，用作加强反诘语气功能的单音节词语"何"在现代汉语已经消失。与此类似，"岂"、"讵"、"可"与"其"也呈现出消亡的趋势。由于用于加强反诘语气的"何"与"岂"在古代较为常见，因此它们的意义和功能作为底层残留在了"岂 X"和"何 X"类反诘语气副词当中。而加强反诘语气用法的"讵"、"可"和"其"在古代汉语也并不典型，因此它们并没有在现代汉语中留下相应的复合词。语气副词"难道"与"莫非"、"莫不是"的分工越来越明确，"难道"主司反诘语气，"莫非"和"莫不是"则主司揣测语气。

要之，在现代汉语反诘语气副词系统内部，单音节反诘语气副词与复合反诘语气副词在来源、自身用法以及衍生功能等方面，都存在着较为明显的差异。复合反诘语气副词呈现出较强的系统性特征，单音节反诘语气副词呈现出逐渐边缘化的趋势。

二　现代汉语反诘语气副词的构词方式

反诘语气副词系统内部各成员之间有着非常重要的关联，它们像一张互相联结的网一样，为语言表达提供丰富而必要的材料。在了解了各个反诘语气副词的来源及发展，明确了反诘语气副词系统之后，现代汉语反诘语气副词之间的一些系统关联得以自然呈现，在此择要对其进行阐述。

（一）单音节反诘语气副词的语音关联

针对现代汉语反诘语气副词的产生及发展演变等情况，本书主体部分主要是从语义、句法以及语用等角度对做出分析，对语音方面的深入分析较少涉及，然而语音对语言的产生以及发展演变等同样具有一定的影响，尤其是在语言发展演变的早期阶段。单音节词语都是单纯词，对这一类词语我们试图从语音方面来寻求它们之间的关联。

　　语音和词义的关系最初是约定俗成的，在其发展演变的过程中，受到方言及其他相关词语的影响，语音和词义之间也并非毫无关联，语言中有些词语之间的"声近义通"现象就是其中的表现之一。清代段玉裁在《广雅疏证·序》中指出："小学有形、有音、有义。三者互相求，举一可得其二。有古形，有今形；有古音，有今音；有古义，有今义。六者互相求，举一可得其五。……圣人之制字，有义而后有音，有音而后有形；学者之考字，因形以得其音，因音以得其义。"① 考察词语之间的关系不能仅凭文字、词义，自从高邮王氏父子脱离字形的束缚，从语音的角度去探索词与词之间的意义联系、主张以声音明训诂之后，语音就成为训诂学研究不可忽视的重要因素之一。在特定的条件下，明确了语音之间的联系，有些问题就可以迎刃而解。

　　《现代汉语词典》（第7版）收录的单音节反诘语气副词有"岂、可、其、讵"四个，除去主要表示委婉语气的"其"，再加上历史上曾经用于加强反诘语气、且与"何X"类反诘语气副词密切相关的"何"，它们在语音方面存在着相似之处。"何"、"岂"、"可"、"讵"从上古到现代的语音嬗变情况如下表所示：

表2　　　　　　　"何"、"岂"、"可"、"讵"语音嬗变表

时期	单音节词语 语音	何	岂	可	讵
上古音	声母	匣母	溪母	溪母	群母
	韵部	歌部	微部	歌部	鱼部
	拟音	ɣɑ	kʰɣəi	kʰɑ	gǐɑ
中古音	声母	匣母	溪母	溪母	群母
	韵	歌韵	尾韵	哿韵	语韵
	声调	平声	上声	上声	上声

---

① （清）段玉裁：《广雅疏证·序》，载（清）王念孙《广雅疏证》，江苏古籍出版社2000年版，第2页。

时期 \ 语音 单音节词语		何	岂	可	讵
中古音	反切	胡歌切	袪豨切	枯我切	其吕切
	拟音	ɣɑ	kʰĭəi	kʰɑ	gĭo
现代音	音节	hé	qǐ	kě	jù

由上表可以看出，"何"、"岂"、"可"、"讵"这四个词语的声母在上古都属于牙喉音，韵母都属于纯元音。声母方面，"岂"、"可"声母相同，同属溪母，二者是双声关系。这四个词语同属牙喉音，所以它们是旁纽字。韵部方面，"何"、"可"韵部相同，同属歌部，二者是叠韵关系。"岂"与"何"、"可"是微、歌旁转关系。"何"、"可"、"讵"主要元音相同，是歌、鱼通转关系。因此，可以初步判断"何"、"岂"、"可"、"讵"这四个反诘语气副词的语音之间具有一定的关联。当然，据此还不能得出反诘语气副词"何"、"岂"、"可"、"讵"同源的结论，这只是"以声音明训诂"的一种探索和尝试。

（二）双音节反诘语气副词的构词方式

现代汉语复合反诘语气副词具有较强的系统性，比如"难道（说）"、"莫X"、"何X"和"岂X"这几类反诘语气副词。其中三音节的"难道说"、"莫不是"和"何苦来"与其他双音节反诘语气副词的构词方式存在着一定的差异，故而我们先来看双音节反诘语气副词的构词法情况。从根源上来讲，"难道"与"莫非"、"何X"类、"岂X"类双音节反诘语气副词的形成原因也并不一致。

首先来看"莫非"、"何X"类和"岂X"类双音节反诘语气副词。"莫"、"何"和"岂"这三个词语在上古以及中古汉语都是比较常见的反诘语气副词，后来以它们为构词语素，逐渐形成了"莫非"、"何X"类和"岂X"类双音节反诘语气副词。实际上，最初是"莫"、"何"和"岂"在这些词语当中起主要作用，是它们加强了反诘疑问句中的反诘语气。与此相对应，"莫非"、"何X"类和

"岂X"类双音节反诘语气副词的产生，可能恰恰是因为"莫"、"何"和"岂"在后代用于加强反诘语气功能的衰落或消失。董秀芳（2011：264）在谈到"从句法结构到双音词"时指出："由语法性成分参与组成的句法结构词汇化为双音词是从一种能产的可类推的形式变成为凝固的不能类推的单位。其内部的动因多是由于句法结构中语法性成分的功能的衰退。当一个语法性成分的用法逐渐受到局限后，原来由该语法性成分形成的自由组合就变成了词汇成分，成为已经消失的句法的遗迹而保留在语言系统中。"[1] 由此可见，当"莫"、"何"和"岂"的加强反诘语气的功能衰退之时，原先后面可以与它们自由组合的成分变成了词汇成分，从而凝固成为双音节反诘语气副词，同时也使得"莫"、"何"和"岂"的相关功能的遗迹保留在了语言系统当中。也正是因为如此，在现代汉语反诘语气副词系统当中，用于加强反诘语气的"莫"和"何"已经不再使用，"岂"也正在走向消亡的边缘（一般只是出现在书面语当中），而"莫非"和大多数"何X"和"岂X"类语气副词还相对较为活跃。此外，"莫非"、"何X"类和"岂X"类双音节反诘语气副词均为"莫"、"何"和"岂"位于前一语素，"非"以及其他"X"位于后一语素，之所以会出现这种情况，除了受到韵律和谐等因素的制约之外，还有一个重要的原因：这些词语的形成来源于"莫"、"何"和"岂"的语气副词功能（"何"为代副词，功能与副词相同），而语气副词与其他词语（主要包括副词和谓词）凝固成词时，通常位于前一语素。副词的功能就是在谓词前作修饰语，故而语气副词位于谓词前比较容易理解，如双音节的"何苦"与"何妨"，以及三音节的"莫不是"。袁毓林（2002/2004：44）指出："语气副词通常总是居于其他副词之前，这是容易解释的。因为语气副词属于句子所表达的基本命题之外的模态型成分（modal or modality），跟谓语动词关系相对疏远，所以可以远离谓语动词。"[2] 这应该是语

---

① 董秀芳：《词汇化：汉语双音词的衍生和发展》，商务印书馆 2011 年版，第 264 页。
② 袁毓林：《汉语语法研究的认知视野》，商务印书馆 2004 年版，第 44 页。

气副词位于其他副词之前的原因，这种组合也是大多数双音节反诘语气副词的构成方式，如"莫非"、"岂非"、"岂止"以及除了"何苦"、"何妨"以外的其他"何 X"类反诘语气副词。

其次再来看双音节反诘语气副词"难道"。反诘语气副词"难道"的产生时间相对较晚，大概是在元朝才开始出现。它的产生并不像"莫非"、"何 X"类和"岂 X"类反诘语气副词那样，有一个可以用来加强反诘语气的词语（"莫"、"何"和"岂"）降级为语素构成复合词，而是来源于表示"不可说、不好说"义的偏正式短语"难道"。当反诘语气副词"难道"产生之后，它就迅速发展成为反诘语气副词的典型成员，一直到现代汉语还是如此。从语言的系统性来看，之所以会出现反诘语气副词"难道"，可能也是因为之前用于加强反诘语气的"莫"、"何"和"岂"等的式微，再加上汉语词汇复音化进程的驱使等因素，导致了反诘语气副词"难道"很快成为典型成员。正如上文所说，"莫非"、"何 X"类和"岂 X"类反诘语气副词实际上是"莫"、"何"和"岂"的相关功能的遗迹保留，与此同时还加上了后面语素"X"的语义及语用的制约，故而这一类反诘语气副词的语义范围更小，能够使用的语言环境也更小。比如反诘语气副词"何曾"和"何尝"是代副词"何"与时间副词"曾"和"尝"的结合，因此反诘语气副词"何曾"和"何曾"的语义不仅会有时间的因素，它们出现的语言环境也需要与时间相关，这就是"曾"和"尝"的语义及功能渗透到了复合词当中，从而对复合词的语义及功能产生制约作用。相反，反诘语气副词"难道"就没有这些局限，它的语义范围更大，能够使用的语言环境也更为广泛，这也是为什么"难道"的文献用例远远高于其他双音节反诘语气副词的重要原因之一。

（三）三音节反诘语气副词的构词方式

现代汉语有"难道说"、"莫不是"和"何苦来"三个三音节反诘语气副词，它们的形成过程及构词法存在着一定的差异。反诘语气副词"难道说"和"何苦来"是由本来就粘合度很高的反诘语副词"难道"和"何苦"降级为语素分别与语素"说"和"来"结合而来。反诘语气副词"莫不是"的形成不仅与语气副词"莫"有着密切的关系,同时还与语气副词"莫非"有着一定的关联,它承续了语气副词"莫"的功能,并将"莫非"中的语素"非"变成了使用系词的否定判断表达方式"不是"。

从韵律的角度来看,"难道说"和"何苦来"的韵律结构是"2+1"模式,"莫不是"的韵律结构是"1+2"模式。通常情况下,双字格被定义为词语,四字格被定义为成语(相当于固定短语),三字格却存在着较大的争议。也就是说,三字格介于词语和短语之间。一个三字格究竟是词语还是短语,有时不太容易准确把握。冯胜利(1996/2009:12)指出:"'单—双'式结构不是韵律词和复合词的构造模式。"① 因此,"难道说"和"何苦来"根据韵律构词法,它们是很容易被判定为词语,而"莫不是"这类"1+2"模式的三字格则比较容易被判定为短语。此外还有两点需要指出:其一,"难道"和"何苦"均为黏合性较强的韵律词,也是一个典型的音步;而"不是"本身是一个短语,而非复合词。其二,"难道说"与"何苦来"的意义更为凝固,它们所表达的都不是字面的意义;而"莫不是"的意义凝固性相对较低,它所表达的基本是字面的意义。周荐(2014:239、244)指出:"三字组合内的双字是否具有黏合性,是否属于典型音步,对该三字组合成词与否并无举足轻重的影响力。……三字组合的词与固定短语、词与自由短语的界限并不因该组合的意义是字面性还是非字面性的而存在,也不因该组合的结构是2+1式还是1+2式而存在。"② 那么,"莫不是"究竟是否是一个词语,还需要从它的文献用例来寻找答案。"莫不是"在文献当中的使用频率相对较高(多数用作揣测语气副词,少数用作反诘语气副词),且在文献当中都是作为一个整体来表义,因此可以将其看作是一个词语。

---

① 冯胜利:《汉语的韵律、词法与句法》,北京大学出版社2009年版,第12页。
② 周荐:《汉语词汇结构论》,人民教育出版社2014年版,第239、244页。

从意义以及功能的角度来看，三音节反诘语气副词"难道说"、"莫不是"和"何苦来"的意义及功能更加明确、单一。王艾录（2009：11）指出："词的长度与义项数成反比：词短则义项多，词长则一项少。所以在汉语中，单音多义词多于复合多义词。"[①] 不难看出，单音节的"何"、"岂"、"莫"、"可"、"其"等词语的义项都相对较多，由它们衍生出来的双音节复合词义项就少得多了，大多数只有一个义项，而后来衍生出的三音节词语一般就只剩一个义项了，"难道说"、"莫不是"和"何苦来"这三个词语均只有语气副词一种功能。就文献用例而言，反诘语气副词"难道说"、"莫不是"和"何苦来"更倾向于用在口语表达当中。周荐（2014：258－259）指出："三字词汇单位的表义机制是与俚俗的市井文化相适应的。"[②] 诚然，三音节反诘语气副词"难道说"、"莫不是"和"何苦来"也都展现出了较为明显的口语语体特征。

三　现代汉语反诘语气副词的研究价值

本书对现代汉语反诘语气副词的历时发展、演变以及共时的意义、功能等做出了较为详细的考察，研究成果在理论及应用方面都具有一定的价值。

（一）理论价值

现代汉语反诘语气副词研究具有重要的理论参考价值，现择其要者加以论述。

第一，可以深化对汉语副词系统的认识。在大多数人的认知中，汉语副词是一个"大杂烩"，内部成员的个性较强，难以有整齐划一的规律。潘海峰（2017：46）从汉语与英语相比较的角度，总结了吕叔湘《汉语语法分析问题》、托马斯·恩斯特《附加语的句法》

---

① 王艾录：《复合词内部形式探索——汉语语词游戏规则》，中国言实出版社2009年版，第11页。

② 周荐：《汉语词汇结构论》，人民教育出版社2014年版，第258—259页。

以及《语言与语言学百科全书》等观点：汉语副词是一个"大杂烩"，英语副词是一个"垃圾箱"，好像没有人知道该怎样更恰当地处置副词。① 造成这样一种局面，一方面是由于副词本身的复杂性，另一方面可能是因为目前对副词的认识还不够深入。本书在对现代汉语反诘语气副词做出全面考察之后，较为完整、全面地呈现出了现代汉语反诘语气副词系统。我们发现，现代汉语反诘语气副词系统是一个相互依存、彼此联系的有机整体，每一个反诘语气副词的萌芽产生、发展演变、语义特征以及功能展现都并非一盘散沙，而是有着严密的章法可循，是一个井然有序的系统。因此，如果我们能够继续深化对每一小类汉语副词的探索和分析，那么就可以对汉语副词系统做出更加深刻的认识。

第二，可以为汉语史，尤其是汉语词汇史等相关研究提供借鉴。蒋绍愚（1989/2005：26）指出："汉语历史词汇学，是对汉语词汇的历史发展作一些理论上的探讨。……如果这方面的研究做好了，那么，它一方面会对汉语词汇历史发展的描写和研究有帮助，另一方面也会对语义学的发展作出贡献。"② 由此可见，在现阶段，对汉语词汇做出"史"的研究非常重要。以往的现代汉语反诘语气副词研究通常是注重在现代汉语层面共时的描写和分析，对历时层面的探源分析相对欠缺。现代汉语由古代汉语发展而来，要想深入理解现代汉语中的语言现象，就必须对其产生和发展的根源进行不断挖掘，总结其产生、发展以及演变的各种动因和机制。本书共时研究与历时研究相结合，立足现代汉语反诘语气副词系统，对其中的每一个词语都从"史"的角度进行了溯源研究，并在此基础上对现代汉语反诘语气副词系统做出深入剖析，进一步明确了这些反诘语气副词的历史地位，为汉语史，尤其是汉语词汇史等相关研究提供了重要的参考价值。

第三，可以提供理论和方法的借鉴。在对现代汉语反诘语气副

---

① 潘海峰：《汉语副词的主观性与主观化研究》，同济大学出版社2017年版，第46页。
② 蒋绍愚：《古汉语词汇纲要》，商务印书馆2005年版，第26页。

词进行研究的过程中，遇到的不仅仅是一个个具体的实例，还遇到了一系列与解决实际问题相关的理论和方法的取舍和探索。因此，在对现代汉语反诘语气副词的面貌进行描写和分析的同时，本书也尝试着做了一些理论和方法上的思考。比如词类划分依据的细化，词语构词法的分析，词义演变的机制，词汇化的动因以及语气表达的语用特征；再比如如何更好地结合词语的形、音、义以及语境等因素对词语进行全面考察，如何更好地勾连词语的古今传承、发展以及演变的各种关系，如何从系统的角度考虑现代汉语副词，如何更好地做到历时研究与共时研究相结合。如此等等。这些理论和方法的探索，不仅可以丰富现有的理论和方法，还可以为今后的相关研究提供借鉴。

（二）应用价值

现代汉语反诘语气副词研究有着重要的应用价值，例如可以为相关教学工作提供理论依据，还可以帮助人们准确理解以及运用这些词语等，在此仅以为辞书编撰以及修订（以 2016 年版《现代汉语词典》为依据，以下简称《现汉》）等工作提供理论支撑为例加以说明。

第一，调整现有词条的释义。《现汉》"莫不是"条释义为："莫非。"① 也就是说，《现汉》认为"莫不是"与"莫非"义同，二者是同义词。而"莫非"在现代汉语有揣测语气副词和反诘语气副词两种用法，"莫不是"在现代汉语实际上只剩下了揣测语气副词一种用法。因此，在现代汉语，"莫不是"只有在揣测语气副词的用法上与"莫非"一致，《现汉》笼统地用"莫非"去解释"莫不是"就显得不太恰当了。此外，"其"在现代汉语主要作代词，作副词基本都是书面用法，且均用来表示委婉语气。《现汉》副词"其"条，虽然标注了它是一个书语词，但"表示揣测、反诘"以及"表示请求或命令"这两条释义还值得再仔细斟酌。

---

① 中国社会科学院语言研究所词典编辑室编：《现代汉语词典》，商务印书馆2016年版，第 922 页。

第二，删除收录欠妥的词条或义项。在现代汉语中，有一些语体化色彩（包括书面色彩、口语色彩或方言色彩等）较浓的词语或者义位，在现代汉语普通话当中已经很少或者几乎不再使用了，这一部分词语或者义位就可以考虑从《现汉》中删除。比如《现汉》收录的反诘语气副词"何啻"，无论在现代汉语口语还是书面语当中，它都已经基本不再使用了，故而可以将这一词条删除；再如在现代汉语普通话当中，"可"一般不作为反诘语气副词来使用，因此在辞书编撰以及修订之时可以考虑将这一义项删除或者标注出它的语体特征。

第三，新增应当收录的词条。《现汉》"岂 X"类反诘语气副词收录了"岂非"和"岂止"两个词语，实际上还应当收录"岂不"。由上文可知，在现代汉语当中，反诘语气副词"岂"后面与"不"连用存在大量（2506 例）例证，"岂不"的用例远远多于已经被《现汉》列为词条的"岂非"和"岂止"。与"岂不"类似，《现汉》已经收录了反诘语气副词"何不"，甚至包括"莫非"、"莫不是"和"岂非"等。"何不"、"莫非"、"莫不是"和"岂非"最初都是否定结构，关于否定结构的词汇化问题，董秀芳（2011）曾经对否定词位于前面的否定结构，即"否定词＋X"的词汇化做出了论述①。与此相关，否定副词也会与位于它前面的语气副词性成分发生词汇化，即"X＋否定词"的词汇化，这种词汇化的结果一般也还是副词。有鉴于此，在这种情况下，《现汉》可以考虑将"岂不"列为词条收录。

综上所述，对现代汉语反诘语气副词做出系统、全面地研究具有重要的价值。理论是在实践的基础上提取和总结而来，然后再用来指导相关的研究和实践，相信本书的研究成果能够对今后的研究有所助益。

---

① 董秀芳：《词汇化：汉语双音词的衍生和发展》，商务印书馆 2011 年版，第 243—254 页。

主要征引文献[①]

（明）安遇时：《包龙图判百家公案》，昆仑出版社 2001 年版。

巴金：《巴金散文》，人民文学出版社 2022 年版。

巴金：《火》，人民文学出版社 1991 年版。

巴金：《灭亡》，上海人民出版社 2008 年版。

（汉）班固：《汉书》，中华书局 1962 年版。

（明）抱瓮老人辑，顾学颉校注：《今古奇观》，人民文学出版社 1957
年版。

（南朝宋）鲍照著，丁福林、叶玲玲校注：《鲍照集校注》，中华书局
2016 年版。

北京大学古文献所编：《全宋诗》，北京大学出版社 1998 年版。

毕万闻：《张学良赵一荻合集》，时代文艺出版社 2000 年版。

（清）毕沅校注，吴旭民校点：《墨子》，上海古籍出版社 2014 年版。

卞庆奎：《中国北漂艺人生存实录》，中国青年出版社 2005 年版。

冰心：《冰心全集》，海峡文艺出版社 1994 年版。

（宋）蔡條：《铁围山丛谈》，中华书局 1983 年版。

（三国魏）曹操：《曹操集》，中华书局 1959 年版。

（三国魏）曹丕著，易健贤译注：《魏文帝集全译》，贵州人民出版社

---

① 按照作者姓氏音序排列，同一作者的文献按照文献名称首字音序排列，作者及朝代等
书写方式与所对应的文献的版权页书写方式一致。

2009 年版。

（清）曹雪芹、高鹗：《红楼梦》，人民文学出版社 1982 年版。

曹禺：《雷雨》，北京十月文艺出版社 2018 年版。

曹禺：《原野》，北京十月文艺出版社 2018 年版。

（三国魏）曹植：《曹子建集》，中国书店 2018 年版。

常杰淼：《雍正剑侠图》，中央编译出版社 2013 年版。

陈建功、赵大年：《皇城根》，作家出版社 1992 年版。

（宋）陈亮著，邓广铭校点：《陈亮集》，上海古籍出版社 2022 年版。

（晋）陈寿：《三国志》，中华书局 1982 年版。

（南朝陈）陈叔宝：《陈后主集》，文明书局 1911 年版。

（清）褚人获：《隋唐演义》，上海古籍出版社 1981 年版。

（唐）戴孚：《广异记》，远方出版社 2005 年版。

戴厚英：《人啊人》，人民文学出版社 2007 年版。

戴望舒：《戴望舒集》，中国华侨出版社 2018 年版。

邓友梅：《烟壶》，上海文艺出版社 1985 年版。

（清）荻岸散人：《平山冷燕》，华文出版社 2018 年版。

（清）董诰等编：《全唐文》，中华书局 1983 年版。

（金）董解元著，朱平楚注译：《西厢记诸宫调注译》，甘肃人民出版
　　社 1982 年版。

（南朝宋）范晔：《后汉书》，中华书局 1965 年版。

（唐）房玄龄等：《晋书》，中华书局 1974 年版。

（唐）房玄龄注，明刘绩补注，刘晓艺校点：《管子》，上海古籍出
　　版社 2015 年版。

（唐）封演著，赵贞信校注：《封氏闻见记校注》，中华书局 2005 年版。

丰子恺：《丰子恺全集》，海豚出版社 2016 年版。

冯苓植：《雪驹》，河北少年儿童出版社 2000 年版。

（明）冯梦龙：《醒世恒言》，中华书局 2009 年版。

（明）冯梦龙编：《喻世明言》，人民文学出版社 1958 年版。

（明）冯梦龙编撰：《警世通言》，中华书局 2017 年版。

（明）冯梦龙著，（清）蔡元放改编，孙通海点校：《东周列国志》，
中华书局 2001 年版。

（明）冯惟敏著，谢伯阳编纂：《冯惟敏全集》，齐鲁书社 2007 年版。

高亨：《诗经今注》，上海古籍出版社 1980 年版。

［日］高楠顺次郎编纂：《大正新修大藏经》，中国书店 2021 年版。

（晋）葛洪著，王明校释：《抱朴子内篇校释》，中华书局 1985 年版。

（清）顾炎武：《日知录》，湖北辞书出版社 2017 年版。

（宋）郭茂倩编：《乐府诗集》，中华书局 2019 年版。

（清）郭小亭：《济公全传》，岳麓书社 2018 年版。

（明）郭勋初编，易仲伦注：《英烈传》，崇文书局 2018 年版。

韩寒：《三重门》，作家出版社 2015 年版。

（汉）韩婴撰，许维遹校释：《韩诗外传集释》，中华书局 1980 年版。

（宋）洪迈：《容斋随笔》，中华书局 2005 年版。

（明）洪楩：《清平山堂话本》，岳麓书社 2019 年版。

洪深：《走私》，一般书店 1937 年版。

（清）洪昇：《长生殿》，人民文学出版社 2009 年版。

（宋）洪适：《盘洲文集》，吉林出版集团 2005 年版。

（宋）洪兴祖撰，白化文、许德楠、李如鸾、方进点校：《楚辞补注》，
中华书局 1983 年版。

胡适：《胡适全集》，安徽教育出版社 2003 年版。

（宋）胡仔：《苕溪渔隐丛话》，人民文学出版社 1962 年版。

（汉）桓宽：《盐铁论》，上海古籍出版社 1990 年版。

（宋）惠洪著，吕有祥点校：《禅林僧宝传》，中州古籍出版社 2014
年版。

（唐）慧能著，徐文明注译：《六祖坛经》，中州古籍出版社 2018 年版。

（北魏）贾思勰著，缪启愉校释：《齐民要术校释》，中国农业出版社
2009 年版。

（汉）贾谊：《新书》，浙江大学出版社 2021 年版。

（清）焦循撰，沈文倬点校：《孟子正义》，中华书局 1987 年版。

金庸：《金庸作品集》，广州出版社 2020 年版。

（南唐）静、筠二禅师：《祖堂集》，中华书局 2007 年版。

（清）康有为：《大同书》，广西师范大学出版社 2016 年版。

（唐）孔颖达：《礼记正义》，上海古籍出版社 2008 年版。

（唐）孔颖达：《尚书正义》，上海古籍出版社 2007 年版。

（清）况周颐：《眉庐丛话》，山西古籍出版社 1995 年版。

（明）兰陵笑笑生著，刘心武评点：《全本金瓶梅词话》，台北：学
生书局 2015 年版。

老舍：《老舍全集》，人民文学出版社 2013 年版。

（宋）黎靖德编：《朱子语类》，中华书局 1986 年版。

（唐）李百药：《北齐书》，中华书局 1972 年版。

（清）李伯元：《官场现形记》，岳麓书社 2019 年版。

（宋）李昉等：《太平广记》，上海古籍出版社 1985 年版。

李可：《杜拉拉升职记》，陕西师范大学出版社 2010 年版。

（清）李绿园：《歧路灯》，华夏出版社 2012 年版。

（明）李清：《明珠缘》，金城出版社 2000 年版。

（宋）李清照：《李清照诗词集》，上海古籍出版社 2016 年版。

（清）李汝珍：《镜花缘》，人民文学出版社 2020 年版。

李晓明、韩安庆：《平原枪声》，人民文学出版社 2018 年版。

（唐）李延寿：《北史》，中华书局 1974 年版。

（唐）李延寿：《南史》，中华书局 1975 年版。

李英儒：《野火春风斗古城》，人民文学出版社 2018 年版。

（南唐）李煜：《李煜词集》，上海古籍出版社 2009 年版。

（清）李玉：《清忠谱》，中州书画社 1982 年版。

（明）李贽：《焚书·续焚书》，中华书局 2009 年版。

李宗吾：《厚黑学》，线装书局 2008 年版。

厉时熙注：《尹文子简注》，上海人民出版社 1977 年版。

梁实秋：《梁实秋文集》，文化艺术出版社 1998 年版。

梁晓声：《表弟》，文化发展出版社 2016 年版。

林徽因：《九十九度中》，花城出版社 2010 年版。

（明）凌濛初编，冉休丹点校：《初刻拍案惊奇》，中华书局 2001 年版。

（明）凌濛初编著：《二刻拍案惊奇》，中华书局 2009 年版。

（汉）刘安等撰，何宁集释：《淮南子集释》，中华书局 1988 年版。

刘宝楠撰，高流水点校：《论语正义》，中华书局 1990 年版。

（清）刘鹗著，陈翔鹤校，戴鸿森注：《老残游记》，人民文学出版
　　社 2000 年版。

（金）刘祁：《归潜志》，中华书局 2007 年版。

（三国魏）刘劭著，（西凉）刘昞注，杨新平、张锴生注译：《人物
　　志》，中州古籍出版社 2018 年版。

（唐）刘肃：《大唐新语》，中华书局 1984 年版。

（汉）刘向集录：《战国策》，上海古籍出版社 1985 年版。

（汉）刘向撰，向宗鲁校证：《说苑校证》，中华书局 1987 年版。

（南朝梁）刘勰著，范文澜注：《文心雕龙注》，人民文学出版社 1958
　　年版。

刘心武：《画梁春尽落香尘：刘心武妙解红楼》，北京联合出版公司
　　2019 年版。

刘心武：《七舅舅》，《钟山》1991 年第 4 期。

（后晋）刘昫等：《旧唐书》，中华书局 1975 年版。

（南朝宋）刘义庆撰，（南朝梁）刘孝标注，杨勇校笺：《世说新语
　　校笺》，中华书局 2019 年版。

（汉）刘珍等撰，吴树平校注：《东观汉记校注》，中华书局 2016 年版。

鲁迅：《鲁迅全集》，人民文学出版社 2017 年版。

鲁迅校录，蔡义江、蔡宛若今译：《唐宋传奇集》，浙江文艺出版社
　　2018 年版。

陆步轩：《屠夫看世界》，北京出版社 2005 年版。

路遥：《平凡的世界》，北京十月文艺出版社 2021 年版。

（明）罗贯中：《三国演义》，人民文学出版社 2006 年版。

（明）罗贯中等：《三遂平妖传》，华夏出版社 2013 年版。

罗广斌、杨益言：《红岩》，中国青年出版社 2000 年版。

（汉）毛亨传，（汉）郑玄笺，（唐）陆德明音义，孔祥军点校：《毛
　　诗传笺》，中华书局 2018 年版。

茅盾：《茅盾全集》，黄山书社 2014 年版。

茅盾：《子夜》，人民文学出版社 2008 年版。

（宋）孟元老：《东京梦华录》，中华书局 1985 年版。

莫怀戚：《莫怀戚小说·散文》，吉林文史出版社 2014 年版。

（清）墨憨斋：《醒名花》，吉林摄影出版社 2002 年版。

欧阳山：《苦斗》，广东人民出版社 1962 年版。

欧阳山：《三家巷》，人民文学出版社 2018 年版。

（宋）欧阳修：《六一诗话》，人民文学出版社 1962 年版。

（宋）欧阳修著，洪本健校笺：《欧阳修诗文集校笺》，上海古籍出
　　版社 2009 年版。

（宋）欧阳修等：《新唐书》，中华书局 1975 年版。

（宋）欧阳修撰，陈尚君点校：《新五代史》，中华书局 2015 年版。

潘重规：《敦煌变文集新书》，台北：文津出版社 1994 年版。

（清）彭定求等编：《全唐诗》，中华书局 1999 年版。

（宋）普济：《五灯会元》，中华书局 1984 年版。

钱锺书：《纪念》，北岳文艺出版社 2003 年版。

钱锺书：《钱锺书集》，生活·读书·新知三联书店 1999 年版。

钱锺书：《围城》，人民文学出版社 2017 年版。

钱锺书：《写在生人边上》，中国社会科学出版社 1990 年版。

秦似：《秦似集》，吉林出版集团股份有限公司 2013 年版。

（清）秦子忱：《续红楼梦》，内蒙古人民出版社 2016 年版。

（明）清溪道人：《禅真逸史》，华夏出版社 2015 年版。

（清）屈大均：《广东新语》，中华书局 1985 年版。

（明）瞿佑等：《剪灯新话》（附《剪灯余话》《觅灯因话》），上海
　　古籍出版社 1981 年版。

（南朝梁）僧祐撰，刘立夫、胡勇译注：《弘明集》，中华书局 2011

年版。

上海古籍出版社编：《汉魏六朝笔记小说大观》，上海古籍出版社 1999
　　年版。

上海古籍出版社编：《明代笔记小说大观》，上海古籍出版社 2007
　　年版。

上海古籍出版社编：《清代笔记小说大观》，上海古籍出版社 2007
　　年版。

上海古籍出版社编：《宋元笔记小说大观》，上海古籍出版社 2001
　　年版。

上海古籍出版社编：《唐五代笔记小说大观》，上海古籍出版社 2000
　　年版。

（宋）沈括：《梦溪笔谈》，中华书局 2009 年版。

（南朝梁）沈约：《宋书》，中华书局 1974 年版。

（明）施耐庵、罗贯中：《水浒传》，人民文学出版社 1997 年版。

施蛰存：《施蛰存全集》，华东师范大学出版社 2012 年版。

石磊译注：《商君书》，中华书局 2011 年版。

（清）石玉昆：《七侠五义》，岳麓书社 2019 年版。

史铁生：《我的遥远的清平湾》，新华出版社 2010 年版。

（南朝梁）释惠皎撰，汤用彤校注：《高僧传》，中华书局 1992 年版。

（宋）司马光撰，邓广铭、张希清点校：《涑水记闻》，中华书局 2017
　　年版。

（汉）司马迁：《史记》，中华书局 1982 年版。

（明）宋濂等：《元史》，中华书局 1976 年版。

苏青：《苏青散文精编》，浙江文艺出版社 1995 年版。

（宋）苏轼撰，孔凡礼点校：《苏轼文集》，中华书局 1986 年版。

苏雪林：《棘心》，华夏出版社 2009 年版。

隋树森编：《全元散曲》，中华书局 2000 年版。

孙福熙：《北京乎！》，金城出版社 2018 年版。

（五代）孙光宪：《北梦琐言》，中华书局 2002 年版。

（清）贪梦道人：《彭公案》，华文出版社 2019 年版。

（明）汤显祖：《牡丹亭》，浙江古籍出版社 2017 年版。

唐圭璋编：《全宋词》，中华书局 1965 年版。

（清）唐芸洲：《七剑十三侠》，华文出版社 2018 年版。

（晋）陶渊明撰，王瑶编注：《陶渊明集》，人民文学出版社 1957 年版。

（元）陶宗仪：《南村辍耕录》，中华书局 2004 年版。

（明）天然痴叟：《石点头》，黑龙江出版社 2019 年版。

（明）田汝成撰，欧薇薇校注：《炎徼纪闻校注》，广西人民出版社 2007 年版。

（明）田艺蘅：《留青日札》，浙江古籍出版社 2012 年版。

铁凝：《笨花》，人民文学出版社 2020 年版。

（元）脱脱等：《金史》，中华书局 2016 年版。

（元）脱脱等：《宋史》，中华书局 1977 年版。

汪曾祺：《汪曾祺小说集》，江西人民出版社 2019 年版。

王安忆：《长恨歌》，人民文学出版社 2015 年版。

（汉）王充：《论衡》，上海人民出版社 1974 年版。

（五代）王定保：《唐摭言》，上海古籍出版社 2012 年版。

（元）王鹗：《汝南遗事》，香港：书林书局 2021 年版。

（清）王夫之：《庄子解》，中华书局 1964 年版。

王了一：《龙虫并雕斋琐语》，中国社会科学出版社 1993 年版。

（金）王若虚：《滹南诗话》，商务印书馆 1937 年版。

（金）王若虚著，马振君点校：《王若虚集》，中华书局 2017 年版。

王朔：《王朔文集》，北京十月文艺出版社 2021 年版。

（三国魏）王肃：《孔子家语》，中州古籍出版社 1991 年版。

王统照：《王统照集》，北岳文艺出版社 2021 年版。

（清）王先谦：《荀子集解》，中华书局 1988 年版。

（清）王先慎撰，钟哲点校：《韩非子集解》，中华书局 1998 年版。

（明）王阳明著，叶圣陶点校：《传习录》，九州出版社 2018 年版。

（汉）王逸撰，黄灵庚点校：《楚辞章句》，上海古籍出版社 2017 年版。

王重民等:《敦煌变文集》,人民文学出版社 1957 年版。

(宋)王灼著,岳珍校正:《碧鸡漫志校正》,人民文学出版社 2015
    年版。

(北齐)魏收:《魏书》,中华书局 1974 年版。

魏巍:《魏巍全集》,河南大学出版社 2021 年版。

(清)魏秀仁:《花月痕》,人民文学出版社 2006 年版。

(清)魏源:《魏源集》,中华书局 2018 年版。

(清)文康著,何草点校:《儿女英雄传》,中华书局 2001 年版。

(宋)文莹:《玉壶清话》,上海古籍出版社 2012 年版。

吴伯箫:《吴伯萧散文选》,人民文学出版社 2021 年版。

(明)吴承恩:《西游记》,人民文学出版社 1980 年版。

(清)吴广成撰,胡玉冰校注:《西夏书事校注》,上海古籍出版社 2021
    年版。

(清)吴趼人:《二十年目睹之怪现状》,中华书局 2013 年版。

(清)吴趼人:《九命奇冤》,山西人民出版社 1981 年版。

(清)吴敬梓:《儒林外史》,中华书局 2009 年版。

(清)吴璿:《飞龙全传》,华夏出版社 2017 年版。

(明)西湖伏雌教主著,辛泽校点:《醋葫芦》,百花文艺出版社 1992
    年版。

(明)西湖渔隐主人:《欢喜冤家》,华夏出版社 2015 年版。

(清)西周生:《醒世姻缘传》,天津古籍出版社 2016 年版。

(晋)习凿齿著,(清)汤球、黄奭辑佚,柯美成汇校通释:《汉晋
    春秋通释》,人民文学出版社 2015 年版。

萧红:《呼兰河传》,人民文学出版社 2018 年版。

萧红:《马伯乐》,广陵书社 2020 年版。

(南朝梁)萧绎撰,许逸民校笺:《金楼子校笺》,中华书局 2011 年版。

(南朝梁)萧子显:《南齐书》,中华书局 1972 年版。

(明)谢诏:《东汉秘史》,浙江出版联合集团 2013 年版。

许地山:《许地山选集》,人民文学出版社 1958 年版。

许维遹撰，梁运华整理：《吕氏春秋集释》，中华书局 2009 年版。

（明）许仲琳：《封神演义》，中华书局 2002 年版。

雪克：《战斗的青春》，人民文学出版社 2020 年版。

（清）烟霞散人：《幻中游》，书目文献出版社 1988 年版。

（清）严可均校辑：《全上古三代秦汉三国六朝文》，中华书局 1958
年版。

（北齐）颜之推：《颜氏家训》，中国书店 2019 年版。

（汉）扬雄著，纪国泰注评：《法言》，中州古籍出版社 2022 年版。

杨伯峻：《春秋左传注》，中华书局 1981 年版。

杨伯峻：《列子集释》，中华书局 1979 年版。

杨寄林译注：《太平经》，中华书局 2013 年版。

杨家骆编：《全元杂剧初编》，台北：世界书局 1985 年版。

杨家骆编：《全元杂剧二编》，台北：世界书局 1985 年版。

杨家骆编：《全元杂剧三编》，台北：世界书局 2009 年版。

杨沫：《青春之歌》，人民文学出版社 1958 年版。

杨振声：《杨振声文集》，华夏出版社 2000 年版。

（唐）姚思廉：《陈书》，中华书局 1972 年版。

（唐）姚思廉：《梁书》，中华书局 1973 年版。

姚雪垠：《李自成》，人民文学出版社 2005 年版。

（宋）叶适撰，刘公纯、王孝鱼、李哲夫点校：《叶适集》，中华书局
1983 年版。

亦舒：《紫薇愿》，海天出版社 1998 年版。

（清）佚名：《狄公案》，凤凰出版社 2013 年版。

（清）佚名：《海公大红袍全传》，华夏出版社 2014 年版。

（清）佚名：《九云记》，江苏古籍出版社 1994 年版。

（清）佚名：《施公案》，北方文艺出版社 2013 年版。

（清）佚名：《小五义》，浙江古籍出版社 1997 年版。

（南朝梁）阴铿撰，张帆、宋书麟校注：《阴铿诗校注》，兰州大学
出版社 1989 年版。

（汉）应劭著，王利器校注：《风俗通义校注》，中华书局 1981 年版。

尤凤伟：《石门夜话》，作家出版社 1997 年版。

余秋雨：《山居笔记》，文汇出版社 2002 年版。

（明）余邵鱼：《列国志传》，中国文史出版社 2019 年版。

（明）俞弁撰，丁福保校订：《逸老堂诗话》，无锡丁氏校刊 1915 年版。

（清）俞达：《青楼梦》，北京大学出版社 1990 年版。

俞平伯：《俞平伯全集》，花山文艺出版社 1997 年版。

袁昌英：《巴黎的一夜》，江苏文艺出版社 2012 年版。

（晋）袁宏撰，周天游校注：《后汉纪校注》，天津古籍出版社 1987
　　年版。

（汉）袁康、吴平：《越绝书》，浙江古籍出版社 2013 年版。

（宋）赜藏主编集：《古尊宿语录》，中华书局 2011 年版。

（宋）曾巩撰，陈杏珍、晁继周点校：《曾巩集》，中华书局 1984 年版。

曾昭岷等编撰：《全唐五代词》，中华书局 1999 年版。

曾卓：《诗人的两翼》，生活·读书·新知三联书店 1987 年版。

张爱玲：《金锁记》，哈尔滨出版社 2005 年版。

张爱玲：《张爱玲全集》，北京十月文艺出版社 2022 年版。

（清）张纯一撰，梁运华点校：《晏子春秋校注》，中华书局 2014 年版。

（明）张瀚：《松窗梦语》，上海古籍出版社 1986 年版。

张洁：《世界上最疼我的那个人去了》，人民文学出版社 2006 年版。

（清）张杰鑫：《三侠剑》，北京十月文艺出版社 2004 年版。

（宋）张君房：《云笈七签》，中央编译出版社 2016 年版。

张抗抗：《白罂粟》，人民文学出版社 2020 年版。

张平：《十面埋伏》，作家出版社 2009 年版。

（宋）张师正：《括异志》，上海古籍出版社 2012 年版。

（清）张廷玉等：《明史》，中华书局 1974 年版。

（三国魏）张揖撰，（清）王念孙疏证：《广雅疏证》，江苏古籍出版
　　社 2000 年版。

张月中、王钢主编：《全元曲》，中州古籍出版社 1996 年版。

（唐）张鷟：《朝野佥载》，中华书局 1979 年版。

（清）赵尔巽等：《清史稿》，中华书局 1977 年版。

赵树理：《三里湾》，人民文学出版社 1964 年版。

（宋）赵彦卫撰，傅根清点校：《云麓漫钞》，中华书局 2016 年版。

（汉）赵晔撰，周生春辑校：《吴越春秋》，中华书局 2022 年版。

（明）赵钺：《鸎林子》，中华书局 1985 年版。

（汉）郑玄：《仪礼注疏》，上海古籍出版社 2008 年版。

（清）钟文烝撰，骈宇骞、郝淑慧点校：《春秋谷梁传补注》，中华书局 1996 年版。

周而复：《上海的早晨》，人民文学出版社 2020 年版。

（宋）周辉撰，刘永翔校注：《清波杂志校注》，中华书局 1997 年版。

（宋）周密：《武林旧事》，浙江古籍出版社 2011 年版。

周振甫：《周易译注》，中华书局 2018 年版。

周作人：《雨天的书》，江苏凤凰文艺出版社 2020 年版。

（明）朱长祚撰，仇正伟点校：《玉镜新谭》，中华书局 1989 年版。

朱恒夫主编：《后六十种曲》，复旦大学出版社 2013 年版。

朱自清：《朱自清散文集》，南京出版社 2018 年版。

（春秋）左丘明：《国语》，上海古籍出版社 1978 年版。

主要参考文献

一 专著类①

曹广顺：《近代汉语助词》，语文出版社 1995 年版。

陈宝勤：《汉语词汇的生成与演化》，商务印书馆 2011 年版。

陈宝勤：《汉语造词研究》，巴蜀书社 2002 年版。

陈昌来：《汉语"X 来"式双音词词汇化及语法化研究》，商务印书馆 2021 年版。

陈光磊：《汉语词法论》，学林出版社 2001 年版。

陈振宇：《疑问系统的认知模型与运算》，学林出版社 2010 年版。

程湘清：《汉语史专书复音词研究》，商务印书馆 2003 年版。

楚艳芳：《汉语饮食词汇研究》，中国社会科学出版社 2017 年版。

楚艳芳：《嬗变中的网络语言》，中国社会科学出版社 2019 年版。

楚艳芳：《中古汉语助词研究》，中华书局 2017 年版。

戴耀晶：《现代汉语时体系统研究》，浙江教育出版社 1997 年版。

刁晏斌：《当代汉语词汇研究》，中国社会科学出版社 2013 年版。

刁晏斌：《现代汉语虚义动词研究》，辽宁师范大学出版社 2004 年版。

丁喜霞：《中古常用并列双音词的成词和演变研究》，语文出版社 2006

---

① 按照作者姓氏音序排列，译著按照译者姓氏音序排列，同一作者的专著按照专著名称首字音序排列。

年版。

董秀芳：《词汇化：汉语双音词的衍生和发展》，商务印书馆 2011 年版。

董秀芳：《汉语的词库与词法》，北京大学出版社 2004 年版。

范开泰、张亚军：《现代汉语语法分析》，华东师范大学出版社 2000 年版。

范晓：《汉语句子的多角度研究》，商务印书馆 2009 年版。

范晓：《三个平面的语法观》，北京语言学院出版社 1996 年版。

范晓、张豫峰：《语法理论纲要》，上海译文出版社 2003 年版。

方一新：《中古近代汉语词汇学》，商务印书馆 2010 年版。

方有国：《上古汉语语法研究》，巴蜀书社 2002 年版。

冯江鸿：《反问句的语用研究》，上海财经大学出版社 2004 年版。

冯胜利：《汉语的韵律、词法与句法》，北京大学出版社 2009 年版。

冯胜利：《汉语韵律语法研究》，北京大学出版社 2005 年版。

傅惠钧：《明清汉语疑问句研究》，商务印书馆 2011 年版。

高名凯：《汉语语法论》，科学出版社 1957 年版。

葛佳才：《东汉副词系统研究》，岳麓书社 2005 年版。

顾介鑫：《汉语复合词认知、习得及其神经基础》，中国社会科学出版社 2018 年版。

郭沫若：《殷周青铜器铭文研究》，科学出版社 1961 年版。

郭锐：《现代汉语词类研究》，商务印书馆 2004 年版。

贺阳：《现代汉语欧化语法现象研究》，商务印书馆 2008 年版。

贾彦德：《汉语语义学》，北京大学出版社 1999 年版。

蒋静忠：《现代汉语表主观量副词研究》，科学出版社 2018 年版。

蒋绍愚：《古汉语词汇纲要》，商务印书馆 2005 年版。

蒋绍愚：《汉语历史词汇学概要》，商务印书馆 2015 年版。

雷冬平：《近代汉语常用双音虚词演变研究及认知分析》，中国社会科学出版社 2008 年版。

李福印：《认知语言学概论》，北京大学出版社 2008 年版。

李素英：《中古汉语语气副词研究》，山东大学出版社 2013 年版。

李素英：《中古及近代汉语疑问句研究》，山东大学出版社 2015 年版。

李佐丰：《古代汉语语法学》，商务印书馆 2004 年版。

刘丹青：《语序类型学与介词理论》，商务印书馆 2003 年版。

刘坚、江蓝生、白维国、曹广顺：《近代汉语虚词研究》，语文出版社 1992 年版。

刘开骅：《中古汉语疑问句研究》，黑龙江人民出版社 2008 年版。

刘叔新：《汉语描写词汇学》，商务印书馆 1990 年版。

柳士镇：《魏晋南北朝历史语法》，南京大学出版社 1992 年版。

龙国富：《姚秦译经助词研究》，湖南师范大学出版社 2004 年版。

陆志韦：《汉语构词法》，科学出版社 1957 年版。

吕叔湘：《汉语语法分析问题》，商务印书馆 1979 年版。

吕叔湘：《中国文法要略》，商务印书馆 1942 年版。

（清）马建忠：《马氏文通》，商务印书馆 1983 年版。

马庆株：《汉语语义语法范畴问题》，北京语言文化大学出版社 1998 年版。

潘海峰：《汉语副词的主观性与主观化研究》，同济大学出版社 2017 年版。

彭利贞：《现代汉语情态研究》，中国社会科学出版社 2007 年版。

齐春红：《现代汉语语气副词研究》，云南人民出版社 2008 年版。

齐沪扬：《语气词与语气系统》，安徽教育出版社 2002 年版。

任学良：《汉语造词法》，中国社会科学出版社 1981 年版。

邵敬敏：《现代汉语疑问句研究》，商务印书馆 2014 年版。

邵敬敏：《现代汉语通论》，上海教育出版社 2016 年版。

沈家煊：《不对称和标记论》，江西教育出版社 2004 年版。

石毓智：《语法的形式和理据》，江西教育出版社 2001 年版。

石毓智：《语法化的机制和动因》，北京大学出版社 2006 年版。

石毓智、李讷：《汉语语法化的历程》，北京大学出版社 2001 年版。

史存直：《汉语史纲要》，中华书局 2008 年版。

史存直：《文言语法》，中华书局 2005 年版。

史金生：《现代汉语副词连用顺序和同现研究》，商务印书馆 2011 年版。

苏宝荣：《词义研究与辞书释义》，商务印书馆 2000 年版。

苏宝荣：《〈说文解字〉今注》，陕西人民出版社 2000 年版。

孙汝建：《语气和口气研究》，中国文联出版社 1999 年版。

孙锡信：《汉语历史语法要略》，复旦大学出版社 1992 年版。

孙锡信：《近代汉语语气词》，语文出版社 1999 年版。

［日］太田辰夫：《中国语历史文法》，蒋绍愚、徐昌华译，北京大学
　　出版社 2003 年版。

万光荣：《基于语料库的分句语气异类组配研究》，中国社会科学出
　　版社 2016 年版。

万献初：《汉语构词论》，湖北人民出版社 2004 年版。

王艾录：《复合词内部形式探索——汉语语词游戏规则》，中国言实
　　出版社 2009 年版。

王海棻：《古汉语疑问词语》，浙江教育出版社 1987 年版。

王力：《汉语史稿》，中华书局 2004 年版。

王力：《汉语语法史》，商务印书馆 1989 年版。

王力：《中国现代语法》，商务印书馆 2011 年版。

王云路：《汉魏六朝诗歌语言论稿》，陕西人民教育出版社 1997 年版。

王云路：《中古汉语词汇史》，商务印书馆 2010 年版。

王云路、王诚：《汉语词汇核心义研究》，北京大学出版社 2014 年版。

吴福祥：《敦煌变文语法研究》，岳麓书社 1996 年版。

吴早生：《现代汉语疑问句研究——从安徽旌德三溪话疑问句看现代
　　汉语疑问句的功能分类》，安徽大学出版社 2017 年版。

伍铁平：《模糊语言学》，上海外语教育出版社 1999 年版。

伍雅清：《疑问词的句法和语义》，湖南教育出版社 2002 年版。

向熹：《简明汉语史》，商务印书馆 2010 年版。

邢福义：《汉语语法三百问》，商务印书馆 2002 年版。

徐晶凝：《现代汉语话语情态研究》，昆仑出版社 2008 年版。

徐烈炯、刘丹青：《话题的结构与功能》，上海教育出版社 1998 年版。

杨伯峻：《文言语法》，北京出版社 1956 年版。

杨伯峻、何乐士：《古汉语语法及其发展》，语文出版社 1992 年版。

杨荣祥：《近代汉语副词研究》，商务印书馆 2005 年版。

叶琼：《现代汉语认识判断语气的体系研究》，上海人民出版社 2016 年版。

殷树林：《现代汉语反问句研究》，黑龙江大学出版社 2009 年版。

袁毓林：《汉语语法研究的认知视野》，商务印书馆 2004 年版。

袁毓林：《现代汉语祈使句研究》，北京大学出版社 1993 年版。

袁毓林、马辉、周韧、曹宏：《汉语词类划分手册》，北京语言大学出版社 2009 年版。

张斌：《现代汉语描写语法》，商务印书馆 2010 年版。

张赪：《汉语介词词组词序的历史演变》，北京语言文化大学出版社 2002 年版。

张联荣：《古汉语词义论》，北京大学出版社 2000 年版。

张相：《诗词曲语辞汇释》，中华书局 1953 年版。

张亚军：《副词与限定描状功能》，安徽教育出版社 2002 年版。

张谊生：《介词的演变、转化及其句式》，商务印书馆 2018 年版。

张谊生：《现代汉语副词探索》，学林出版社 2004 年版。

张谊生：《现代汉语副词研究》，商务印书馆 2014 年版。

张涌泉：《汉语俗字研究》，商务印书馆 2010 年版。

张玉金：《甲骨文语法学》，学林出版社 2001 年版。

张玉金：《西周汉语代词研究》，中华书局 2006 年版。

张志毅、张庆云：《词汇语义学》，商务印书馆 2012 年版。

赵元任：《汉语口语语法》，商务印书馆 1968 年版。

［日］志村良治：《中国中世语法史研究》，江蓝生、白维国译，中华书局 1995 年版。

钟兆华：《近代汉语虚词研究》，中国社会科学出版社 2011 年版。

周荐：《汉语词汇结构论》，人民教育出版社 2014 年版。

朱斌：《现代汉语情态语气成分的关联机制研究》，中国社会科学出版社 2017 年版。

朱德熙：《语法讲义》，商务印书馆 1982 年版。

朱彦：《汉语复合词语义构词法研究》，北京大学出版社 2004 年版。

朱志平：《汉语双音复合词属性研究》，北京大学出版社 2005 年版。

二　论文类①

贝罗贝、吴福祥：《上古汉语疑问代词的发展与演变》，《中国语文》2000 年第 4 期。

曹广顺：《敦煌变文中的双音节副词》，《语言学论丛》（第十二辑），商务印书馆 1984 年版。

柴森：《谈强调反问的"又"和"还"》，《世界汉语教学》1999 年第 3 期。

常玉钟：《试析反问句的语用含义》，《汉语学习》1992 年第 5 期。

陈爱文、于平：《并列式双音词的字序》，《中国语文》1979 年第 2 期。

陈昌来：《从"有疑而问"到"无疑而问"——疑问句语法手段浅探》，《烟台师范学院学报》1993 年第 1 期。

陈剑男：《"难道"的词汇化研究》，《佳木斯职业学院学报》2016 年第 3 期。

陈前瑞：《语法化与汉语时体研究》，学林出版社 2017 年版。

陈瑶：《近年来现代汉语复合词结构研究述评》，《暨南学报》2000 年第 5 期。

陈振宇：《现代汉语中的非典型疑问句》，《语言科学》2008 年第 4 期。

陈振宇、邱明波：《反预期语境中的修辞性推测意义——"难道、不会、怕、别"》，《当代修辞学》2010 年第 4 期。

---

① 按照作者姓氏音序排列，同一作者的论文按照论文名称首字音序排列。这一部分参考文献主要包括期刊论文、学位论文以及论文集。期刊部分没有特别标注者，为哲学社会科学类期刊（即期刊标注"哲学社会科学版"、"社会科学版"或"人文社会科学版"等）。

楚艳芳:《"炒"族词语新探——兼谈方言词进入共同语的条件及结果》,《浙江传媒学院学报》2017 年第 4 期。

楚艳芳:《"何"的用法及其语法化过程》,《德州学院学报》2009 年第 1 期。

楚艳芳:《"莫非"、"莫不是"、"难道"辨析——兼谈三者的语法化过程》,《周口师范学院学报》2008 年第 6 期。

楚艳芳:《汉语尝试态助词"看"的产生过程》,《宁夏大学学报》2014 年第 3 期。

楚艳芳:《汉语事态助词"来"的形成过程》,《宁夏大学学报》2013 年第 3 期。

楚艳芳:《现代汉语反诘语气副词探源》,硕士学位论文,河北师范大学,2009 年。

楚艳芳:《也谈语气词"邪"与"耶"——兼谈佛经翻译对汉语词汇的影响》,《汉字文化》2015 年第 5 期。

楚艳芳:《绎味"味道"——兼谈五官通感对汉语词汇的影响》,载《在浙之滨——浙江大学古籍所建所三十周年纪念文集》,中华书局 2016 年版。

楚艳芳:《语气词"非"的来源及发展》,《长安学术》(第八辑),商务印书馆 2016 年版。

楚艳芳:《语气词"未"的来源及形成过程——兼谈古汉语"VP-Neg"型疑问句的性质》,《长春大学学报》2013 年第 11 期。

楚艳芳:《语气词"无"的来源及发展》,《浙江传媒学院学报》2015 年第 6 期。

楚艳芳:《语气副词"莫非"的语法化过程》,《齐齐哈尔师范高等专科学校学报》2008 年第 6 期。

楚艳芳、王云路:《"点心"发覆——兼谈词的核心义对语素搭配的制约性》,《汉语史学报》(第十三辑),上海教育出版社 2013 年版。

戴耀晶:《汉语否定句的语义确定性》,《世界汉语教学》2004 年第 1 期。

戴耀晶：《汉语疑问句的预设及其语义分析》，《广播电视大学学报》2001 年第 2 期。

戴昭铭：《现代汉语合成词的内部结构与外部功能的关系》，《语文研究》1988 年第 4 期。

邓思颖：《汉语复合词的论元结构》，《语言教学与研究》2008 年第 4 期。

丁婵婵：《反诘类语气副词研究》，硕士学位论文，上海师范大学，2005 年。

丁力：《从问句系统看"是不是"问句》，《中国语文》1999 年第 6 期。

董秀芳：《"不"与所修饰的中心词的粘合现象》，《当代语言学》2003 年第 1 期。

董秀芳：《词汇化与话语标记的形成》，《世界汉语教学》2007 年第 1 期。

董秀芳：《反问句环境对于语义变化的影响》，《东方语言学》（第四辑），上海教育出版社 2008 年版。

董秀芳：《汉语词汇化和语法化的现象与规律》，学林出版社 2017 年版。

董秀芳：《汉语的句法演变与词汇化》，《中国语文》2009 年第 5 期。

董秀芳：《跨层结构的形成和语言系统的调整》，《河北师范大学学报》1997 年第 2 期。

董秀芳：《论句法结构的词汇化》，《语言研究》2002 年第 3 期。

董秀芳：《"X 说"的词汇化》，《语言科学》2003 年第 2 期。

董燕平、梁君英：《走进构式语法》，《现代外语》2002 年第 2 期。

端木三：《汉语的节奏》，《当代语言学》2000 年第 4 期。

端木三：《重音理论和汉语的词长选择》，《中国语文》1999 年第 4 期。

段业辉：《语气副词的分布及其语用功能》，《汉语学习》1995 年第 4 期。

范开泰：《语用分析说略》，《中国语文》1985 年第 6 期。

冯胜利：《从韵律看汉语"词""语"分流之大界》，《中国语文》2001 年第 1 期。

冯胜利：《论汉语的"韵律词"》，《中国社会科学》1996 年第 1 期。

冯胜利：《论汉语的"自然音步"》，《中国语文》1998 年第 1 期。

冯胜利：《韵律构词与韵律句法之间的交互作用》，《中国语文》2002
年第 6 期。

傅惠钧：《关于疑问句的性质与范围》，《浙江师范大学学报》2008 年
第 5 期。

龚嘉镇：《"难道"的多义性与"难道"句的歧义性》，《辞书研究》
1995 年第 2 期。

巩丽丽：《"难道"一词的用法及其在对外汉语教学中的研究》，硕
士学位论文，陕西师范大学，2013 年。

顾介鑫：《转换生成语言学背景下的汉语复合词研究》，《外语研究》
2007 年第 6 期。

顾阳、沈阳：《汉语合成复合词的构造过程》，《中国语文》2001 年
第 2 期。

郭继懋：《反问句的语义语用特点》，《中国语文》1997 年第 2 期。

郭锐：《汉语动词的过程结构》，《中国语文》1993 年第 6 期。

郭锐：《"吗"问句的确信度和回答方式》，《世界汉语教学》2000 年
第 2 期。

郭锐：《语义结构和汉语虚词语义分析》，《世界汉语教学》2008 年
第 4 期。

韩璇：《副词"难道"的语用功能分析》，《现代语文》（语言研究）
2010 年第 5 期。

何刚：《疑问句的语言学解释——主要理论观点和方法》，《国外语
言学》1997 年第 2 期。

贺阳：《试论汉语书面语的语气系统》，《中国人民大学学报》1992
年第 5 期。

洪波：《先秦判断句的几个问题》，《南开学报》2000 年第 5 期。

洪波、董正存：《"非 X 不可"格式的历史演化和语法化》，《中国语
文》2004 年第 3 期。

胡德明：《从反问句生成机制看反问句否定语义的来源》，《语言研究》2010 年第 3 期。

胡德明：《反问句中副词"还"的意义类型》，《云南师范大学学报》2008 年第 6 期。

胡方：《普通话疑问词韵律的语音学分析》，《中国语文》2005 年第 3 期。

胡孝斌：《反问句的话语制约因素》，《世界汉语教学》1999 年第 1 期。

胡壮麟：《语法化研究的若干问题》，《现代外语》2003 年第 1 期。

黄国营：《句末语气词的层次和地位》，《语言研究》1994 年第 1 期。

黄国营：《"吗"字句用法初探》，《语言研究》1986 年第 2 期。

黄国营：《语气副词在"陈述—疑问"转换中的限制作用及其句法性质》，《语言研究》1992 年第 1 期。

黄月圆：《复合词研究》，《外国语言学》1995 年第 2 期。

黄志强、杨剑桥：《论汉语词汇双音节化的原因》，《复旦学报》1990 年第 1 期。

江蓝生：《跨层非短语结构"的话"的词汇化》，《中国语文》2004 年第 5 期。

江蓝生：《疑问副词"颇、可、还"》，载《近代汉语探源》，商务印书馆 2000 年版。

蒋绍愚：《词汇、语法和认知的表达》，《语言教学与研究》2011 年第 4 期。

蒋绍愚：《词义变化与句法变化》，《苏州大学学报》2013 年第 1 期。

金昌吉：《谈动词向介词的虚化》，《汉语学习》1996 年第 2 期。

乐耀：《现代汉语传信范畴的性质和概貌》，《语文研究》2014 年第 2 期。

李慧：《现代汉语双音节词组词汇化基本特征探析》，《语言教学与研究》2007 年第 2 期。

李明、姜先周：《试谈"类推"在语义演变中的地位》，《汉语史学报》（第十二辑），上海教育出版社 2013 年版。

李思旭：《语气副词"难道说"的句法语义分析》，《励耘语言学刊》
　　2018 年第 1 期。

李思旭、韩笑：《"难道说"的词汇化和语法化》，《现代汉语虚词研
　　究与对外汉语教学》（第六辑），上海译文出版社 2016 年版。

李宇凤：《回声性反问标记"谁说"和"难道"》，《汉语学习》2011
　　年第 4 期。

李宗江：《关于语法化的并存原则》，《语言研究》2002 年第 4 期。

梁银峰：《现代汉语"X 来"式合成词溯源》，《语言科学》2009 年
　　第 4 期。

林茂灿：《疑问和陈述语气与边界调》，《中国语文》2006 年第 4 期。

林雪梅：《"反诘"类语气副词与对外汉语教学》，硕士学位论文，
　　辽宁师范大学，2012 年。

刘丹青：《语法化中的更新、强化、叠加》，《语言研究》2001 年
　　第 2 期。

刘丹青：《语义优先还是语用优先——汉语语法学体系建设断想》，
　　《语文研究》1995 年第 2 期。

刘红妮：《汉语词汇化研究的发展历程》，《上海师范大学学报》2009
　　年第 5 期。

刘坚、曹广顺、吴福祥：《论诱发汉语词汇语法化的若干因素》，《中
　　国语文》1995 年第 3 期。

刘敏：《"难不成"的词汇化过程》，《黑龙江教育学院学报》2009 年
　　第 3 期。

刘敏：《"难不成"的衍生过程》，硕士学位论文，哈尔滨师范大学，
　　2010 年。

刘乃叔：《探寻"内部形式"是研究汉语造词法的又一途径》，《北
　　华大学学报》1998 年第 2 期。

刘钦荣：《反问句的句法、语义、语用分析》，《河南师范大学学报》
　　2004 年第 4 期。

刘钦荣、黄芬香：《"难道"问句辨析》，《河南电大》1999 年第 2 期。

刘钦荣、金昌吉：《有"难道"出现的问句都是反问句吗?》，《河南大学学报》1992 年第 2 期。

刘志欣：《"何 X"类反诘语气副词研究》，硕士学位论文，延边大学，2008 年。

卢烈红：《"莫非"源流考》，《南开语言学刊》2012 年第 2 期。

罗耀华、刘云：《揣测类语气副词的主观性与主观化》，《语言研究》2008 年第 3 期。

马婧：《浅析语气副词"难道"和"究竟"的异同点》，《科教导刊》（电子版）2019 年第 24 期。

欧阳林：《汉语副词连用的几个问题》，《山西师范大学学报》2012 年第 4 期。

齐沪扬、丁婵婵：《反诘类语气副词的否定功能分析》，《汉语学习》2006 年第 5 期。

钱兢：《现代汉语范围副词的连用》，《汉语学习》2005 年第 2 期。

曲红艳：《反诘语气副词的功能考察》，硕士学位论文，延边大学，2004 年。

邵敬敏：《汉语语义语法论集》，上海教育出版社 2007 年版。

沈家煊：《"糅合"和"截搭"》，《世界汉语教学》2006 年第 4 期。

沈家煊：《实词虚化的机制》，《当代语言学》1998 年第 3 期。

沈家煊：《"有界"与"无界"》，《中国语文》1995 年第 5 期。

沈家煊：《"语法化"研究综观》，《外语教学与研究》1994 年第 4 期。

沈家煊：《语言的"主观性"和"主观化"》，《外语教学与研究》2001 年第 4 期。

石毓智：《现代汉语疑问标记的感叹用法》，《汉语学报》2006 年第 4 期。

史金生：《语法化的语用机制与汉语虚词研究》，学林出版社 2017 年版。

史金生：《语气副词的范围、类别和共现顺序》，《中国语文》2003 年第 1 期。

史金生：《语用疑问句》，《世界汉语教学》1995 年第 2 期。

史有为：《也说"来着"》，《汉语学习》1994 年第 1 期。

苏英霞：《"难道"句都是反问句吗?》，《语文研究》2000 年第 1 期。

孙菊芬：《副词"难道"的形成》，《语言教学与研究》2007 年第 4 期。

唐子恒：《也谈汉语词复音化的原因》，《文史哲》2004 年第 6 期。

王海棻、邹晓丽：《古汉语反复问句源流探查》，《语言文字学》1992
　　年第 2 期。

王洪君：《音节单双、音域展敛（重音）与语法结构类型和成分次
　　序》，《当代语言学》2001 年第 4 期。

王静：《汉语词汇化研究综述》，《汉语学习》2010 年第 3 期。

王倩熠：《"何"类反诘语气副词的对比分析》，硕士学位论文，上
　　海师范大学，2013 年。

王士元：《语言变化的词汇透视》，《语言研究》1982 年第 2 期。

王兴才：《"难道"的成词及其语法化》，《长江师范学院学报》2011
　　年第 2 期。

王云路：《论四声调序与复音词的语素排列》，载《中古汉语论稿》，
　　中华书局 2011 年版。

吴福祥：《从"VP-neg"式反复问句的分化谈语气词"麼"的产生》，
　　《中国语文》1997 年第 1 期。

吴福祥：《关于语法化的单向性问题》，《当代语言学》2003 年第 4 期。

吴福祥：《关于语言接触引发的语言演变》，《民族语文》2007 年
　　第 2 期。

吴福祥：《汉语语法化研究的当前课题》，《语言科学》2005 年第 2 期。

吴福祥：《语法化的新视野——接触引发的语法化》，《当代语言学》
　　2009 年第 3 期。

吴剑锋：《论汉语的八大句类》，《上海交通大学学报》2008 年第 5 期。

吴善子：《汉韩反诘语气副词对比研究》，博士学位论文，上海外国
　　语大学，2010 年。

武果：《副词"还"的主观性用法》，《世界汉语教学》2009 年第 3 期。

武建宇：《历时条件下的语义综合及相因生义问题》，《语文研究》2009
　　年第 2 期。

伍铁平：《词义的感染》，《语文研究》1984 年第 3 期。

夏焕乐：《"莫非"的历时演化及其动因机制》，《晋城职业技术学院学报》2019 年第 2 期。

夏丽、王倩：《试谈副词"可"的反诘语气来源》，《现代语文》（学术综合）2019 年第 9 期。

肖奚强：《范围副词的再分类及其句法语义分析》，《安徽师范大学学报》2003 年第 3 期。

解惠全：《谈实词虚化》，《语言研究论丛》（第四辑），南开大学出版社 1987 年版。

谢一、曾传禄：《"难道""难不成"与"难道……不成"》，《集美大学学报》2015 年第 1 期。

徐杰：《疑问范畴与疑问句式》，《语言研究》1999 年第 2 期。

徐晶凝：《汉语句类研究之检讨》，《对外汉语研究》2009 年第 3 期。

徐晶凝：《汉语语气表达方式及语气系统的归纳》，《北京大学学报》2000 年第 3 期。

徐时仪：《论词组结构功能的虚化》，《复旦学报》1998 年第 5 期。

徐时仪：《也谈"不成"词性的转移》，《中国语文》1993 年第 5 期。

许嘉璐：《论同步引申》，《中国语文》1987 年第 1 期。

许歆媛：《小议"难不成"的用法与来源》，《中国语文》2010 年第 6 期。

杨荣祥：《近代汉语副词简论》，《北京大学学报》1999 年第 3 期。

杨万兵：《"莫非"的功能差异及其历时演变》，《汉语学习》2008 年第 6 期。

杨永龙：《近代汉语反诘副词"不成"的来源及虚化过程》，《语言研究》2000 年第 1 期。

杨永龙：《句尾语气词"吗"的语法化过程》，《语言科学》2003 年第 1 期。

杨永龙：《实词虚化与结构式的语法化》，学林出版社 2017 年版。

姚津津：《现代汉语反诘类语气副词研究》，硕士学位论文，汕头大学，2012 年。

叶建军：《"难道 X？"都是反问句吗?》，《语文知识》2002 年第 8 期。

叶建军：《疑问副词"莫非"的来源及其演化——兼论"莫"等疑问副词的来源》，《语言科学》2007 年第 3 期。

尹洪波：《现代汉语疑问句的言语行为类型》，《江汉大学学报》2007年第 3 期。

尹洪波：《语气及相关概念》，《江淮论坛》2011 年第 3 期。

袁洁：《语气副词"难道"的功能及其对外汉语教学研究》，硕士学位论文，陕西师范大学，2019 年。

袁劲：《说"难道"》，《青海师范大学学报》1986 年第 4 期。

袁毓林：《词类范畴的家族相似性》，《中国社会科学》1995 年第 1 期。

袁毓林：《多项副词共现的语序规则及其认知解释》，《语言学论丛》第二十六辑，商务印书馆 2002 年版。

张伯江：《认识观的语法表现》，《国外语言学》1997 年第 2 期。

张伯江：《疑问功能琐议》，《中国语文》1997 年第 2 期。

张博：《组合同义：词义衍生的一种途径》，《中国语文》1999 年第 2 期。

张静：《论汉语副词的范围》，《中国语文》1961 年 8 月号。

张静：《论"既然 p，难道 q（吗）"反问推断句式》，《汉语学习》2014年第 6 期。

张黎：《汉语句法的主观结构和主观量度》，《汉语学习》2007 年第 2 期。

张明辉、朱红雨：《21 世纪现代汉语副词研究综述》，《云南师范大学学报》2009 年第 1 期。

张平：《表反问语气的"还"与加强反问语气的"又"》，《湖南师范大学社会科学学报》2004 年第 3 期。

张全生：《焦点副词的连用与一句一焦点原则》，《汉语学报》2010年第 2 期。

张田田：《试论"何必呢"的标记化——兼论非句法结构"何必"的词汇化》，《语言科学》2013 年第 3 期。

张谊生：《从间接的跨层连用到典型的程度副词——"极其"词汇

化和副词化的演化历程和成熟标志》,《古汉语研究》2007 年第
4 期。

张谊生:《论与汉语副词相关的虚化机制——兼论现代汉语副词的性
质、分类与范围》,《中国语文》2000 年第 1 期。

张谊生:《与汉语虚词相关的语法化现象研究》,学林出版社 2017
年版。

张谊生:《预设否定副词叠加的方式与类别、动因与作用》,《语言科
学》2011 年第 5 期。

张永言:《关于词的"内部形式"》,《语言研究》1981 年第 1 期。

张永言、王维辉:《关于汉语词汇史研究的一点思考》,《中国语文》
1995 年第 6 期。

张玉金:《甲骨金文中"其"字意义的研究》,《殷都学刊》2001 年
第 1 期。

张玉金:《殷墟甲骨文"其"语法位置与词性研究》,《中国语文》
2002 年第 2 期。

张正寰:《"难道"的用法补》,《汉语学习》1987 年第 6 期。

钟兆华:《"不成"词性的转移》,《中国语文》1991 年第 4 期。

周明强:《疑问性话语标记语疑问梯度的认知探微——以"难道"
"莫非""莫不是""是不是"为例》,《浙江外国语学院学报》
2013 年第 2 期。

朱丽:《揣测语气和揣测语气副词》,硕士学位论文,上海师范大学,
2005 年。

朱雯欣:《"莫非"的多角度探讨》,《汉字文化》2019 年第 8 期。

朱晓军、郭静婷:《"何"类反诘语气副词对比浅析——以"何必"
与"何苦"、"何尝"与"何曾"的对比为例》,《河南师范大学
学报》2014 年第 6 期。

庄会彬、刘振前:《汉语合成复合词的构词机制与韵律制约》,《世界
汉语教学》2011 年第 4 期。

三 工具书类①

北京大学中文系 1955、1957 级语言班：《现代汉语虚词例释》，商务
　　印书馆 1982 年版。

曹志耘主编：《汉语方言地图集·语法卷》，商务印书馆 2008 年版。

（宋）陈彭年：《钜宋广韵》，上海古籍出版社 2017 年版。

（宋）丁度：《集韵》，中华书局 2005 年版。

（清）段玉裁：《说文解字注》，上海古籍出版社 2004 年版。

方述鑫、林小安、常正光、彭裕商：《甲骨金文字典》，巴蜀书社 1993
　　年版。

（梁）顾野王：《大广益会玉篇》，中华书局 1987 年版。

郭沫若：《甲骨文合集》，中华书局 1978—1982 年版。

郭锡良：《汉字古音手册》，商务印书馆 2010 年版。

何乐士等：《古代汉语虚词通释》，北京出版社 1985 年版。

侯学超：《现代汉语虚词词典》，北京大学出版社 1998 年版。

李荣：《现代汉语方言大词典》，江苏教育出版社 2002 年版。

李维琦：《佛经词语汇释》，湖南师范大学出版社 2004 年版。

李行健：《现代汉语规范词典》，外语教学与研究出版社 2004 年版。

李行健、苏新春：《现代汉语常用词表》，商务印书馆 2021 年版。

刘丹青：《语法调查研究手册》，上海教育出版社 2008 年版。

（汉）刘熙：《释名》，中华书局 2016 年版。

吕叔湘：《现代汉语八百词》，商务印书馆 1999 年版。

罗竹风：《汉语大词典》，汉语大词典出版社 1986—1993 年版。

裴学海：《古书虚字集释》，中华书局 2004 年版。

齐沪扬：《现代汉语语气成分用法词典》，商务印书馆 2011 年版。

（清）钱绎：《方言笺疏》，上海古籍出版社 1984 年版。

---

① 按照编著者姓氏音序排列，同一编著者的作品按照作品名称首字音序排列。

容庚、张振林、马国权：《金文编》，中华书局 1985 年版。

商务印书馆辞书研究中心编：《新华方言词典》，商务印书馆 2011
　　年版。

唐作藩：《上古音手册》，中华书局 2013 年版。

王海棻：《古代疑问词语用法词典》，浙江教育出版社 1992 年版。

王克仲：《助语辞集注》，中华书局 1988 年版。

王平、刘元春、李建廷编著：《宋本玉篇》，中华书局 2017 年版。

（清）王引之：《经传释词》，江苏古籍出版社 2000 年版。

王政白：《古汉语虚词词典》，黄山书社 2002 年版。

解惠全、崔永琳、郑天一：《古书虚词通解》，中华书局 2008 年版。

徐中舒：《甲骨文字典》，四川辞书出版社 1988 年版。

许宝华、［日］宫田一郎主编：《汉语方言大词典》，中华书局 2020
　　年版。

（汉）许慎：《说文解字》，中华书局 1963 年版。

余迺永：《新校互注宋本广韵》，上海辞书出版社 2002 年版。

张相：《诗词曲语辞汇释》，中华书局 1953 年版。

（明）张自烈编，（清）廖文英补：《正字通》，国际文化出版社 1996
　　年版。

中国社会科学院语言研究所词典编辑室编：《现代汉语词典》，商务
　　印书馆 1978 年版。

中国社会科学院语言研究所词典编辑室编：《现代汉语词典》，商务
　　印书馆 1983 年版。

中国社会科学院语言研究所词典编辑室编：《现代汉语词典》，商务
　　印书馆 1996 年版。

中国社会科学院语言研究所词典编辑室编：《现代汉语词典》，商务
　　印书馆 2002 年版。

中国社会科学院语言研究所词典编辑室编：《现代汉语词典》，商务
　　印书馆 2005 年版。

中国社会科学院语言研究所词典编辑室编：《现代汉语词典》，商务

印书馆 2012 年版。

中国社会科学院语言研究所词典编辑室编:《现代汉语词典》，商务
　　印书馆 2016 年版。

中国社会科学院语言研究所古代汉语研究室编:《古代汉语虚词词典》，
　　商务印书馆 1999 年版。

朱景松:《现代汉语虚词词典》，语文出版社 2007 年版。

四　外文类①

Allwood, Jens & Peter Gärdenförs, *Cognitive Semantics—Meaning and Cognition*, Amsterdam: John Benjamins Publishing Company, 1998.

Bauer, L. , *Introducting Linguistic Morphology*, Edinburgh: Edinburgh University Press, 1988.

Bernard, Comrie, *Aspect*, Cambridge: Cambridge University Press, 1976.

Bernard, Comrie, *Language Universals and Linguistic Typology*, Chicago: University of Chicago Press, 1989.

Brinton, L. B. & E. C. Traugott, *Lexicalization and Language Change*, Cambridge: Cambridge University Press, 2005.

Bybee, John, *Morphology*: *A study of the Relation between Meaning and Form*, Amsterdam: John Benjamins, 1985.

Bybee, John, Revere Rerkins & William Pagliuca, *The Evolution of Grammar—Tense*, *Aspect*, *and Modality in the Languages of the Word*, Chicago: University of Chicago Press, 1994.

Croft, William, *Radical Construction Grammar*: *Syntactic Theory in Typological Perspective*, Oxford: Oxford University Press, 2001.

Croft, William, *Syntactic Categories and Grammatical Relations*: *The Cognitive Organization of Information*, Chicago: University of Chicago Press,

---

① 按照作者姓氏音序排列。

1991.

Croft, William, *Typology and Universals*, Cambridge： Cambridge University Press, 1990.

Croft, William & D. Allan Cruse, *Conginitive Linguistics*, Cambridge： Cambridge University Press, 2004.

Halliday, M. A. K. , *An Introduction to Functional Grammar*, London： Edward Arnold, 1985.

Harris, A. S. , *Methods in Structural Linguistics*, Chicago： University of Chicago Press, 1951.

Harris, Alice C. & Lyle Campbell, *Historical Syntax in Cross-Linguistic Perspective*, Cambridge： Cambridge University Press, 1995.

Heine, Bernd & Tania Kuteva, *Language Contact and Grammatical Change*, Cambridge： Cambridge University Press, 2005.

Heine, Bernd & Tania Kuteva, *World Lexicon of Grammaticalization*, Cambridge： Cambridge University Press, 2002.

Heine, Bernd, Ulrike Claudi & Friederike Hünnemeyet, *Grammarticalization—A Conceptual Framework*, Cambridge： Cambridge University Press, 1991.

Hopper, Paul J. & Elizabeth Closs Traugott, *Grammaticalization*, Cambridge： Cambridge University Press, 2003.

Jackendoff, Ray, *Foundations of Language*： Brain, Meaning, Grammar, Evolution, New York： Oxford University Press Inc. , 2002.

Kittay, E. F. , *Metaphor*： Its Cognitive Force and Linguistic Structures, Oxford： Clarendon Press, 1987.

Kuno, S. & K. Takami, *Grammar and Discours Principles*： Functional Syntax and GB Theory, Chicago & London： University of Chicago Press, 1993.

Kuteva, Tania, *Auxiliation*： an Enquiry into the Nature of Grammaticalization, Oxford： Oxford University Press, 2001.

Lakoff, George & Mark Johnson, *Metaphors We Live By*, Chicago: University of Chicago Press, 1980.

Lakoff, George, *Women, Fire, and Dangerous ThingsL What Categories Reveal about the Mind*, Chicago: University of Chicago Press, 1987.

Langaker, Ronald W., *Foundations of Cognitive Grammar—Theoretical Prerequisities*, Stanford: Stanford University Press, 1987.

Langaker, Ronald W., *Mechanisms of Syntactic Change*, Austin: University of Texas Press, 1977.

Lass, Roger, *Historical Linguistics and Language Change*, Cambridge: Cambridge University Press, 1997.

Lawrence, Trask Robert, *Historical Linguistics*, London: Edward Arnold (Publishers) Limited, 1996.

Lehmann, Christian, Grammaticalization: Synchronic variation and diachronic change, *Lingua e stile*, 20, 1985.

Levin, S., *The Semantics of Metaphor*, Baltimore & London: Johns Hopkins University Press, 1977.

Lightfoot, D., *The Development of Language: Acquisition, Change, and Evolution*, Oxford: Blackwell, 1998.

Lyons, John, *Linguistic Semantics: An Introduction*, Cambridge: Cambridge University Press, 1995.

Packard, J. L., *The Morphology of Chinese: A Linguistic and Cognitive Approach*, Cambridge & New York: Cambridge University Press, 2000.

Pulleyblank, E. G., *Outline of Classical Chinese Grammar*, Vancouver: University of British Columbia Press, 1995.

Ramat, Paolo, Thoughts on degrammaticalization, *Linguistics*, 30, 1992.

Saeed, John I., *Semantics*, Oxford: Blackwell Publishers Limited, 1997.

Sun, Chaofen, *Word-Order Change and Grammaticalization in the History of Chinese*, Stanford: Stanford University Press, 1996.

Taylor, J., *Linguistic Categorization: Prototypes in Linguistic Theory*, Oxford：Clarendon Press，1989.

Thomason，Sarah G.，*Language Contact*：*An Introduction*，Washington，
D. C. ：Georgetown University Press，2001.

Traugott，Elizabeth C. & Richard B. Dasher，*Regularity in Semantic Change*，
Cambridge：Cambridge University Press，2002.

后　记

本书是在我的硕士学位论文《现代汉语反诘语气副词探源》的基础上修改而成。

2006年，我考入河北师范大学文学院汉语言文字学专业学习，师从武建宇教授。三年的硕士学习，使我深刻地感受到了祖国语言文字的无限魅力，它不仅历史悠久，而且博大精深。2009年，怀着对汉语言文字学专业的热爱之情，我又考取了浙江大学人文学院古籍研究所的博士，师从王云路教授。博士毕业之后，我就一直从事与汉语言文字学相关的教学与科研工作。

经过这些年的学习和工作，逐渐使我对现代汉语反诘语气副词又有了一些新的想法和认识。时隔多年，借着申报浙江省哲学社会科学规划项目的机会，再次对硕士学位论文做了整理和深化，最终完成了书稿《现代汉语反诘语气副词研究》。在对现代汉语反诘语气副词重新审视与思考之时，有两种理念一直伴随、影响着我，并且贯穿了整个书稿写作与修订过程的始终，这两种理念就是历时的理念和系统的理念。

首先，历时地看问题。古今汉语一脉相承，现代汉语由古代汉语发展而来，它们之间有着千丝万缕的联系。现代汉语反诘语气副词的意义及功能，是其历时积淀的共时呈现。要想深入理解现代汉语反诘语气副词，就必须对其历时发展演变历程有较好的梳理和把握。与此同时，还要客观地看待古今汉语的关系，在分析具体的语言问题之时，既不能厚古薄今，也不能以今律古。比如说，汉语副词通常是用在主语和谓语之间来充当状语，有时也可以放在句首充当状语，它们一般不能单用或单独回答问题，也不会出现在句子的末尾。然而有些反诘语气副词，如"何必"、"何妨"、"何苦"、"何苦来"和"岂止"等，既可以单用或单独回答问题，也可以出现在句子的末尾。这其中的缘由就必须从历时的角度，通过挖掘这些反诘语气副词的历时形成过程来寻求答案。再比如说，有一些同义反诘语气副词"同中之异"的根源需要在它们历时发展演变的轨迹中来探寻，如"难道"和"莫非"之间的分工如何发生，"难道"和"难道说"在功能上如何分化，"莫非"与"莫不是"的功能差异如何体现等，都可以从这些词语的历时产生及发展过程中找到依据。

其次，系统地看问题。词汇具有系统性，语言具有系统性，这是不争的事实。语言是社会的产物，它是在时空交织、古今纵横的社会系统中不断发展演变。因此，不能孤立地看待语言现象，而是要从系统观照的角度去解决语言问题。比如说，反诘语气副词与语气有着很大的关系，语气又会因语境的差异而不同。出现在反诘疑问句中的反诘语气副词对语境的依赖更强，语境对它的制约作用也更加明显。分析某个反诘语气副词意义和功能，往往不能仅看这个词语或者仅分析它所处的句子来得出结论，而是还要再是去分析它所处的上下文语境，如"难道"、"莫非"等词语在句中究竟是反诘语气副词还是揣测语气副词，更多地是需要依靠上下文语境或者说话人当时的语气来判断。再比如说，在分析复合词之时，需要将其解析为构造语素，结合构词法进行全方位衡量，如反诘语气副词"莫非"的特性与构造语素"莫"与"非"都有一定的关联，其中语素"非"的功能又直接影响了早期"莫非"的搭配特性；"何 X"类反诘语气副词的具体功能，除了用作语气副词的共性外，其特性主要是依靠构词语素"X"来体现；反诘语气副词"何苦"既可以用于已然的事件，也可以用于将然的事件，而由其衍生出来的反诘语气副词"何苦来"，却只能用于已然的事件，不能用于将然的事件，这是由于受到了"何苦来"一词的构造语素"来"的影响。

当然，历时地看待古今汉语的关系，也是体现系统地看待问题的一种方式。本书希望能够将古今结合起来，相互联系地分析和解决一个个实际的语言问题，把各种孤立的语言现象放到相对应的系统当中来考量，以期能够得出相对全面而公允的结论。

此外，本书的出版离不开大家的支持与帮助，在此一并致以衷心的感谢：感谢我的硕士导师武建宇老师，在他的指导与鼓励之下，使我开启了汉语语言文字探索之路，也感谢武老师在百忙之中为书稿撰写序言。感谢浙江省哲学社会科学规划办公室的资助，使得本书能够顺利出版；感谢中国社会科学出版社的张湉女士，在书稿的出版过程中，她付出了大量的心血；感谢浙江传媒学院提供的良好的学术环境，以及对老师们科研工作的大力支持；感谢一直以来无私关爱我的家人和朋友，他们永远都是我的坚强后盾。

楚艳芳

2022 年 12 月